网络平台企业的开放式服务创新：生成机理、风险管控及绩效提升

彭本红 等 著

科学出版社

北京

内 容 简 介

本书以服务经济兴起为背景,以网络平台企业为例,以开放式服务创新的相关理论为切入点,围绕网络平台企业开放式服务创新生成机理、风险管控、绩效提升等方面展开有层次的系统性研究。首先,对网络平台企业商业生态系统进行分析,提出不同层面的开放式服务创新生成机理研究框架,借助模型对网络平台企业开放式服务创新的生成机理进行研究;其次,探索网络平台企业开放式服务创新风险形成机理、风险辨识、风险评价和风险仿真,并进行风险治理能力研究;最后,探索网络平台企业开放式服务创新的绩效提升。

本书适合从事创新管理、服务管理和平台管理等方面研究的高校和科研机构的广大师生,以及企业技术和管理部门的相关人员阅读和参考。

图书在版编目(CIP)数据

网络平台企业的开放式服务创新:生成机理、风险管控及绩效提升/彭本红等著. —北京:科学出版社,2020.11
ISBN 978-7-03-067092-2

Ⅰ. ①网⋯ Ⅱ. ①彭⋯ ②武⋯ ③鲁⋯ Ⅲ. ①网络公司-商业服务-研究 Ⅳ. ①F490.6

中国版本图书馆 CIP 数据核字(2020)第 242568 号

责任编辑:王腾飞 石宏杰/责任校对:杨聪敏
责任印制:张 伟/封面设计:许 瑞

科学出版社 出版
北京东黄城根北街 16 号
邮政编码:100717
http://www.sciencep.com

北京中石油彩色印刷有限责任公司 印刷
科学出版社发行 各地新华书店经销

*

2020 年 11 月第 一 版 开本:720×1000 1/16
2020 年 11 月第一次印刷 印张:17 1/2
字数:310 000
定价:129.00 元
(如有印装质量问题,我社负责调换)

国家社科基金后期资助项目
出版说明

后期资助项目是国家社科基金设立的一类重要项目，旨在鼓励广大社科研究者潜心治学，支持基础研究多出优秀成果。它是经过严格评审，从接近完成的科研成果中遴选立项的。为扩大后期资助项目的影响，更好地推动学术发展，促进成果转化，全国哲学社会科学工作办公室按照"统一设计、统一标识、统一版式、形成系列"的总体要求，组织出版国家社科基金后期资助项目成果。

全国哲学社会科学工作办公室

前　言

互联网经济的发展催生了新型的经济组织形式和市场竞争行为，衍生的平台经济作为一种创新型的商业模式正在迅猛崛起。改造传统产业链和价值链、打造"互联网+"新生态环境的平台经济被视为"服务经济的皇冠"，且具有高度黏性，正逐渐成为产业转型升级的助推器和服务经济发展的新龙头。而网络平台企业处于产业链高端，收益丰厚、主动权大，在竞争中处于有利地位，是平台经济创新的主力军；同时网络平台企业提供的价值多为无形服务，在同质竞争、异质覆盖和多方开放互动的环境中，网络平台企业必须汇集各方创新点，提高其在商业生态系统中的生存能力和竞争力，开放式服务创新应运而生。因此，研究网络平台企业开放式服务创新的特点和规律，对推动平台经济的整体创新和发展具有重要意义。

本书在梳理服务创新、开放式创新等相关理论的基础上，发展开放式服务创新这一概念，并结合网络平台企业对开放式服务创新的生成机理、风险管控、绩效提升和治理机制等进行研究，以期明晰开放式服务创新的相关规律，构建开放式服务创新的理论体系，总结网络平台企业开放式服务创新的经验和教训，为我国网络平台企业的开放式服务创新活动提供理论支撑和实践指导。本书共分为15章，主要内容如下。

第1章主要介绍网络平台企业开放式服务创新的发展现状及研究该课题的意义，并对国内外相关文献进行梳理。在此基础上提炼出研究内容及框架，选定研究方法并设计技术路线。第2章对开放式服务创新、商业生态系统、开放式服务创新风险与绩效等网络平台企业开放式服务创新的基本理论进行概述，为具体的研究提供理论支撑。第3章在对网络平台企业商业生态系统的内涵、结构与特征等进行分析的基础上，明晰商业生态系统下网络平台企业创新生成特征与开放式服务创新生成特征，提炼出网络平台企业开放式服务创新生成机理的研究框架。第4章主要研究个体层面网络平台企业开放式服务创新生成机理，从平台型领导和自组织理论视角探索相关因素对网络平台企业开放式服务创新生成的影响，并选择探索性多案例研究方法，辅之扎根理论研究范式，析出领导层面的网络平台企业开放式服务创新生成的影响因素。第5章主要研究组织层面网络平台企业开放式服务创新生成机理，利用 Meta 文献分析法广泛搜集开放式服务创新的组织层面影响因素，并利用 ROST CM 6.0 对搜集到的因素进行关联性分析，借助专家打分法、社会网络分析法量化组织层面各影响因素在开放式服务创新生成中的重要性。第 6 章主要研究网络层面网络平台企业开放式服务创新生成机理，收集数据，利用统计分析方法探讨不同网络治理方式和模式与开放式服务创新的内在联系。第 7 章主要研究网络平台企业开放式服务创新风险形成机理，利用多案例分析构建风险形成机理模型，并采用结构方程模型对风险形成机理模型进行验证分析。第 8 章主要进行网络平台企业开放式服务创新风险辨识的研究，采用管理要素分析模型构建了 HHM 框架，对网络平台企业开放式服务创新风险进行全方位透视，并通过 RFRM 方法过滤出更为精准的高位风险。第 9 章主要进行网络平台企业开放式服务创新风险评价的研究，先进行评价指标体系构建，再利用层次分析法确定指标权重，最后结合实际案例，采用云模型进行评价。第 10 章主要对网络平台企业开放式服务创新风险进行仿真分析，利用系统动力学对各风险因素构成的系统进行仿真。第 11 章主要探讨网络平台企业开放式服务创新风险治理能力，针对网络平台企业开放式服务创新风险治理影响因素的多层次性，构建组织层面和网络层面影响风险治理能力的分析框架，并采用多层次线性模型分析各层面影响因素的作用机理。第 12 章主要对网络平台企业开放式服务创新风险治理绩效进行研究，采用多元层次分析法分析网络平台企业开放式服务创新中风险治理绩效影响因素的作用机制。第 13 章主要进行动态能力与网络平台企业价值共创绩效的研究，从网络平台价值共创参与方的多行动者视角，构建了"服务主导逻辑-网络嵌入-动态能力-价值共创"理论框架，并通过数据分析，说明了服务主导逻辑、网络嵌入通过动态能力提升网络平台企业价值共创的作用机制。第 14 章主要研究跨界搜索与网络平台企业开放式服务创新绩效之间的影响关系，并通过结构方程模型检验跨界搜索嵌入模式与路径模式，探究动态能力如何影响开放式服务创新绩效。第 15 章主要研究治理机制与网络平台企业开放式服务创新绩效的作用关系，从治理机制和网络嵌入的视角，运用回归分析方法，分析二者对网络平台企业开放式服务创新绩效的影响。

  由于学识和能力有限，书中可能存在不足，望各位读者批评指正。

目 录

前言

第一篇 总 论

第1章 绪论 3
1.1 研究背景及意义 3
1.2 国内外研究现状 6
1.2.1 网络平台企业 6
1.2.2 开放式服务平台 7
1.2.3 开放式服务创新 7
1.2.4 网络平台企业创新特征 8
1.2.5 网络平台企业创新风险 9
1.2.6 待进一步研究的新问题 10
1.3 研究内容及框架 11
1.4 研究方法及技术路线 13
1.4.1 研究方法 13
1.4.2 技术路线 16

第二篇 网络平台企业开放式服务创新生成机理

第2章 网络平台企业开放式服务创新理论 21
2.1 网络平台企业开放式服务创新 21
2.1.1 开放式服务创新 21
2.1.2 服务创新 21
2.1.3 开放式创新 23
2.1.4 网络平台企业开放式服务创新必要性分析 24
2.2 网络平台企业商业生态系统 25
2.2.1 商业生态系统 25
2.2.2 网络平台企业商业生态系统内涵 26
2.2.3 网络平台企业商业生态系统必要性分析 27

2.3 网络平台企业开放式服务创新风险与绩效·································· 28
  2.3.1 网络平台企业开放式服务创新风险·································· 28
  2.3.2 网络平台企业开放式服务创新绩效·································· 29
2.4 本章小结·· 30

第3章 网络平台企业商业生态系统·· 31
3.1 网络平台企业商业生态系统的内涵、结构与特征·························· 31
  3.1.1 网络平台企业商业生态系统的内涵·································· 31
  3.1.2 网络平台企业商业生态系统的结构·································· 32
  3.1.3 网络平台企业商业生态系统的特征·································· 34
3.2 商业生态系统下网络平台企业创新生成特征································ 34
  3.2.1 网络平台企业创新生成特征·· 34
  3.2.2 商业生态系统下网络平台企业开放式服务创新生成特征········ 36
3.3 网络平台企业开放式服务创新生成机理研究框架·························· 37
3.4 本章小结·· 38

第4章 个体层面网络平台企业开放式服务创新生成机理····················· 39
4.1 理论回顾·· 39
  4.1.1 平台型领导··· 39
  4.1.2 自组织理论··· 40
4.2 研究设计·· 41
  4.2.1 研究方法··· 41
  4.2.2 案例选取··· 42
  4.2.3 资料收集··· 42
4.3 数据分析·· 43
  4.3.1 开放式编码·· 43
  4.3.2 主轴式编码·· 44
  4.3.3 选择式编码·· 45
  4.3.4 理论饱和度检验·· 46
4.4 模型解释·· 47
4.5 主要结论·· 51
4.6 本章小结·· 52

第5章 组织层面网络平台企业开放式服务创新生成机理····················· 53
5.1 理论回顾·· 53
5.2 组织层面影响因素语义网络分析·· 56
  5.2.1 语义网络分析·· 56

  5.2.2　概念联结归纳 …………………………………………… 57
  5.2.3　组织层面影响因素类别 …………………………………… 58
 5.3　组织层面影响因素社会网络分析 ………………………………… 66
  5.3.1　关联分析 …………………………………………………… 66
  5.3.2　矩阵分析 …………………………………………………… 67
 5.4　主要结论 …………………………………………………………… 70
 5.5　本章小结 …………………………………………………………… 71

第 6 章　网络层面网络平台企业开放式服务创新生成机理 ……………… 73
 6.1　理论回顾 …………………………………………………………… 73
  6.1.1　合同治理 …………………………………………………… 73
  6.1.2　关系治理 …………………………………………………… 74
  6.1.3　关系治理与合同治理整合分析 …………………………… 75
 6.2　研究假设 …………………………………………………………… 75
 6.3　实证分析 …………………………………………………………… 78
 6.4　结论与启示 ………………………………………………………… 82
 6.5　本章小结 …………………………………………………………… 83

第三篇　网络平台企业开放式服务创新风险管控

第 7 章　网络平台企业开放式服务创新风险形成机理 …………………… 87
 7.1　研究方法与研究设计 ……………………………………………… 87
  7.1.1　研究方法与案例选择 ……………………………………… 88
  7.1.2　研究实施 …………………………………………………… 88
 7.2　研究数据分析 ……………………………………………………… 89
  7.2.1　开放式编码 ………………………………………………… 89
  7.2.2　主轴式编码 ………………………………………………… 90
  7.2.3　选择式编码 ………………………………………………… 91
 7.3　实证研究 …………………………………………………………… 92
  7.3.1　信度与效度分析 …………………………………………… 95
  7.3.2　假设检验 …………………………………………………… 95
 7.4　结论与启示 ………………………………………………………… 97
  7.4.1　主要结论 …………………………………………………… 97
  7.4.2　实践启示 …………………………………………………… 97
 7.5　本章小结 …………………………………………………………… 99

第8章　网络平台企业开放式服务创新风险辨识 ……………… 100
8.1　风险辨识研究背景 …………………………………………… 100
8.2　网络平台企业开放式服务创新研究 ………………………… 101
8.3　网络平台企业开放式服务创新风险分析 …………………… 102
8.3.1　创新风险识别方法 ……………………………………… 102
8.3.2　开放式服务创新风险 HHM 框架 ……………………… 103
8.4　网络平台企业开放式服务创新风险过滤 …………………… 105
8.5　辨识结果分析 ………………………………………………… 108
8.6　本章小结 ……………………………………………………… 111

第9章　网络平台企业开放式服务创新风险评价 ……………… 112
9.1　文献综述 ……………………………………………………… 112
9.1.1　平台企业的开放式服务创新 …………………………… 112
9.1.2　开放式服务创新的多样化风险 ………………………… 114
9.2　平台企业开放式服务创新风险评价指标体系构建 ………… 115
9.2.1　平台企业开放式服务创新风险来源 …………………… 115
9.2.2　平台企业开放式服务创新风险因素分析 ……………… 115
9.2.3　平台企业开放式服务创新风险评价指标体系 ………… 117
9.3　基于云模型的平台企业开放式服务创新风险评价模型构建 … 118
9.3.1　风险评估方法——云模型 ……………………………… 118
9.3.2　基于层次分析法的指标权重确定 ……………………… 119
9.3.3　指标的云模型转换 ……………………………………… 119
9.3.4　MATLAB 云图转换 …………………………………… 121
9.4　实证研究 ……………………………………………………… 121
9.4.1　数据处理过程 …………………………………………… 122
9.4.2　结果分析与讨论 ………………………………………… 126
9.5　结论与启示 …………………………………………………… 127
9.5.1　研究结论 ………………………………………………… 127
9.5.2　研究启示 ………………………………………………… 128
9.5.3　研究展望 ………………………………………………… 130
9.6　本章小结 ……………………………………………………… 130

第10章　网络平台企业开放式服务创新风险仿真 ……………… 131
10.1　系统动力学的基本概念 ……………………………………… 131
10.2　开放式服务创新风险建模 …………………………………… 132
10.2.1　相关假设 ………………………………………………… 132

  10.2.2 开放式服务创新风险子系统因果关系图 …………………………133
  10.2.3 开放式服务创新绩效子系统因果关系图 …………………………133
  10.2.4 开放式服务创新风险控制策略子系统因果关系图 ………………134
 10.3 开放式服务创新风险系统流图与相关方程 …………………………………135
  10.3.1 系统流图 …………………………………………………………………135
  10.3.2 模型参数设定及相关方程 ………………………………………………135
 10.4 模型仿真与结果分析 …………………………………………………………136
  10.4.1 案例选取与模型检验 ……………………………………………………136
  10.4.2 结果分析 …………………………………………………………………138
 10.5 本章小结 ………………………………………………………………………141

第 11 章 网络平台企业开放式服务创新风险治理能力 …………142
 11.1 理论基础 ………………………………………………………………………143
  11.1.1 理论分析 …………………………………………………………………143
  11.1.2 研究假设 …………………………………………………………………144
 11.2 研究设计 ………………………………………………………………………147
  11.2.1 数据来源 …………………………………………………………………147
  11.2.2 变量测量 …………………………………………………………………147
  11.2.3 统计分析 …………………………………………………………………148
 11.3 结果分析与讨论 ………………………………………………………………150
  11.3.1 企业家特质对网络风险治理能力的正相关关系的检验 ……………150
  11.3.2 战略创新系统和组织动态能力在企业家特质与网络风险
      治理能力之间中介作用效果的检验 ……………………………………151
  11.3.3 结果讨论 …………………………………………………………………155
 11.4 结论与启示 ……………………………………………………………………157
 11.5 不足与展望 ……………………………………………………………………158
 11.6 本章小结 ………………………………………………………………………158

第四篇 网络平台企业开放式服务创新绩效提升

第 12 章 网络平台企业开放式服务创新风险治理绩效 ……………163
 12.1 文献综述 ………………………………………………………………………164
  12.1.1 平台企业的开放式服务创新 ……………………………………………164
  12.1.2 平台企业创新面临不确定性 ……………………………………………164
  12.1.3 开放式服务创新的战略柔性与动态能力分析 ………………………164
  12.1.4 开放式服务创新的环境动态性分析 …………………………………165

12.1.5 简要评述 ··· 165
12.2 研究假设 ··· 166
　12.2.1 战略柔性和动态能力 ··· 166
　12.2.2 战略柔性和风险治理绩效 ··· 166
　12.2.3 动态能力和平台企业风险治理绩效 ······························ 166
　12.2.4 环境动态性的调节作用 ·· 167
12.3 研究设计 ··· 168
　12.3.1 研究方法及数据来源 ··· 168
　12.3.2 变量测度 ··· 168
　12.3.3 信度与效度分析 ··· 169
12.4 结果分析与讨论 ··· 170
　12.4.1 研究结果 ··· 170
　12.4.2 讨论 ·· 174
12.5 结论与启示 ·· 176
12.6 本章小结 ··· 177

第13章 动态能力与网络平台企业价值共创绩效 ··················· 178
13.1 理论基础 ··· 179
13.2 研究假设与理论框架 ·· 182
　13.2.1 研究假设 ··· 182
　13.2.2 理论框架 ··· 185
13.3 研究设计 ··· 186
　13.3.1 样本与数据 ·· 186
　13.3.2 变量测量 ··· 186
　13.3.3 同源偏差检验 ··· 188
　13.3.4 整合检验 ··· 188
13.4 研究结果 ··· 188
　13.4.1 问卷的信度与效度检验 ·· 188
　13.4.2 验证性因子分析 ··· 190
　13.4.3 假设检验 ··· 191
13.5 结论与启示 ·· 195
　13.5.1 研究结论 ··· 195
　13.5.2 管理启示 ··· 197
13.6 本章小结 ··· 198

第14章 跨界搜索与网络平台企业开放式服务创新绩效·················200
14.1 网络平台企业开放式服务创新跨界搜索模式研究···············200
- 14.1.1 网络平台企业开放式服务创新分析······················201
- 14.1.2 网络平台企业的跨界搜索····························203
- 14.1.3 研究设计······································207
- 14.1.4 案例分析······································207
- 14.1.5 主要结论与启示·································210

14.2 跨界搜索与开放式服务创新绩效研究·······················211
- 14.2.1 理论回顾与研究假设·······························211
- 14.2.2 研究设计······································216
- 14.2.3 讨论与结论····································219

14.3 本章小结··222

第15章 治理机制与网络平台企业开放式服务创新绩效·················223
15.1 理论基础与研究假设····································224
- 15.1.1 网络嵌入······································224
- 15.1.2 治理机制······································225
- 15.1.3 治理机制与创新绩效·······························226
- 15.1.4 网络嵌入和治理机制的交互效应······················228

15.2 研究设计··230
- 15.2.1 方案设计······································230
- 15.2.2 信度、效度分析·································231

15.3 实证结果分析··232
- 15.3.1 描述性统计分析·································232
- 15.3.2 多元回归分析结果·······························233
- 15.3.3 结果分析与讨论·································234

15.4 结论与启示··236
- 15.4.1 研究结论······································236
- 15.4.2 管理启示······································238

15.5 本章小结··240

参考文献···241
后记···264

第一篇 总 论

第1章 绪　　论

1.1　研究背景及意义

平台经济的着眼点重在满足用户服务需求最大化，网络平台企业具有开放性和服务性，商业模式的适应性、市场的快速成长及服务水平的高低对平台经济的发展起决定性作用。《2013年国民经济和社会发展统计公报》显示，2013年服务业对我国GDP增长贡献首次超过工业，比重高达46.1%，预示中国经济或将步入"服务化"时代，预计2020年第三产业比重将达到55%左右（周小苑，2014），但仍然与当今服务业占世界经济总量高达70%的比重相差甚远（李海霞，2012）。在"世界经济论坛新领军者年会——2014年夏季达沃斯论坛"开幕式上，李克强总理指出"世界经济稳定复苏要靠创新，中国经济提质增效升级也要靠创新"，而导致中国服务经济发展缓慢的一个重要原因就是服务业创新能力不足（刘天用，2010）。平台经济是互联网新时代背景下服务经济中最有活力的一部分，但当前发展平台经济面临的重重阻碍与产业转型升级的迫切需求形成尖锐的矛盾。服务创新作为两者发展的动力源泉，能够实现平台经济与服务经济协同发展的良性态势。因此，从平台经济的载体——网络平台企业入手，研究网络平台企业在特定的商业生态系统中如何进行有效的服务创新，是我国当前服务经济发展中亟待解决的重大问题。

随着互联网的全面覆盖和持续增长的产品与服务交互介入，越来越多的企业拥抱开放。开放与共享的互联网本质特性使得互联网企业的"封闭式创新"越来越难以应对瞬息万变的市场变化和满足众多异质性用户的多样化需求，为解决以上问题和提高用户黏性，网络平台企业越来越依靠创新过程中的外部创新源，可见，在此背景下，开放是必然趋势。网络平台企业为了吸引开发者把自己的创意和想法更快、更有效地在网络平台中实现、推广和运营，需要把自己搭建成一个开放的平台，促进资源共享的实现。网络平台企业为集成更多的网络产品与服务种类，逐渐开放其网络接口，按照一定的收益分成方式，允许第三方研发的网络产品和服务接入，逐渐增加新功能和新服务，实现价值的提高，通过网络效应的作用，用户的效用也得到了提高。网络平台企业的开放性促进了用户、平台和第三方等市场主体的价值共创，实现了彼此间的互惠互利，开辟了一种有利于网络平台企业发展的新型盈利模式。然而，为了维持商业生态系统的健康性及提升和保持网络平台企业的竞争优势，仅仅靠开放是远远不够的；因为开放是一种静态视角，是一种心态和选择，而世界经济和市场环境是不断变化的，网络平台企业需要有"创新"这种动态行为来助力，在开放中进行创新，在创新中实现可持续发展。可见，网络平台企业的持久发展离不开开放式创新。在服务经济及互联网的背景下，网络平台企业需要通过开放式创新的方式实现服务创新的目的，形成服务创新和开放式创新相结合的开放式服务创新，开放式服务创新既迎合了国家大力发展现代服务业、促进产业转型升级的需要，也为建立良好的商业生态系统开拓了新思路。

2015年7月，国务院颁发《国务院关于积极推进"互联网+"行动的指导意见》（国发〔2015〕40号）（以下简称《意见》），《意见》指出加快推进"互联网+"发展，有利于重塑创新体系、激发创新活力、培育新兴业态和创新公共服务模式，对打造大众创业、万众创新和增加公共产品、公共服务"双引擎"，主动适应和引领经济发展新常态，形成经济发展新动能，实现中国经济提质增效升级具有重要意义。在《意见》的号召下，近些年网络平台企业服务创新活动频繁。但作为"价格搅局者""成本搅局者"，网络平台企业的服务创新问题众多，商业模式不成熟、创新流程混乱、用户黏性低、同质化严重和管理混乱等因素导致了许多高举"开放式服务创新"大旗的网络平台企业的"死亡"。深究网络平台企业服务创新失败的深层次原因可以发现，众多网络平台企业对开放式服务创新缺乏科学的风险认识。中国的网络平台企业巨头包括："腾讯""百度""奇虎360""盛大"等，这些网络平台企业创造了巨大的价值，但不可否认的是，创新失败的网络平台企业比比皆是。零售网络平台企业创新失败的有"易元素花样生活购物网""无二城"等；餐饮网络平台企业创新失败的有"砧板先生""呆鹅早餐""竹林熊猫"等；旅游网络平台企业创新失败的有"载歌载舞旅游网"等；教育网络平台企业创新失败的有"那好网""36号教室""墨宝教育网"等；金融网络平台企业创新失败的有"中海融通""英大创投""助行投资"等。如以上"创新死亡名单"上的网络平台企业数不胜数，探究众网络平台企业开放式服务创新失败的原因可以发现，开放式服务创新存在巨大风险，而且这种风险并没有引起创新者重视。

国内网络平台企业原始性创新不足，但随着互联网发展和竞争形势的变化，其逐渐从"借鉴式发展"向"开放式创新"转变，并重视原服务的提升和新服务的创造,因此,选择网络平台企业进行开放式服务创新探讨具备一定的优势。首先,网络平台企业构建的商业生态系统内部参与主体众多,使得创新主体和思想来源多样,通过交叉网络外部性和内化网络外部性,黏合多边群体需求整合创新资源,促使不同的用户群体发生"化学反应",推动集智众创的开放式服务创新生成(肖迪等,2015)。其次,商业生态系统中不同物种占据不同生态位,而网络平台企业处于网络中心地位,具备提供其他生态主体所共享的商业生态系统形成和发展的关键资源或者消灭其他有损于网络整体生产效率行为的能力,结构洞理论认为处在关系密集地带的焦点企业具有明显的嵌入性和带动性特征,有能力控制流经的信息和资源(Burt,1992,1997);而网络平台企业凭借其对接口的控制来调节开放的深度和广度以更好地实现开放式服务创新。最后,网络平台企业开放式服务创新的必要性和可行性、平台生态圈大量参与者导致互动的多样性和动态性及系统复杂性大大提高,使得传统"封闭式"服务创新在新形势下捉襟见肘,而开放式服务创新构建起的平台生态圈能够黏合多方群体,激励多方互动,可以使网络平台企业有效获取外部创新资源,缩短创新周期,降低创新成本和风险;同时平台的交易功能能够将多方所具备的资源长期稳定地集聚在平台上,在利益的驱动下产生复杂网络,互动效应伴随发生,这就为开放式服务创新的创意流动和协作共进提供了稳固基础。网络平台企业之间的竞争表现为稳健的商业生态系统之间的竞争,竞争的存在迫使网络平台企业进行开放式服务创新,以达到同质竞争的领先和异质覆盖的抢先。同时,由于需要摆脱"创新海绵"的现状和集思广益,网络平台企业需要进行开放式创新。而网络平台企业也属于服务业,需要注重服务体验和创新,使得开放的方式和服务的内容创新融合在一起,形成具备多方共赢的商业生态系统的开放式服务创新。可见,选择网络平台企业进行开放式服务创新研究具有典型性。但是网络平台企业开放式服务创新中蕴藏的诸多风险并没有被企业重视,导致其创新活动多以失败告终。为推动网络平台企业发展,促进服务业发展,研究网络平台企业的开放式服务创新风险具有重要作用。

本书聚焦"网络平台企业开放式服务创新",综合使用商业生态理论、扎根理论、社会网络、合同治理、风险治理、跨界搜索和动态能力等理论,以及多案例分析、Meta 文献分析、结构方程模型、云模型和系统动力学等方面的方法对网络平台企业开放式服务创新生成机理、风险管控和绩效提升等进行了交叉研究,力图丰富网络平台企业开放式服务创新的研究内容。此外,本书以我国网络平台企业开放式服务创新为研究背景,辨析国内网络平台企业开放式服务创新的生成机理，在众多网络平台企业创新失败的背景下对我国网络平台企业的开放式服务创新风险因素进行全面分析，并对网络平台企业开放式服务创新的价值共创进行研究，还基于跨界搜索和动态能力探讨网络平台企业的开放式服务创新的绩效影响，基于以上分析研究提出相应的治理机制，为提高我国网络平台企业开放式服务创新水平提供对策。因此，本书对促进我国网络平台企业创新活动成功、推动服务业走上新台阶具有一定的实践意义。

1.2 国内外研究现状

关于"网络平台企业开放式服务创新"这一主题的研究，主要体现在以下几个方面：网络平台企业由封闭走向开放、开放式服务创新、网络平台创新凸显服务创新和开放式创新的契合、网络平台创新风险复杂性及多维治理手段等。

1.2.1 网络平台企业

受互联网技术进步的影响，网络平台企业边界不断开放，不再封闭。刘广启（2014）提出网络平台企业是运用信息和网络技术，通过各种创新生产方式整合企业、顾客、合作伙伴、员工、股东及其利益相关者实现各方价值交换，并从价值交换中获取超额利润的互联网平台组织，包括电子商务平台、内容媒体平台、社交媒体平台、电子支付平台和移动互联网平台五个类别。West（2003）认为开放式平台的发展经历了三个阶段，第一阶段为专有平台，第二阶段为部分开放平台，第三阶段为开放平台。平台从封闭走向开放的过程需要以网络平台企业为核心的企业生态圈不断磨合、进化，确定行业标准，以及协调技术和资源等。众学者从收入、成本、利益相关者、创新激励制度、商业模式等因素出发，探讨其对开放式网络平台企业发展的影响。Casadesus-Masanell 和 Halaburda（2014）提出平台开放带来的收入是影响平台开放程度的重要因素，通过控制平台内可用应用程序的数量可以实现用户效用最大化，同时实现开放平台的终极目标——利润最大化。Boudreau（2010）研究了两种不同技术平台的开放策略，指出平台开放的成本是影响其开放策略选择的重要因素。顾荃（2014）指出利益相关者的利益是开放网络平台企业不得不考虑的一个问题，因为在现代社会中，企业不是单个的个体，它需要考虑合作伙伴的利益，或者是上游、下游企业的利益，只有这样，网络平台企业才能更好地发展。叶阳娅（2016）从价值链视角分析了电商网络平台企业的商业模式，从价值定位和经营策略两个方面探索网络平台企业发展创新的机制。网络平台企业从封闭走向开放，致使对其的研究由平台自身的成本、利润等问题延伸至平台的利益相关者、网络、产业等方面。

1.2.2 开放式服务平台

随着中国服务业的发展，技术进步带来的开放式服务创新逐渐成为创新研究领域的一个重点。de Vries（2006）、Agarwal 和 Selen（2009）认为，在服务经济时代，开放式服务创新将慢慢成为企业获取竞争力的重要途径。Chesbrough（2003a）首次提出开放式创新概念，并在 2010 年将开放式创新思想引入服务行业，提出开放式服务创新理论，认为开放式服务创新可以为客户带来更好的产品和服务，同时改变企业价值创造的方式。Teece（2010）提出服务创新和技术创新一样重要，可以提高企业将客户需求转化为利润的能力，通过将服务创新集成到公司的经营活动中，从而构建一个强大的价格创造机制。Armistead 和 Pettigrew（2008）认为企业通常与外部各方合作实现创新目标，Mina 等（2014）提出，开放式服务创新成功的可能性与参与企业的数量和研发支出成正比。开放式服务创新可能会由依赖创新伙伴发展到系统内部创新伙伴之间的协同进化，系统内部的共同演化势必会增强企业的创新能力。所以通过整合系统层面的服务创新，加强企业开放的多层次框架，对开放式服务创新的理解才能到达一个更加细化的程度（Agarwal et al.，2015）。

1.2.3 开放式服务创新

网络平台企业开放式服务创新生成机理属于服务创新和开放式创新领域的问题。目前，已有一些学者涉足对开放式服务创新的研究，但研究文献还是很少，并且多是单独研究开放式创新或服务创新，而结合不同行业对开放式服务创新进行研究的文献还是比较少见。

首先，在开放式服务创新概念提出上，Chesbrough（2010）着重研究服务领域的开放式创新，阐述如何开展从以产品为中心向以服务为中心的商业模式的转型，并指出由于全球都在向服务型经济的方向发展，开放式服务创新时代也即将随之而来。之后以下研究相继出现：在概念方面，彭本红和武柏宇（2016b）认为制造业企业开放式服务创新是指制造业企业在以顾客需求为中心的原则下，协调服务企业、顾客及其他制造业企业的知识和资源，在制造业企业、服务企业和顾客构成的生态部落内部进行服务创新的同时，与其他生态部落之间进行信息交换，从而构建生态部落内部自主创新和生态部落之间协同创新的商业生态系统，在追求服务创新的同时建立共赢的竞合关系，通过互联互动的价值共创实现制造业企业核心能力的提升；在影响因素方面，刘鹏程等（2016）就组织边界跨越能力对开放式服务创新的影响进行了研究。

综上所述，虽然一些研究对开放式服务创新的概念进行了界定及对影响因素进行了相关分析，但研究不够深入，还缺乏实质性探讨。网络平台企业是服务性企业，服务主导逻辑理念占优，因此，网络平台企业的创新内容以服务创新为主；同时，网络平台企业天生具有双边市场特征，为保持用户黏性，常常多方参与、集智协同实现价值共创，网络平台企业的创新方式具有一定的开放性，可见，网络平台企业的创新以服务创新和开放式创新相结合的开放式服务创新为主，选择网络平台企业作为开放式服务创新的研究对象具有一定的合理性。因此，整合出一个系统性的框架解释网络平台企业开放式服务创新的生成机理、风险管控和绩效提升，可以为开放式服务创新理论的拓展和网络平台企业开放式服务创新机制的提升添砖加瓦。

1.2.4　网络平台企业创新特征

服务创新和开放式创新的研究众多，但结合了两种创新方式的开放式服务创新方式的研究却较少。Salter 和 Tether（2006）、Agarwal 和 Selen（2009）都提出以下观点，服务经济时代，仅仅依靠产品或生产工艺的创新已经难以为企业带来持续的竞争力，开放式服务创新慢慢成为企业获取竞争力的重要途径。Chesbrough（2003）首次提出开放式创新概念，认为开放式创新是指企业通过获取、利用内外部知识资源，综合多种模式（如合作创新、战略同盟、研发外包等方式）服务于自身创新目标的一种创新范式。Chesbrough（2010）将开放式创新思想引入服务行业，提出开放式服务创新理论，认为"产品化竞争"对制造业造成巨大冲击，开放式服务创新不仅可以避开产品化陷阱，也可以为客户带来更好的产品和服务，同时改变企业价值创造的方式。作为开放式服务创新不可缺少的一部分，商业模式的重要性不言而喻。Zott 等（2011）强调需要研究企业如何发展，提供和分享价值，以及如何改变企业的架构，以适应新的环境，保持竞争优势或创造额外的利润。Armistead 和 Pettigrew（2008）认为企业通常与外部各方合作实现创新的目标，Mina 等（2014）提出，开放式服务创新成功的可能性与参与企业的数量和研发支出成正比，且与制造业企业相比，商务服务在开放式创新方面更为活跃，制造业企业更加重视市场知识，而商务服务的创新更加注重科学技术知识。虽然科学技术是创新的关键，但陈劲（2014）指出科学技术知识的积累和分享才是推动企业长远胜利的基石，这就需要多个创新主体加强合作。依据 Rothwell（1992）对产业五代创新模型的划分，创新正由第四代系统集成朝着第五代网络化特征迈进。彭本红和武柏宇（2016a）从系统化、网络化层面出发，研究得出任何创新的成败都严重依赖其所属的产业生态系统，开放式服务创新也不例外，企业关于创新能力的竞争已经由企业层面上升到产业生态系统层面。以网络平台企业为研究对象，可以凸显服务创新和开放式创新的契合，所以研究网络平台企业开放式服务创新有较高的价值。

1.2.5 网络平台企业创新风险

开放式创新具有信息来源多渠道、创新主体众多、隐性知识共享等多个特点，在开放式创新环境下，企业创新边界的淡化以及创新流程的复杂性使得开放式创新具有较强的风险性，并应从内源和外源两个角度分析风险的来源（张林和罗乐，2013）。就风险来源这一问题，众学者做了许多研究。Chesbrough（2010）强调，在开放式环境下，企业的内部知识面临极大的外流风险，甚至为竞争对手获取企业内部创意打开了方便之门。由于员工流动性及风险资本的介入，企业内部员工极有可能窃取未开放创意来创立衍生公司，与母公司形成竞争局面（Franco and Filson，2006）。后锐和张毕西（2006）在总结国外文献的基础上得出结论：开放式创新的风险来源主要为企业边界管理风险、员工流失/创意流失风险、创新项目商业评估失误风险及知识扩散带来的知识资产贬值风险。Lu（2007）从经济、技术、市场、资源四个来源分析了中国电子服务的创新风险。杜景姝（2008）将开放式创新的风险来源分为两大类：基本风险（市场风险、技术风险和管理风险）和特定风险（过程控制风险、内部创意流出风险、项目评估风险、知识共享控制风险、战略伙伴选择风险等）。王圆圆（2010）提出开放式创新过程中存在能力风险、技术风险、项目风险、市场风险四个来源。Paluch 和 Wunderlich（2016）从隐私风险、功能风险、金融风险、心理风险、时间风险及社会风险六个角度总结了开放式服务创新的风险来源框架。

继风险来源分析之后，众学者还研究了风险评价和预警，认为风险管理能够对早期风险进行识别和管理，从而起到避免风险、促进创新的作用（Vargas-hernandez and Garcia-santillan，2011；Keizer，2002；Pereira et al.，2013）。基于以往风险管理的实践，共有几种常用的风险评估工具如平衡计分卡（balanced score card，BSC）与故障树分析（fault tree analysis，FTA）（Henschel，2008）、失效模式与效应分析（failure mode and effect analysis，FMEA）（Rosas et al.，2015）、层次分析法（analytic hierarchy process，AHP）（Hulle，2013），以及风险诊断方法（risk diagnosing methodology，RDM）（Pereira et al.，2015）。除此以外，还可以通过建立指标评价体系，对开放式服务创新的风险进行评价。例如，刘根节（2013）将开放式创新风险划分为三级指标，其中包括2个一级指标、9个二级指标和39个三级指标，最后得到开放式创新风险评估的计算公式。风险评估的下一个过程就是风险的预防，风险不确定性预测大多采用专家判别法配合模型法、定性和定量集成的预测方法，综合运用德尔菲法、情景分析法、层次分析法、组合预测法及神经网络模型等（杨超，2010）。乔金杰（2011）针对技术创新的"蝴蝶效应"，利用BP（back propagation）神经网络建立了预防系统，提出了针对创新过程的预防策略。张海英（2012）构建了黑龙江省装备制造企业技术创新风险预警系统，以框架的形式对风险预防进行分块处理，帮助风险管理相关人员清晰地认识技术创新风险预防的主要内容和阶段。风险管控之后进行风险治理。Loosemore和Mccarthy（2008）研究了供应链网络的风险及网络中各主体对风险认识的差异，提出契约风险治理的方法以加强主体之间的沟通，在供应链网络利益相关者之间构建协同治理、风险共担机制，以此防范风险。孙国强和邱玉霞（2016）以风险悖论为视角从网络环境、点、线、面四个方面搭建了网络组织风险治理的理论模型。网络平台企业开放式服务创新的风险构成复杂、管控困难，所以需要制定多维的治理机制。

1.2.6 待进一步研究的新问题

目前众学者从不同的角度对开放式创新或服务创新生成机理、风险管控和绩效提升等进行了定性或定量的研究，但专门针对网络平台企业开放式服务创新的研究还有待进一步加强。首先，网络平台企业开放式服务创新生成机理涉及的商业生态系统理论，以及商业生态系统理论构架下的"个体-组织-网络"等层面对开放式服务创新生成的影响还有待进一步深入研究；其次，网络平台企业开放式服务创新的风险分析方面还有很多问题待解决,例如,其风险成因缺乏整体性的分析、开放式服务创新风险有待精准辨识和创新风险需要多维治理;最后,网络平台企业开放式服务创新下的价值共创、跨界搜索和治理机制等还有待进一步研究。

1.3 研究内容及框架

互联网是推动服务业发展的强大动力,而网络平台企业作为互联网产业的代表,对其创新方式的研究尤为重要。在"互联网+"的服务经济背景下,开放式服务创新显得越来越重要,网络平台企业需要紧紧把握开放式服务创新的规律,切身力行进行开放式服务创新,提高自身服务多元化水平,并保持持续的用户黏性,才可以保持生机和活力。尽管开放式服务创新已经成为学术界研究的热点,但目前的研究依然存在几点不足:①缺乏具体结合相关的行业企业进行研究;②缺乏对网络平台企业开放式服务创新生成机理的研究;③缺乏对网络平台企业开放式服务创新风险管控的研究;④缺乏对网络平台企业开放式服务创新绩效提升的研究。本书主要围绕以上几点进行补充和拓展。针对这一基本研究现状,本书选取"网络平台企业开放式服务创新"作为研究对象。研究内容主要包括网络平台企业开放式服务创新的理论研究、生成机理、风险管控和绩效提升四个部分。

(1)网络平台企业开放式服务创新的理论研究。从服务创新、开放式创新和商业生态系统理论出发,结合理论研究现状和网络平台企业开放式服务创新的特点,阐述网络平台企业的商业生态系统内涵、结构和特征,并分析网络平台企业开放式服务创新的生成特征,提出个体、组织和网络三个层面组成的网络平台企业开放式服务创新生成机理的总体研究框架,明确了生成机理应进一步研究的具体内容。

(2)网络平台企业开放式服务创新的生成机理。从网络平台企业商业生态系统的内涵、结构与特征和商业生态系统视角下互联网企业创新生成特征来看,网络平台企业的开放式服务创新生成具有自上而下、开放性、竞合、网络性、网络平台企业主导性及使用不同策略等特征。得出网络平台企业的开放式服务创新生成涉及个体、组织和网络三个层面;其中,个体层面的研究对象主要选择网络平台企业的领导者;组织层面主要考虑哪些组织内部的因素影响开放式服务创新的生成;网络平台企业的开放式服务创新生成具有网络性,需要其他关联物种的认同和协同,应采用何种网络治理方式和模式才可以促进网络中其他关联物种对开放式服务创新的采纳,所以选择网络治理作为网络层面的研究重点。

（3）网络平台企业开放式服务创新的风险管控。立足网络平台企业开放式服务创新困境，构建网络平台企业开放式服务创新风险管控框架。从风险形成、辨识、评价、仿真等角度出发，析出哪些因素会产生风险、是否属于高危风险因素，如何评价量化风险因素重要性，以及如何仿真模拟出最有可能的风险成因；然后是如何进行风险治理，先探索出影响风险治理能力的重要因素，再研究什么因素影响风险治理绩效。因此，风险管控章节分为风险成因分析部分和风险治理部分。风险成因分析部分流程如下：首先，基于多案例分析和扎根理论方法，析出了网络平台企业开放式服务创新的风险成因，并用结构方程模型进行检验；其次，借鉴管理要素分析模型构建了 HHM 框架，对平台企业开放式服务创新风险进行了全方位透视，并通过 RFRM 方法过滤出更为精准的高位风险；然后，构架网络平台企业开放式服务创新风险评价指标体系，从实际案例分析出发，运用云模型对网络平台企业开放式服务创新风险进行评价；最后，运用系统动力学原理构建了网络平台企业开放式服务创新风险的系统动力学模型，从系统和整体的层面分析了开放式服务创新的各种风险因素与风控措施的相互作用。而风险治理部分主要从网络层面和组织层面探讨网络平台企业开放式服务创新风险治理能力影响因素，并利用 HLM 7.0 软件对收集到的数据进行假设验证；然后基于环境动态性的调节作用，运用回归分析方法实证检验了战略柔性、动态能力与开放式服务创新风险治理绩效之间的影响关系。

（4）网络平台企业开放式服务创新的绩效提升。从价值共创绩效的提升、跨界搜索增进绩效提升以及治理机制保障绩效提升等方面来论述网络平台企业如何进行开放式服务创新绩效的提升。首先，采用问卷调查方式，运用结构方程模型分析方法，对服务主导逻辑、网络嵌入、动态能力和价值共创四者之间的关系展开实证分析，探讨网络平台多行动者视角下服务主导逻辑、网络嵌入影响参与者动态能力进而影响网络平台企业价值共创的微观机理；其次，基于跨界搜索理论和动态能力理论，从合作伙伴类型的视角出发，提出技术型、商业型、技术-商业整合型三种跨界搜索模式，并以百度平台为例进行分析，并与"供给-消化-产出"这一生态反应相吻合，构建了"跨界搜索-动态能力-开放式服务创新绩效"的理论模型，并结合结构方程模型进行实证分析，为网络平台企业开放式服务创新绩效的改善提供帮助；最后，探究治理机制如何保障创新绩效的提升，从契约机制、信任机制和协调机制等治理机制入手，实证检验了契约机制、信任机制和协调机制等治理机制对网络平台企业开放式服务创新绩效的影响，并考察了关系嵌入和结构嵌入等网络嵌入的调节效应,为网络平台企业开放式服务创新治理机制提供一些有意义的结论。

本书的研究框架如图 1-1 所示。

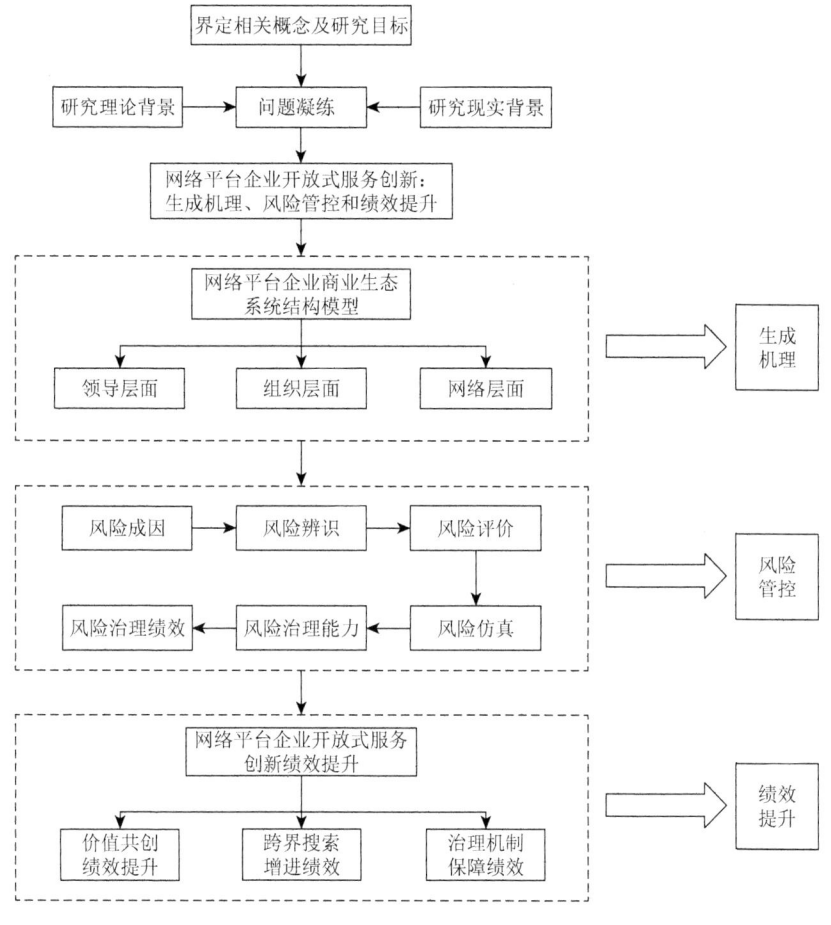

图 1-1 本书的研究框架

1.4 研究方法及技术路线

1.4.1 研究方法

本书采用了文献整理与实地调研相结合、理论分析与实证研究相结合、多种理论和工具相结合的方法,具体如下。

（1）探索性案例研究。选择探索性案例分析方法的一个重要原因就是其具备新理论构建的功能。案例研究集中在当前现象，主要回答"怎么样"和"为什么"的问题，且在验证理论、阐释概念、描述未知的重要现象等方面十分有效（Yin，2002），因此，有必要从网络平台企业开放式服务创新生成实践出发，采用具有理论构建功能的探索性案例研究方法，系统提取网络平台企业领导层面的开放式服务创新生成机理和风险形成机理。本书在网络平台企业开放式服务创新生成机理的领导层面和风险形成成因研究中运用了探索性案例研究方法，旨在析出网络平台企业开放式服务创新的生成影响因素和风险形成因素。

（2）Meta 文献分析法。宋浩等（2012）认为 Meta 文献分析法是在某一问题涉及领域全面搜索所有相关研究的基础上，经过科学缜密筛选，再进行分析处理，形成针对这一问题的综合研究结果，是一种综合判定和评价的方法。与传统综述法相比，其具有系统、客观、综合的特点，在循证医学领域广泛应用，现正逐渐引入社会科学领域。其步骤一般分为：确定研究主题、制定搜索策略并执行搜索、评判文献质量、整理并进行统计分析、得到研究结果五步。开放式服务创新的系统研究才刚刚起步，但其"一体两面"（开放式服务创新是一个整体，开放式创新和服务创新是其两个方面），开放式创新和服务创新的研究已比较深入，借助相关文献的综合分析，以期为组织层面开放式服务创新生成的研究提供借鉴。在第 5 章组织层面开放式服务创新生成机理研究中，对相关领域的文献进行搜索和统计分析，析出组织层面的影响因素，为社会网络分析提供素材，从而明确各组织层面影响因素在开放式服务创新生成过程中的重要性。

（3）多元统计分析。当今工商管理学科领域中最主流的实证研究方法是问卷调查法和以此为基础的多元统计分析方法。Ghauri 和 Grønhaug（2005）认为这种定量化的研究方法最适合应用于发掘复杂现象中起关键作用的变量及这些变量间的相互作用关系。关系治理与合同治理之间的相互关系、治理模式等对绩效的影响在实体经济中已被广泛关注，但却鲜有研究将其引入虚拟经济的开放式服务创新中。因此，本书在网络层面开放式服务创新生成机理的研究中，提出相关研究假设并进行问卷调查，使用多元统计分析方法进行实证检验。研究中主要采用聚类分析、方差分析、结构方程模型和回归分析等多元统计分析方法。聚类分析在本书第 6 章中能把关系治理与合同治理孰强孰弱的治理模式进行分类。其中，方差分析主要从观测变量的方差入手，找出哪些变量对观测变量有显著影响。结构方程模型具有同时处理多个因变量的优势，还可能显示间接效应。而回归分析能弥补结构方程模型难以检验交互作用的缺陷。

（4）扎根理论。扎根理论是一种深入研究现象的生活背景中，使用参与观察和非结构式访谈等方式收集资料，应用若干量化技术对资料进行分析，以理解和解释社会现象的综合性研究方法。本书重点运用扎根理论来处理文献搜索和访谈得到的企业案例，在网络平台企业经验资料的基础上建立理论，直接从企业案例实际观察入手，从原始案例中归纳出经验概括，然后上升到网络平台企业开放式服务创新生成机理和风险形成机理。扎根理论得出的理论结果从客观原始案例资料出发，并总结规律，其内容包括构建理论和检验理论两个方面，系统完整，具备严谨、科学、可验证的特点。

（5）HHM 和 RFRM。HHM 是一种全面的思想和方法论，目的在于展现一个系统（其众多的方面、视角、维度）内在不同特征和本质。术语"等级全息"指的是希望了解在系统不同层面出现的问题以及希望有一个系统的多个视角图像。本书重点运用 HHM 来分析网络平台企业开放式服务创新风险来源，可以获得全面、系统的风险辨识框架。RFRM 由美国国家航空航天局（National Aeronautics and Space Administration，NASA）管理专家提出，本书使用 RFRM 对 HHM 中的众多风险因素进行过滤、排序，这会对众多的网络平台企业开放式服务创新风险进行多次处理，过滤掉发生概率较低或造成损失较小的风险因素，缩小需要重点关注的风险因素范围，对后续风险的评估以及预防有指导性作用，达到全面系统辨识网络平台企业开放式服务创新风险的目的。

（6）系统动力学。系统动力学是一门分析研究信息反馈系统的学科，也是一门认识系统问题和解决系统问题的交叉综合学科。从系统方法论来说，系统动力学是结构的方法、功能的方法和历史的方法的统一。它基于系统论，吸收了控制论、信息论的精髓，是一门综合自然科学和社会科学的横向学科。首先，明确网络平台企业开放式服务创新面临的风险，界定系统，确定系统内部各要素以及要素之间的因果关系，其次，建立结构模型和数学模型，进行仿真分析，最后，对仿真结果进行比较与评价。本书运用系统动力学对网络平台企业开放式服务创新风险仿真模拟，可以实现科学的风险预警。

（7）云模型。中国工程院李德毅院士于 1995 年首次提出云模型，它可将不确定概念的模糊性和随机性有机结合，实现定性描述和定量计算的相互转换，得到客观、准确的评价结果，同时也有助于不同指标间进行标杆比较和分析。云模型一般用期望（Ex）、熵（En）、超熵（He）这三个数值特征来表征。Ex 是概念在论域中的中心值，是最能代表这个定性概念的值；En 用以度量不确定的程度，作为一个状态参量，在统计物理学、信息论等方面广泛应用；He 用来度量熵的不确定性，即熵的熵，超熵的大小间接地反映云的厚度，超熵越大，云的离散程度越大，隶属度的随机性也随之增大，云的厚度也越大。云模型的优点是能够成功进行定性与定量之间的巧妙转换，生成直观清晰云图，更具有客观性。本书运用 AHP-云模型评价方法对网络平台企业开放式服务创新的风险进行评价，直接生成云图，清晰直观。

1.4.2 技术路线

本书的技术路线为"确定主题→调查研究→理论梳理→演化分析→风险分析→绩效提升→政策分析"，研究思路如图 1-2 所示。

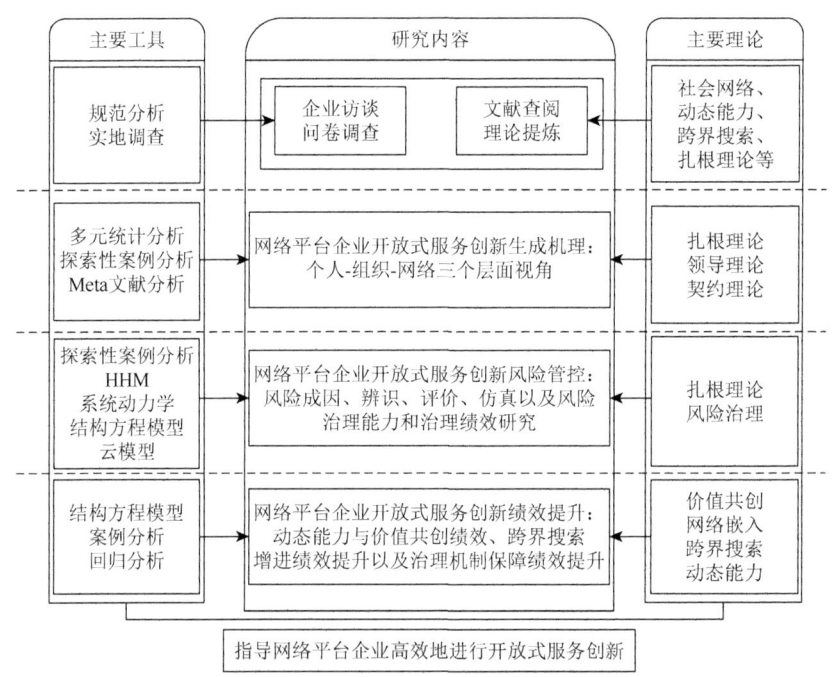

图 1-2 本书的研究思路

（1）本书在文献阅读和企业实践的基础上，抽象出研究主题。先通过文献阅读从整体上把握网络平台企业开放式服务创新的相关研究现状，再通过实地调查部分企业和查阅相关报道资料从局部了解网络平台企业开放式服务创新的发展现状，从而析出研究网络平台企业开放式服务创新所需的理论基础，构建研究框架。

（2）在网络平台企业开放式服务创新生成机理研究中，首先，采用基于扎根理论的多案例研究方法收集网络平台企业开放式服务创新领导层面的影响因素；其次，基于 Meta 文献分析法，将服务创新、开放式创新和开放式服务创新组织层面的影响因素引入网络平台企业开放式服务创新生成过程中，依据关联性量化各因素之间的影响程度大小，实现了组织层面开放式服务创新生成影响因素的拓展；最后，将契约理论中的合同治理和关系治理引入网络平台企业开放式服务创新生成过程中，延伸了其应用范围。

（3）在网络平台企业开放式服务创新风险管控分析中，前一部分主要进行风险形成、辨识、评价和仿真等风险成因方面的研究。首先，对网络平台企业创新失败的案例进行质性分析，运用扎根理论析出网络平台企业开放式服务创新的风险成因；其次，基于 HHM 对风险因素进行辨识，然后量化评估风险成因结果；再次，利用云模型对风险进行评价；最后，在此基础上，利用系统动力学方法对网络平台企业开放式服务创新的风险成因进行动态模拟，以帮助预防最有可能出现的风险。

（4）在网络平台企业开放式服务创新风险管控分析中，后一部分主要进行风险治理。先进行风险治理能力的影响因素的研究，考虑了企业家特质、战略创新、组织动态能力对风险治理能力的影响，并进行实证分析；再进行风险治理绩效的研究，基于环境动态性的调节作用，利用多元回归分析，实证检验了战略柔性、动态能力对风险治理绩效的影响。

（5）在网络平台企业价值共创绩效提升分析中，运用问卷调查法和结构方程模型方法，以网络平台价值共创的参与者为研究样本，对服务主导逻辑、网络嵌入、动态能力和价值共创之间的关系进行实证分析，研究结论有助于理解服务主导逻辑理念层面、网络嵌入结构层面、内部动态能力层面等对价值共创结果的作用机理，并提出相关启示。

（6）在跨界搜索增进网络平台企业开放式服务创新绩效提升分析中，从跨界搜索理论出发，提出了三种跨界搜索模式，并以百度平台为例进行分析；结合创新搜索理论和动态能力理论，系统研究跨界搜索、动态能力及开放式服务创新绩效之间的关系，并以参与网络平台企业商业生态系统活动的关键物种为调查对象进行实证检验。

（7）在治理机制保障网络平台企业开放式服务创新绩效提升方面，研究了契约机制、信任机制和协调机制等治理机制对网络平台企业开放式服务创新绩效提升的保障作用，并考察了网络嵌入的调节效应，且进行了实证检验，最后结合相关结论，提出了一些有意义的实践启示。

第二篇　网络平台企业开放式服务创新生成机理

第 2 章　网络平台企业开放式服务创新理论

2.1　网络平台企业开放式服务创新

2.1.1　开放式服务创新

Chesbrough（2006，2010）首次提出开放式创新概念，于 2010 年将开放式创新思想引入服务行业，阐述如何帮助企业从"以产品为中心"向"以服务为中心"的商业模式转型，并提出开放式服务创新理论。其认为开放式服务创新可以为客户带来更好的产品和服务，同时改变企业价值创造的方式。其后引发了众学者的持续关注和研究，Casadesus-Masanell 和 Halaburda（2014）提出平台开放式服务创新获得的收入是影响平台开放式创新的重要因素。Kowalkowski 等（2012）认为产品市场的成熟使得企业更多地提供产业服务以达到脱颖而出和保持竞争力的目的。刘鹏程等（2016）就组织边界跨越能力对开放式服务创新的影响进行了研究。彭本红和武柏宇（2016b）利用探索性多案例分析等方法对制造业企业开放式服务创新生成机理进行了研究，给出了制造业企业开放式服务创新的概念，并就驱动力、协同力和承载力等影响因素与开放式服务创新之间的关系进行了实证分析。Chesbrough（2010）提出万事皆服务、与客户合作创新、开放式服务和商业模式转型四个概念共同组成了开放式服务创新的框架。从以上文献分析可知，无论是制造业还是服务业的开放式服务创新都是服务创新和开放式创新的结合，服务创新是开放式服务创新的内容和目的，而开放式创新是形式和手段，合二为一就形成了开放式服务创新；开放式创新和服务创新作为开放式服务创新的两个方面，都会对开放式服务创新产生影响。因此，对服务创新和开放式创新文献的回顾有利于更好地理解开放式服务创新的概念。

2.1.2　服务创新

随着服务经济地位的日益提升，服务创新也越来越重要。Teece（2010）

认为服务创新不仅可以帮助企业将客户需求转化为自身的盈利能力，还可以将服务创新集成到企业的经营范围之内，构建一个多样化的、强大的价值创造机制，提出服务创新和技术创新一样重要。Kim（2009）提出服务产品化和产品服务化是服务创新的两个主要方向，其中，服务产品化主要指服务流程的标准化，而产品服务化主要是对制造业而言，以服务主导逻辑占优，通过理念变革开发更多更优的服务。韦铁和鲁若愚（2012）发现现代服务业发展迅速，创新活动越来越吸纳不同背景的利益相关者参与其中，这种多主体参与的服务创新模式包含了更多的参与主体和更复杂的互动关系。刘德文和鲁若愚（2009）认为服务创新更显其无边界的动态混合网络性特征。Amara 等（2008）研究了知识密集型商业服务商如何选择专利、设计模式、注册商标、交货周期优势等机制来保护自己的创新，以避免竞争对手的模仿。Love 等（2011）认为企业成长与服务创新程度和多样性直接相关，强调了服务创新探索阶段对外开放的重要性及服务创新后期内部开放（如协同合作）的重要性。Bygstad 和 Lanestedt（2009）调查了基于信息通信技术的服务创新，实证结果表明成功的服务创新需要服务提供商和外部用户强有力的整合。

Chesbrough（2011）指出，随着开放式创新逐渐被越来越多的企业采纳，许多企业开发产品的方式也发生了变化，还指出开放式创新同样也应该应用到服务领域。Mina 等（2014）认为商业服务商是比制造商更积极的开放式创新者，相比正式的开放式创新实践而言，他们参与非正式的开放式创新实践更多，而且相比市场知识而言，他们更加重视科学和技术知识的应用。Chuang 和 Lin（2015）研究得出，电子商务服务创新有利于价值共创的实现，进而提高企业价值，同时还发现随着技术的深刻变革和客户的需求激增，电子商务服务创新的数量也骤增。孙耀吾和贺石中（2013）认为高技术服务创新融合了高技术和管理创新，是一个开放的、网络化的、模块嵌入式的集成创新过程。韦铁（2010）从多主体参与的角度研究了服务创新主体之间的博弈，结果表明服务创新系统的开放有利于将更多的参与者吸引到企业的服务创新活动中去，有利于各主体及总体绩效的提高。陈劲和董富全（2014）以某一数字阅读基地为研究对象，从支持平台、互动网络和业务模式等方面重点探讨了开放式服务创新模式下不同创新要素和主体之间的协同创新机制。网络平台企业提供的价值多为无形的服务，在同质竞争、异质覆盖和多方开放互动的环境下，网络平台企业必须汇集各方创新点，推进服务创新的发生，以提高其在商业生态系统中的生存能力和整体竞争力。可以看出，互联网产业作为一种高技术服务业,其发展的根基在于服务,为开拓服务创新的应用范围提供了新领域。

2.1.3 开放式创新

Chesbrough(2003)在开放式创新理论中提出,组织只有从以自我更新为主的封闭创新演变为内外部多主体参与的协同创新,才能充分利用组织内外部资源,才可以构建内外部双通道的开放式创新的组织发展体系。Hung和Chou(2013)认为在开放式创新过程中,从创意的提出、研发直到创意商品化的每个环节,都可同时整合、利用内外部相互补充的异质性创新资源。Hoegl等(2011)认为随着日益严峻的经济环境和日益增长的国际竞争,许多企业都试图从开放式创新中获利,在整个创新过程中积极寻求与外部合作伙伴的协作。Almirall等(2014)认为在激烈竞争的环境下,开放式创新可以帮助企业提高创造一系列新产品和新服务的能力,并认为组织外部资源至关重要,要多途径整合整个商业生态系统的资源和吸引创新支持者来满足市场需求,进而提高竞争力。Laursen和Salter(2006)实证得出企业的开放度和创新绩效之间存在倒"U"形曲线关系,可见,企业要平衡好开放度的均衡。Sisodiya等(2013)认为依赖于外部连接的开放式创新是整合外部输入和内在追求的另一种创新。Sammarra和Biggiero(2008)、Cui和O'Connor(2012)及Wuyts和Dutta(2014)等一些学者认为合作伙伴异质性有利于企业在开放式创新中获得多样化的知识和资源,有助于企业自身学习能力的提高,从而实现企业创新绩效的提升。Huizingh(2011)指出从长远看建立多样化的伙伴关系更有利于开放式创新的实现。陈艳和范炳全(2013)认为不同规模的企业会采用不同的开放式创新路径。顾晓敏和任爱莲(2011)对企业学习能力、创新开放对象和创新绩效三者之间的关系进行了实证分析,发现并非所有企业采取开放式创新模式都能提升其创新绩效。

金杨华和潘建林(2014)认为开放式创新、利益相关者之间的协同创新是平台企业获取竞争优势的新路径,还指出平台企业若缺乏开放式创新机制,将限制其网络空间的延伸。Mina等(2014)认为开放式创新使企业跨越了传统的运作界限,在增加研发支出的同时,实现了企业规模的扩大,并通过论证得出商务服务业比制造业更积极从事开放式创新的结论。Scholten和Scholten(2012)探讨了平台企业的外部创新控制机制并进行了分类,指出平台生态系统囊括的异质性合作伙伴越多,平台对用户来说就会变得越有价值和越有吸引力，领先型平台企业已把工作重点放在吸引和连接外部合作伙伴上。Laperche（2012）认为知识产权具有重要的协调功能，而该协调功能在开放式创新的情境下仍然适用并正在迅速普及。Gulshan（2011）对经验数据的研究表明，开放式创新可以从大量创新源中获取有用的知识，开放平台正是通过开放式创新吸收、整合内外部创新获得收益。Mladenow等（2014）认为平台企业在持续创新的压力下，不得不更加主动地挖掘客户的知识和能力，通过社会群体整合的众包模式来提升开放式创新的水平。先前研究多以传统企业为主，主要关注开放式创新对新技术、新产品和新服务的影响，注重的是单个企业自身绩效的影响；而网络平台企业具有多方参与的网络效应，不但注重自身技术创新，而且更加关注与企业外部利益相关者服务创新的融合，进而提高整个商业生态系统的创新水平，共建互利共赢的开放式创新氛围。由此可见，平台企业的开放策略为开放式创新在互联网领域的应用提供了新素材。

网络平台企业受互联网技术进步的影响，不断地开放自身边界，利用信息技术以较低的成本来连接供方和需方，并提供支持，促进多方价值共创。顾荃（2014）指出在现代社会中，企业不是单个的个体，它需要考虑合作伙伴的利益，或者是产业链上下游企业的利益，只有这样，网络平台企业才能更好地发展。宋立丰等（2020）指出对平台组织的讨论不应该局限于平台化的企业或企业平台本身，而应该将平台化的企业与其合作伙伴作为一个整体进行研究。网络平台企业从封闭走向开放，致使对其的研究由平台自身的成本、利润等问题延伸至平台的利益相关者、网络、产业等方面。

2.1.4 网络平台企业开放式服务创新必要性分析

就开放式创新而言，不同行业企业的内部特征、外部环境等存在较大差异，导致开放式创新对创新绩效的影响也有所差别。以往的研究多以传统企业为例，研究开放式创新对企业新产品或新技术开发的影响，聚焦于企业自身绩效的提升。而网络平台企业与传统企业有很大差别，它属于具有双边市场特征的高技术服务业，在开放式创新中更应该注重企业内部技术创新与外部服务创新的融合，以及整个商业生态系统创新绩效的提升。目前关于网络平台企业开放式创新的相关研究还比较少，因此应用平台经济学及开放式创新理论等工具研究网络平台企业如何通过开放式创新整合网络资源，提升集成能力，是网络平台企业亟待解决的新问题。

就服务创新而言，大多数研究是将开放式创新的理念和实践应用于服务创新领域，但是从目前的实践来看，开放式创新还是更多地应用于产品、技术的创新领域当中，而在服务创新领域的应用却有所滞后。以往关于服务创新的研究大多集中在验证开放式创新在服务创新中的有效性，所研究的对象也多以某一产业为主，很少具体到某一行业。因此，对网络平台企业商业生态系统的开放式服务创新生成进行多层次的研究是很有必要的。

2.2 网络平台企业商业生态系统

2.2.1 商业生态系统

服务型制造商业生态系统的概念最早由 Moore（1993）提出，定义为以组织和个人相互作用为基础的经济联合体，并在 1996 年的《竞争的衰亡——商业生态系统时代的领导与战略》一书中描述了商业生态系统的内涵具有七个维度及进化具有四个阶段，提出生态主体共同进化的核心观点，并划分商业生态系统为核心生态系统、竞争系统、支持系统和社会及自然系统四个子系统（詹姆斯·弗·穆尔，1999）。本书定义商业生态系统为由相互联系的组织或个人组成的动态结构系统。马尔科·扬西蒂和罗伊·莱维恩（2006）依据物种在商业生态系统中的地位和特点，将其分为骨干型企业、主宰型企业、坐收渔利型企业和利基型企业四类。同时商业生态系统还具有自组织性、涌现性、共生性、协同进化性、适应性和远离平衡态等 CAS（Chaos，混沌）的特性；商业生态系统的进化机制包括以自组织为根本动力的内部机制和以环境选择为主的外部机制；其中，自组织是指系统内部成员间通过特有的自发性的协同合作，促使系统不断地自我更新和完善的过程，是商业生态系统进化的根本动力，不受系统外部机制的影响；以环境选择为主的外部机制遵循"最劣必汰、差别保存"原则。组织作为个体在商业生态系统中占据不同的生态位，生态位的差别导致组织在商业生态系统中扮演的角色也有所不同，角色不同会导致物种采取差异化竞争策略，去获取不同的价值分配；同时，各主体间的关联性也更加紧密，生态系统的健康状况直接关系到每个物种的健康，"牵一发而动全身"。Power 和 Jerjian（2001）认为遍布全球的网络就是商业生态系统。Lewin（1999）指出不同生态位的主体差别有序、紧密相连组成商业生态系统，彼此之间自发性地协同进化。Garnsey 和 Leong（2008）从资源基础观和演化理论视角出发，研究了商业生态系统的构建，指出商业生态系统具有边界难以界定和内部演化难以量化的特性。Iansiti 和 Levin（2004）探讨如何评价商业生态系统的健康状况，构建了一个包括生产率、稳健性和利基创造力三维度的多指标评价模型。Iansiti 和 Levin（2004）还从物种商业环境的创新动态性和网络关系复杂性角度出发，创建了一个商业生态系统内部"企业角色-战略匹配"模型。可见，以往研究大多都从商业生态系统的内涵、特征、结构等层面进行探讨。

2.2.2 网络平台企业商业生态系统内涵

自 21 世纪以来，以平台企业和两个或多个相互关联的用户市场形成的"商业生态系统"作为研究主体的双边市场与平台理论逐渐成为产业组织领域研究的热点问题（李泉和陈宏民，2009）。Rochet 和 Tirole（2006）把交易量受价格结构影响的交易平台定义为双边市场。Armstrong（2006）指出双边平台一方的收益取决于另一方的规模。Li（2015）指出双边市场至少有三方（A、B 和 C）参与且 A 和 B 之间的交易量对 A 和 C 之间的交易量具有双边间接网络外部性。熊艳（2010）认为交叉网络外部性、价格非对称性、用户间的相互依赖性及需求互补性等是双边市场所具有的特性，而傅瑜（2013）认为网络规模和网络外部性是平台企业具有的主要特征。综上所述，本书认为网络平台企业商业生态系统就是以互联网技术为基础，以网络平台企业为主导，联合网络平台产业链上各方利益相关者，以价值的共创、共享、共治为核心，借助物质流、能量流、信息流等之间的连接传导机制，满足各方物种需求的一种竞合共生、开放、复杂、协同优化的生态系统。网络平台企业弯曲了原本垂直的价值链条，连接了其他本不直接关联的物种，通过互动媒介体系将多样化供给和多样化需求匹配起来，以达到多方互利共赢。平台企业用户的数量是双边市场存在的根本，Kim 等（2012）在研究具有双边市场特征的平台企业团购促销时发现，客户基数较大的平台其网络外部性更强，而 Vogelsang（2010）认为初建期的平台企业为了获得更多用户，常常选择放弃垄断利润的竞争策略。网络平台企业定位多边市场，众多细分市场堆砌形成健全而庞大的商业生态系统，建立完善的生态渠道，激发同边和跨边网络效应，促进用户规模和范围的持续扩大，让诸多生态主体彼此交流互动，实现价值飞跃。众学者在双边平台企业如何制定合理的价格将两边客户尽可能吸引到平台上展开交易从而获得最大化利润上做了大量研究。例如，Chang 等（2013）认为买家一方加入平台不仅会考虑价格,还会考虑平台另一方——卖家的数量,反过来,更多买家的加入也会使平台对卖家有更大的吸引力;Zingal 和 Becker(2013)也指出,在双边市场中多边客户群的市场需求相互影响,平台的定价策略必须考虑这种相互依存性;Aloui 和 Jebsi(2010)认为在双边垄断平台中倾斜定价不仅取决于双方的需求价格弹性的相对大小,还取决于一个代理人对其他代理人的边际拥挤成本。此外,Gazé 和 Vaubourg(2011)认为平台成员的异质性也对平台的盈利能力有积极作用。能否使一方用户吸引到一定规模的另一方用户,能否为特定用户提供好的盈利机会,以提高用户黏性是平台企业持续发展的关键。因此,平台企业需通过对话语权的操控,巧妙掌控双边市场主体间的互动,让各边群体成为绑定彼此的力量,在推动多边势力的同时也提高了平台企业自身的价值。

丁宏和梁洪基(2014)认为平台企业不仅需要足够的用户规模,还必须拥有核心竞争力以增强用户黏性,才可以持续维持双边用户的数量并不断为双方提供产品和服务。Cennamo 和 Santalo(2013)发现信息技术的广泛应用使得 PC(personal computer,个人计算机)运营商、PAD(personal digital assistant,个人数字助理)、在线游戏、互联网系统提供商等认识到构建平台的重要性,他们不断以核心业务为基础构建平台商业生态系统,以规避自身核心能力单一、刚性的风险,获取持续竞争优势。Parker 和 van Alstyne(2012)认为平台创建者、平台提供者(平台领导)、用户(需求方)和用户(提供方)是平台生态圈的四个主体。王千(2014a)以阿里巴巴、腾讯和百度为例,从共同价值理论视角出发,阐述网络平台生态圈是如何构建的。吴义爽(2014)认为平台企业为获取平台服务费而战略性嵌入并改变市场上原有的服务交易网络。李小玲等(2014)从商业生态系统的视角指出,平台企业要想保持长期发展,需有效控制多边商家的竞争及均衡自身和商家之间的利益。Tiwana 等(2010)认为现阶段网络平台企业之间的竞争已经转换为以网络平台企业为核心的商业生态系统之间的竞争,并提出平台生态系统的演化模型。周璇(2011)认为增强平台生态圈内部多样性、把握产业价值链、对竞争对手实行情报获取及防御等战略可以为平台生态系统的健康发展打下坚固基础。总之,互联网产业的生态圈构建还处于深刻变革之中,为理论上的探索提供了新背景。

2.2.3 网络平台企业商业生态系统必要性分析

商业生态系统的研究焦点主要是商业生态系统概念框架、特性和规律及理论应用这三大部分，涉及内涵、结构与特征等的探索，而商业生态系统理论尚未形成权威的、统一的理论体系，可见，研究深度距离解决实际问题还有一定差距。互联网背景下发展平台经济已是大势所趋，网络平台企业作为平台经济的主体及领导者，需领导各方参与者构建一个和谐共生的商业生态系统，让各方通过平台实现连接，通过交流互动，实现价值共创与共享。可见，对网络平台企业商业生态系统的研究还处于起步阶段，多方用户之间、平台与用户之间如何互动发展，如何构建良性健康的网络平台企业商业生态系统，这是网络平台企业要研究的新课题。因此，研究网络平台企业在特定的商业生态系统中如何进行有效的开放式服务创新，在服务经济框架下应该设计何种平台策略，从而达到提升开放式服务创新的能力，是我国当前服务经济发展中企业界和理论界亟待解决的重要课题。

2.3 网络平台企业开放式服务创新风险与绩效

2.3.1 网络平台企业开放式服务创新风险

众学者从收入、成本、企业架构等因素出发，探讨其对开放式网络平台企业创新的影响。Zott 等（2011）强调企业需要研究如何创新企业架构，以应对环境风险。开放式服务创新使得企业的创新流程趋于复杂化，创新边界逐渐淡化，在加速企业技术更新、提高企业服务水平、增强企业核心竞争力的同时，也会带来多样化的风险，这是由自然和社会环境的不确定性、企业运作的复杂性、技术开发的超前性等因素所决定的。针对风险问题，国内外学者对此做了许多研究。首先，国外一些学者从风险识别的角度对开放式创新的障碍类别进行界定，将这些障碍分为管理风险、财务金融风险等类别（Chesbrough，2006）；也有学者从社会风险等六个角度总结了开放式服务创新的风险框架（Paluch and Wunderlich，2016）；而在风险评估和评价方面，国内学者将开放式创新的风险进行整合，将开放式创新体系中的内外部风险进行区分，并简要地提出了风险控制方法（张林和罗乐，2013），同时提出了相对完善的开放式创新风险的评估指标体系（王圆圆，2010）。其次，也有学者梳理出企业开放式创新风险的影响因素，并进行风险因子归类（杜景姝，2008）。最后，关于风险的治理，也有学者认为中小企业开放式创新在创新网络与知识产权层面存在问题，中小企业为了更好地实现开放式创新，应该充分发挥其灵活性和快速应变能力的优势，多获取资源信息（赵佩华，2017；裴莹等，2017）。对于跨国公司，也有学者对其开放式创新的风险及其规避机制进行了深入分析与研究（刘媛，2017）。在上述研究的基础上运用系统动力学进行仿真模拟，从宏观与微观角度深入探讨了开放式服务创新的风险机理与治理方法（鲁倩，2018）。

对网络平台企业的研究多集中于开放水平、利益相关者和商业模式等领域，而网络平台企业开放式服务创新风险成因及内在作用机制研究还仍是一个黑箱。开放式服务创新方式的研究相对集中于创新能力及创新带来的经济效益，对开放式服务创新风险的研究较少。为了揭示网络平台企业开放式服务创新成败的原因及创新风险内在机制，本书利用多个典型网络平台企业成败案例，利用扎根理论研究其内在风险因素及生成机理，通过风险形成、辨识、评价、仿真等来确定风险成因，并实证分析探讨风险治理能力影响因素及风险治理绩效影响因素，力图为互联网网络平台企业的风险预防和治理提供思路。

2.3.2 网络平台企业开放式服务创新绩效

关于开放式服务创新的概念，目前尚无统一定义，开放式服务创新的研究以开放式创新理念为基础，Chesbrough（2003）首先提出了"开放式创新"这一概念，认为企业可以充分利用企业内外部的人才和创意，而不仅是单纯依靠内部的研发，随后他将制造业的开放式创新引入服务创新领域，给出了开放式服务创新的定义，并构建了开放式服务创新的框架，他认为万事皆服务，应该用服务的思想来定义企业自身业务。企业应该进行信息共享，建立开放式服务创新价值链，提升现有资产的利用率以更好地提供多种服务（周键，2018）。开放式服务创新被定义为一种有意义的服务创新管理过程，即企业有目的地利用外部资源和知识，使其流入和流出组织边界，并利用一定的手段使这些外部资源与企业的商业模式保持一致性。Carroll 和 Helfert（2015）认为，开放式服务创新是服务创新企业与外部主体建立合作伙伴关系，通过整合利用内外部的资源，协调多方利益来实现企业创新的新型开放式创新组织关系模式。Agarwal 等（2015）认为通过调整系统层面的服务创新，强化企业开放创新的多层次框架，对于开放式服务创新概念的解读才能到达较为细致的程度。开放式服务创新更多的是体现服务至上的理念，服务业的快速发展及竞争环境的变化，使得服务创新对于企业良好发展、保持健康的商业生态活力具有重要作用。服务业提供的产品是无形的，即使是大企业，也必须跨越边界，通过获取外部资源进行开放式服务创新。综上所述，本书认为开放式服务创新是平台企业跨越组织边界、将外部资源同企业内部运营模式进行整合，从服务视角对企业由内到外、由外及内进行管理的创新模式。

Chesbrough（2011）在探索产品化陷阱和以产品为核心的创新阻碍问题时，提出了开放式服务创新的解决之道。万事皆服务，进行开放式服务创新，可以充分利用各种资源，获取客户的隐性知识进行整合，迅速推出市场需要的新服务，抢占市场；让利益相关者参与创新，打造良好的创新生态系统，追求价值活动的内在一致性，其开放、合作等特性有利于提升服务品质；开放式服务创新需要多方共同参与、协同合作，这有助于加强彼此之间的协作水平。以访谈信息和相关文献为基础可以得出，开放式服务创新绩效包括市场扩展情况（即市场绩效）、服务水平情况（即服务绩效）和多方合作效率（协作绩效）。

2.4 本章小结

本章从网络平台企业开放式服务创新的文献出发，回顾了服务创新、开放式创新并做了简要评述。基于商业生态系统理论，分析了网络平台企业商业生态系统。同时对网络平台企业开放式服务创新的风险成因进行了文献回顾。

第 3 章 网络平台企业商业生态系统

鉴于现有开放式创新、服务创新或开放式服务创新的研究多关注网络层面，探讨网络结构、关系、搜索等因素对创新的影响及作用机理，而对个体、组织等层面的研究还有待挖掘和提升。基于此，本章在网络平台企业商业生态系统内涵、结构与特征等分析的基础上，明确网络平台企业商业生态系统所涉及的主体和要素，然后分析网络平台企业开放式服务创新生成的一般特征和独有特征，构建了网络平台企业开放式服务创新生成的研究框架，为后续不同章节的安排和深入研究提供框架指导。

本章内容安排如下：首先对网络平台企业商业生态系统的内涵、结构和特征进行论述，然后阐述网络平台企业开放式服务创新生成具有的特征，最后构建了一个包含"个体-组织-网络"等层面的三位一体的研究框架，系统地揭示了网络平台企业开放式服务创新的生成机理。

3.1 网络平台企业商业生态系统的内涵、结构与特征

3.1.1 网络平台企业商业生态系统的内涵

通过借鉴上述学者的研究成果和结合网络平台企业的特点，网络平台企业商业生态系统可以从以下三个层面理解：一是以虚拟网络为连接介质，以互联网技术为基础，这是网络平台企业商业生态系统的基础环境，没有此条件，各生态主体之间是孤立的，无法形成连接。此外，与传统商业生态系统相比，各生态主体之间除了通过有形产品连接，还通过服务连接，具有无形性、实时性、异质性、易逝性等特性。二是以网络平台企业为主导，网络平台企业是关键物种，是整个服务传导机制的搭建者，居于商业生态系统中心位置。网络平台企业作为平台经济的灵魂与核心，通过满足多边市场的需求，促进不同用户之间的相互交易和交互协作，进而形成独特的网络平台企业商业生态系统（图3-1），为互联网企业从应用型企业上升到更高维度的生态型企业打下基础。三是网络平台企业商业生态系统是由各相关生态主体交织而成的，主体之间是一种协同优化、竞合共生的关

系。每个生态主体对网络平台企业商业生态系统都具有重要作用，各成员命运紧密相连，具有健康牵连性，从以前的"分饼"竞争状态转变为现在互利共生的"创饼"竞合关系，强调了各生态主体间的合作共赢；区别于自然生态系统的边界性，网络平台企业商业生态系统的边界较为模糊与淡化。而且，网络平台企业商业生态系统各生态主体又是有意识的联合体或个体，任何生态主体可随时加入或脱离商业生态系统实现动态优化。

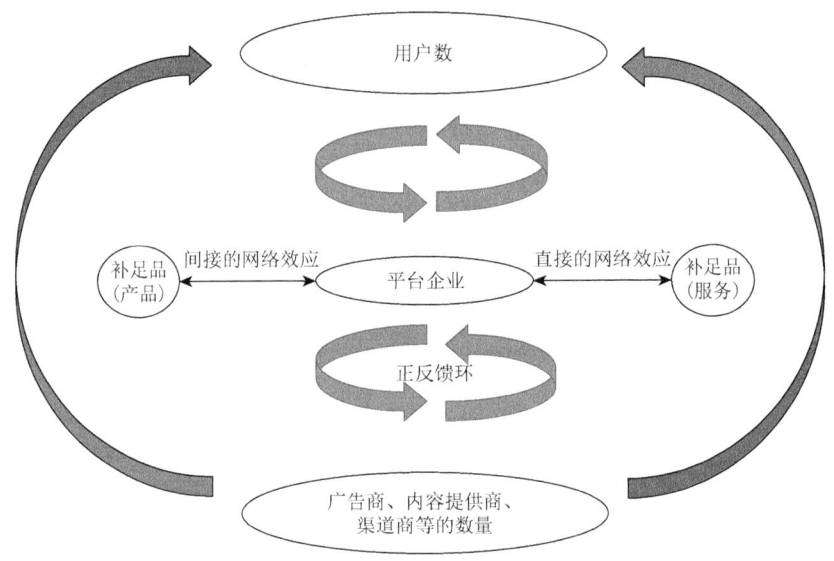

图 3-1　网络平台企业商业生态系统

3.1.2　网络平台企业商业生态系统的结构

为进一步详细了解商业生态系统的运行机制，众学者探讨了商业生态系统的结构模型。梳理相关文献可知，关于商业生态系统结构模型的研究主要有两类：一类是重点关注商业生态系统内部的不同组织种群和子系统的构成，以 Moore（1993）为代表；另一类是着重研究商业生态系统内部核心企业的合作网络来具体阐释商业生态系统内部的交互机制，以 Garnsey 和 Leong（2008）为代表。由于网络平台企业商业生态系统的边界非常模糊且难以界定以及系统内部的演化难以量化，本书基于网络平台企业的交易环境概念（潘剑英和王重鸣，2012），采用第二类研究来分析网络平台企业商业生态系统的结构模型，将网络平台企业所处的商业生态系统缩影成各生态物种的直接交易环境。图 3-2 为网络平台企业商业生态系统的结构模型，显示了一种典型的商业生态系统内部各物种的交互机制。网络平台企业是整个网络平台企业商业生态系统的关键物种，是整个系统的创建者和资源领导者，占据中枢位置，具有很强的物种吸引力和容纳力，具有引领价值创造、交互与分享的作用，通过提供系统平台、关键技术、关联规则、行业标准和服务等促进系统中的资源整合和需求匹配，现实中不存在一个单一的网络平台企业实现全面覆盖，因此，还存在其他同质或异质网络平台企业，即竞争种群。网络平台企业商业生态系统的健康运作，离不开其他众多关联物种即其他种群的参与和支持。网络平台企业的关联物种主要包括由提供关键应用的服务提供商、提供产品与服务并维持生态系统均衡的服务企业等组成的核心供应链种群，以及物流企业、金融组织、电信设施提供商等提供特定服务的支持种群，还有营销服务企业、技术外包企业等补充网络平台企业商业生态系统的寄生种群和系统服务的顾客形成的消费种群。龚丽敏和江诗松（2016）认为网络平台企业商业生态系统突破传统在线交易逻辑，提出全新的企业间战略互动模式，将用户基础作为资源，对拓展创新理论、资源观和动态能力及网络理论等具有重要意义。

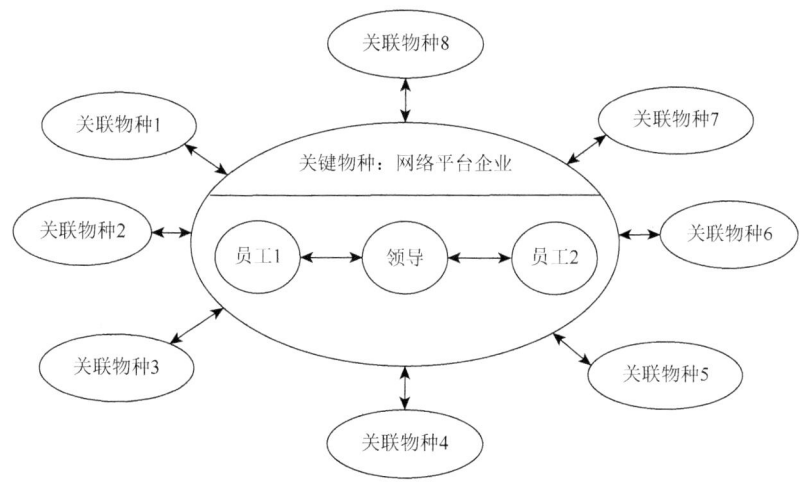

图 3-2 网络平台企业商业生态系统的结构模型

在 Moore（1993）定义的商业生态系统的概念可知，组织和个人是有机体，而有机体之间的价值联系、组织安排等相互作用形成网络，是一种关系规则，因此商业生态系统存在个人、组织、网络三个主要递升要素，具有层次性，是一个嵌套的网络系统。所以网络平台企业商业生态系统的结构模型也主要由个人、组织、网络三个层面构成。个人层面主要包括网络平台企业和关联物种的员工、领导及顾客，组织层面主要包括网络平台企业和关联物种，网络层面主要包括彼此间的联系规则。

3.1.3 网络平台企业商业生态系统的特征

相比自然生态系统而言，网络平台企业商业生态系统还具备一些特征。首先，种群的多样性和有限性。多样性除了体现在商业生态系统的创建者——网络平台企业外，还包括众多广告商、内容提供商、渠道商、生产企业、物流企业、金融组织、电信设施提供商、营销服务企业、技术外包企业和消费种群等关联物种，同质主体层次多样，合作主体类别多样，多样性对外界环境干扰起缓冲作用，有利于实现多主体价值共创，生态系统的持续强劲发展与否、创新能力高低等取决于系统物种类别的多样性和数量的大小，可见，多样性是网络平台企业商业生态系统的必备条件；个体、物种和群落都不可能永续地发展下去，也存在消亡，体现出网络平台企业商业生态系统的有限性。其次，边界的模糊性。网络平台企业商业生态系统各生态主体间基于网络连接集聚，连接关系具有虚拟性，同时各生态主体还具有国界性、边界性，但生态主体间的连接跨越空间，具有无边界性，其种群边界较为淡化和模糊，满足顾客需求多样化的服务产品多样性的边界也可以无限扩张。最后，网络效应。即采用网络平台企业的主体越多，网络平台企业将对各生态主体更有价值，体现在异边用户之间相互吸引的交叉网络效应和同边用户之间相互影响的自网络效应。用户的网络效应会产生一系列的互补创新，将吸引更多的生态主体参与到网络平台企业商业生态系统中来（Gawer and Cusumano，2014）。当然，网络效应也可能是间接的，如谷歌的广告也可以为搜索引擎吸引大量的用户。

3.2 商业生态系统下网络平台企业创新生成特征

3.2.1 网络平台企业创新生成特征

（1）自上而下。开放式服务创新是开放式创新和服务创新的结合，也离不开领导自上而下的支持。我国企业内部管理中一直存在着强烈的家长式管理模式（郑伯埙等，2000）和较大的权力距离（Hofstede et al.，1990），同时开放式服务创新不是举一人之力或几人之力就能完成的,要得到上级的允可和支持,才可以获取更多内外部的帮助,这就增添了互联网企业开放式服务创新生成的自上而下的色彩,使得企业领导者成为开放式服务创新生成的主导者。尽管互联网企业前端(员工、小组等)拥有一定的自主权,但这种自主权不是无限制的,受领导自上而下的管理和引导,创新的发起和资源的整合需要领导层的同意,创新过程和后续的投入与决策都会受到领导层的监督。更重要的是高层领导还可能是创新的发起者和倡导者,而其他相关部门或员工则会成为该创新思想的接受者。从这个意义上说,企业高层领导者个人在创新的生成过程中扮演了重要的角色,其特质、思维和领导力等成为决定创新方案质量和创新成功与否的关键。

(2)开放性。互联网企业天生具有开放的基因,因此,高层领导者绝非创新思想的唯一来源。首先,互联网企业为保持在位者优势、应对多样性、异质性、复杂性和增强系统的稳定性以及防止技术演化的"断续均衡"的突变,始终将开放作为其生存的根本,不断扩大经营范围,将不同主体纳入系统,不断使生物主体间及生物与环境间发生相互作用,避免创造力和竞争力受到损害。其次,开放使互联网生态系统无限持续扩张,不断延伸边界,覆盖到更广的行业领域,使得外部创新源不断涌入企业,生态系统内部及外部之间实现知识交流、关系学习等,从而促进企业能力和系统稳健性的提高,逐渐形成完备、完整的生态链条,使企业和系统具备较高的承载能力和修复能力。可见,开放有利于保持商业生态系统的完整度和丰富度,使互联网的触角蔓延至各行各业。例如,"互联网+传统行业"的跨界融合,就是为了构造完整的生态系统,促进传统行业拥抱互联网,实现转型升级;开放不但有利于提高系统内物种的丰富程度,而且还有利于提高系统内技术、流程和制度的发展水平和完善程度(陈健聪和杨旭,2016),从而促进创新的成功。最后,开放使得创新生成过程的各个阶段都能汲取各种建议,进而促进协同优化,提高创新的成功率和创新的质量。从以上分析可以看出,开放有利于创新的集智协同。

(3)竞合。网络平台企业商业生态系统各主体由于生态位重叠,会产生同质竞争,但在竞争中同时要抱团取暖、共进退、把"蛋糕"做大,可知,竞合就是竞争中求合作、合作中有竞争,共荣共存。竞合具有以下效应:首先是规模效应,各自相对优势和异质性资源在竞合条件下优化组合,不仅能更大限度地发挥作用,一定程度上实现了降低成本、放大规模效应,而且还延长了外部合作面;其次是成本效应,通过契约建立稳定的交易伙伴关系,实现信息共享,从而降低了外部交易成本和内部组织成本;再次是协同效应,竞合有利于拓展企业资源边界,提高异质性资源互补整合,实现"1+1>2"的协同效应;最后是创新效应,竞合关系使彼此近距离相互学习得以实现,有利于促进知识传播、新思想产生和创新活力的提高,也有利于整合相互之间能力,创造出新的能力,从而增强系统整体的创新能力。竞合的实质就是优势互补,通过增强彼此实力以追逐利润,体现为共创价值和争夺价值,即把"蛋糕"做大,各自分到的部分也会相应增加。可知,商业生态系统下互联网企业创新生成具有竞合特征。

(4)网络性。相比传统企业,互联网企业发展历史较短,企业的成熟度和资源能力等仍有很大的发展进步空间,互联网企业为集中优势资源保持企业核心竞争力,选择部分业务和环节外包给其他企业。随着顾客需求多样化趋势增强,企业的管理和运行也呈现出越发复杂的特征,往往需要联合其他具备异质性核心能力的企业来共同完成创新。同时,随着未来竞争的变化,即由单个企业之间的竞争逐渐演变为商业生态系统之间的竞争,需要互联网企业引领和协同整个商业生态系统各物种方在一个较宽的范围内来实现持续性的开放式服务创新,以避免创新窘境和保持竞争力。从上述分析可知,多主体参与创新导致协同关联关系增强,错综复杂的关系交织形成庞大的网络,各物种间相互依存、共生互利、协同演化,使得互联网企业的创新具备网络特性。

3.2.2 商业生态系统下网络平台企业开放式服务创新生成特征

在网络平台企业商业生态系统中存在着多种类型的组织——骨干型企业、主宰型企业、坐收渔利型企业和利基型企业,不同类型企业具有不同特征。其中,网络平台企业是骨干型企业,掌握着商业生态网络中其他主体所共享的关键资源,因此,网络平台企业开放式服务创新生成除了具有一般互联网企业创新生成特征外,还具有一些独有特征:网络平台企业是网络平台企业商业生态系统开放式服务创新的主导者,以及使用不同策略获得不同生态位物种的认同。

(1)网络平台企业是网络平台企业商业生态系统开放式服务创新的主导者。由于网络平台企业掌握着整个商业生态系统的关键资源,并且这些资源是能为其他生态物种所共享的并且是创新所需的,这就为其他关联物种接受网络平台企业的引导和协调奠定了基础。关联物种为了获得网络平台企业提供的共享资源，会倾向采纳网络平台企业提出的开放式服务创新决策。因此，在具有高网络性特征的网络平台企业商业生态系统的开放式服务创新生成过程中，网络平台企业较其他不具备关键共享资源的关联物种拥有更多的主动权，发起的创新也容易获得其他关联物种的认同。因此，从这个意义上说，网络平台企业是网络平台企业商业生态系统开放式服务创新的发起者和主导者。

（2）使用不同策略获得不同生态位物种的认同。网络平台企业商业生态系统具有层次性，由占据不同生态位的个体和种群组成。其中，种群是由个体组成的，领导者是个体的引领者，在种群中具备计划、决策、指挥、激励等职能，是种群创新的决策者和支持者。而大的种群又在网络平台企业商业生态系统中占据主导地位，拥有其他关联物种所共享的关键资源，而网络平台企业就是系统中大的种群。因此，网络平台企业提出的创新往往容易得到其他关联物种的认可，这些关联物种愿意提供相应的资源，协同网络平台企业进行开放式服务创新生产以获得相应的回报。但不同类型的关联物种，其生态位有所差别，其拥有的资源和力量也有所不同，可见，网络平台企业需要使用不同的策略以获得关联物种对创新的认同。

3.3 网络平台企业开放式服务创新生成机理研究框架

网络平台企业的开放式服务创新生成涉及个体、组织和网络三个层面；其中，个体层面主要包括网络平台企业的领导、员工和服务对象，考虑到网络平台企业的开放式服务创新具有自上而下的特征及我国特殊的组织文化背景，更加突出了开放式服务创新大部分是由网络平台企业的领导者发起和支持的，因此，个体层面的研究对象主要选择网络平台企业的领导者；组织层面主要考虑组织内部的哪些因素影响开放式服务创新的生成；网络平台企业的开放式服务创新生成具有网络性，需要其他关联物种的认同和协同，应采用何种网络治理方式和模式才可以促进网络中其他关联物种对开放式服务创新的采纳，所以选择网络治理作为网络层面的研究重点。

因此，综上分析和在借鉴王军（2012）已有研究的基础上，提出了由个体、组织和网络三个层面构成的网络平台企业开放式服务创新生成机理的总体研究框架，如图 3-3 所示。该研究框架充分体现出层次性，依次对领导者个体、组织内部影响因素和网络治理方式与模式进行分层次的探讨。

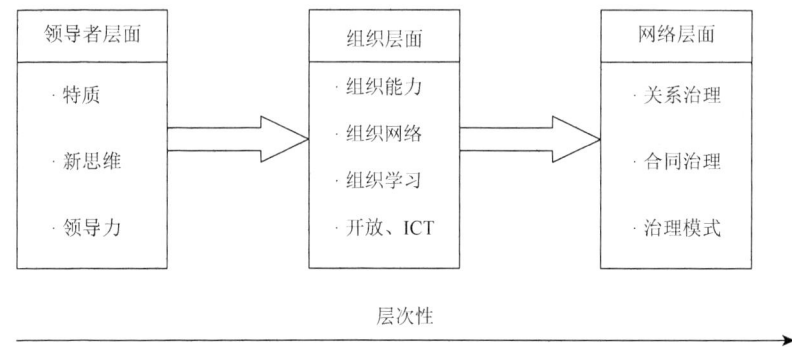

图 3-3 网络平台企业开放式服务创新生成机理的研究框架

ICT（information and communications technology）指信息通信技术

3.4 本章小结

本章针对网络平台企业商业生态系统的内涵、结构与特征和网络平台企业开放式服务创新生成特征进行了分析研究，构建了一个"个体-组织-网络"三位一体的网络平台企业开放式服务创新生成机理的研究框架，为第 4~6 章的研究做铺垫。首先，界定了商业生态系统的内涵、结构和特征，把商业生态系统的结构模型类推到网络平台，构建了网络平台企业商业生态系统的结构模型，其中生态主体主要由关键物种和关联物种组成，物种内部存在个体，物种本身是组织，而组成物种的个体和物种本身之间的错综复杂关系交织形成了网络。因此，网络平台企业商业生态系统由个体、组织和网络三个层面组成。其次，论述了商业生态系统下互联网企业创新生成具有自上而下、开放性、竞合和网络性等特征，在此基础上分析网络平台企业开放式服务创新生成所具有的特征，包括：网络平台企业是网络平台企业商业生态系统开放式服务创新生成的主导者，以及使用不同策略获得不同生态位物种的认同。最后，提出个体、组织和网络三个层面组成的网络平台企业开放式服务创新生成机理的研究框架，明确了各层面应进一步研究的具体内容。

第 4 章　个体层面网络平台企业开放式服务创新生成机理

网络平台企业开放式服务创新生成是一个从个体到组织再到网络的过程。本章研究旨在揭示个体研究层面的网络平台企业开放式服务创新生成机理，探讨领导者与网络平台企业开放式服务创新生成之间的关系。本书第 3 章对网络平台企业开放式服务创新生成机理研究框架的分析表明，领导者是个体层面网络平台企业开放式服务创新生成的主导因素，是网络平台企业开放式服务创新生成的起点，领导者的行为和特质等对创新的生成具有显著影响。关于领导者、企业家与创新的研究多以制造业企业为主，主要集中在传统的技术创新领域，很少关注哪些平台领导者的行为和特征因素与网络平台企业开放式服务创新生成的作用关系如何。

本章对平台型领导、自组织理论进行解释，同时由于平台型领导的研究才刚刚起步，采用探索性多案例研究方法、辅以扎根理论研究范式的编码技术对六家网络平台企业开放式服务创新生成的实践进行研究，析出领导层面的网络平台企业开放式服务创新生成的影响因素，即平台型领导具备的特质、新思维和领导力；同时，还明确了自组织的构成及其在网络平台企业开放式服务创新生成中的作用。

4.1　理　论　回　顾

4.1.1　平台型领导

首先，互联网时代下仅靠领导层的精英指挥、英雄式领导和员工整齐划一的反馈行动已不能覆盖"长尾"和满足用户多元化、极致个性化和快速迭代化的需求；其次，随着员工诉求变得复杂多维化，仅靠施惠难以换来员工的尽忠职守，同时用户需求的极度个性化，也要求员工成为具有自主性的决策中心，以快速应对市场变化；最后，互联网是个"连接大于拥有"的时代，可见，企业不必雇佣所有员工，但企业可吸引相关员工为其服务，企业为员工搭建"连接"所需资源的平台，员工自己去创造"拥有"，让其"自己为自己工作",幸福地释放他们工作的超强能量。权变领导力学派认为领导风格需要与情境相匹配,互联网背景下的领导者正在经历从目标导向到使命导向、从权力控制到创新赋能、从利益独享到利益共享等组织管理模式的转变,同时在网络平台企业的成长中逐渐形成互联网思维、创新思维、新竞争思维、平台思维、生态思维和多样化思维等新思维的权变。行为领导力学派依据重点关注员工或任务,将领导的行为划分为任务取向型和员工取向型;而研究网络平台企业的成长中,发现平台型领导在业务方面不但关注企业内部员工和工作结果,更关注跨界,不但把握跨界领导角色,储备相应的素质能力,更革新跨界网络能力,可见,互联网颠覆的全面性凸显了跨界的重要性,而身处互联网时代的网络平台企业领导者需要培养和拥有跨界领导力;在内部管理方面,大多采用平行领导力,实行"柔性"的价值服务型领导,以人的自驱力为主,连接和激发每个个体价值,领导者位居整个组织网络的中心节点,充当服务员的角色,其着眼点关注人性和人心;在组织外部方面,重视生态领导力的培养和提升,打造商业生态系统,以超越"产业"和"价值链"的视角来看待竞合关系,扩大地理境况、产业境况和缩小细分境况、纵向境况(梁运文和谭力文,2005),互补核心能力以实现优势整合和减少重复浪费,产生协同效应。而特质领导力学派则希望找出天生的领导者所具备的共性特质,认为优秀的领导者一般都具备活力、说服力等特质,而"互联网+"背景下,有待进一步探索网络平台企业的领导者应该具备哪些不同于工业化时代的领导特质,以及这些特质是如何影响网络平台企业开放式服务创新生成的。现在领导力范式的研究开始走向整合,即把所有的理论结合起来形成所谓的"新超凡魅力"理论,本书将权变领导力学派、行为领导力学派、特质领导力学派和探索性案例分析结合起来,从领导特质、新思维和领导力(领导行为)三个维度出发,析出平台型领导所具备的新超凡魅力。

4.1.2 自组织理论

互联网技术的发展和应用不仅改变了人们的消费习惯和行业的商业业态,还变革了传统的组织结构,引致新的生态、平台、商业模式和组织结构不断涌现。诞生于20世纪60年代,基本涵盖了协同论、突变论、耗散结构论和混沌论等各种观点的"自组织"理论,在21世纪又重新进入大众的视线,成为理论界与企业界关注的焦点(彭剑锋,2015)。不同的理论学科中自组织具有不同的概念,在组织管理领域,自组织指的是企业组织架构和运行机制随外部环境的变化而自行不断进行优化和完善的过程，区别于传统的自主管理和自我管理。信息共享、分布式管理、自我修复、去中心化、自适应、协同聚合、随机涨落等特征是自组织形态都具有的共性特征。互联网逐渐改变企业的思维模式、革新企业的业务模式和拓展企业的市场边界，也正悄然改变着企业的组织形式。自组织不仅将员工提升为企业的管理者或服务对象，还将企业创新所涉及的利益相关者内化为组织的参与者或评判者。网络平台企业内外部自组织的构建有利于解决经营范围约束、经营内容有限和市场边界的突破与延伸等问题。自组织是在简单规则下，依据共同愿景而演化形成的开放系统，可见，成员分布式管理的共同基因是统一愿景，目标的实现完全依靠每个成员的自主性。自组织还具有开放性，边界的柔性决定了很容易实现内外部资源的无障碍连接和共享。自组织管理模式具有自下而上的、非平衡的、接触一线的和对某个领域最熟悉的人话语权最大的演化动力，不仅有利于补短板、优势组合和实现动态优化，还具有极强的自我管理、自我优化、自修复、自容错和抗风险的能力；不仅能够激发成员的参与感，还有利于集智创新解决问题。海尔集团首席执行官张瑞敏认为，海尔通过实现"企业无边界、管理无领导和供应链无尺度"三个"无"的目标，于2012年底进入网络化阶段，而实现的三个"无"目标的前提就是企业要变成自组织，实现企业平台化、用户个性化和员工创客化。可知，进入互联网时代，自组织管理才真正有了操作层面的价值。彭剑锋（2015）分析了知识经济和互联网背景下把自组织引入管理学的关键原因，并认为自组织具有组织内部共创、共享和共治的三个核心要素。为什么具有自动适应外部环境变化能力的自组织在网络平台企业开放式服务创新生成机理中的作用更加凸显？其由哪些构成要素组成？这也是本章要探讨的问题。

4.2 研究设计

4.2.1 研究方法

探索性研究常用的有效方法是具有理论构建功能的多案例分析，其聚焦于当前现象，主要回答"怎么样"和"为什么"的问题，在验证理论、阐释概念和描述未知的重要现象等方面十分有效，同时，从数量和深度上考虑，运用多案例分析能够使分析结果具有更好的普遍性，更适宜建构理论（Ghauri and Grønhaug，2005）。因此，采用探索性多案例分析有利于解释什么是平台型领导、自组织理论和开放式服务创新以及三者之间的作用关系。而在探索性多案例分析的研究工具上，本书选择了具有严格操作步骤的扎根理论作为研究方法。扎根理论的核心是资料的收集与分析，分析又称为编码，主要有开放式编码、主轴式编码和选择式编码三个类型，是一种从经验资料的基础上建立理论的质性研究方法（Strauss，1987）。除了获得经验证据的支持，更重要的是依据经验或通过推测，从经验资料中抽象出新的范畴和概念，并将其进行聚合，发现新的互动和组织模式，以便更真实地反映现实（Strauss and Corbin，1990）。缺乏理论解释或现有理论解释力不足的研究更适合采用扎根理论。鉴于目前平台型领导、自组织理论和开放式服务创新等理论研究基础薄弱的特点，本章采用根植于现实资料的扎根理论，从企业实践出发，系统阐释什么是平台型领导、什么是自组织和二者之间的关系，以及二者如何影响开放式服务创新，并掌握其中的特点和规律。

4.2.2 案例选取

基于样本企业的典型性和数据的可得性，本章选择三类、共计六家企业作为案例研究对象，分别是网络平台企业、实现内部平台化的传统企业、传统企业经过互联网改造升级成全行业的网络平台企业，其中 A、B 两家是典型的网络平台企业，C、D 两家是实现内部平台化的传统企业，E、F 两家是传统企业经过互联网改造升级成全行业的网络平台企业。根据理论饱和原则，新抽取的样本不再提供新信息资料时为最佳并停止抽样，可知样本数越多越趋于理论饱和，但由于条件限制，往往只能收集到有限的样本。而 Fassinger（2005）认为选取 20~30 个样本为宜。为全面收集平台型领导和开放式服务创新的相关资料，从企业领导、企业员工和企业合作者中共选取 24 人接受访谈，其中 6 位为企业领导、12 位为企业员工、6 位为企业外部合作者，每个公司各 1 位领导、2 位员工和 1 位企业外部合作者接受访谈。24 位受访者皆为开放式服务创新活动的项目主管或一线员工，切身参与其中，保证了资料来源的真实性。

4.2.3 资料收集

制定案例实施草案，确定数据收集导向和方法。数据收集导向是"哪些平台型领导的特征、新思维和行为影响企业自组织的构建，进而影响开放式服务创新生成"。本书采用多种方法获取一二手资料，彼此之间相互补充和交叉验证，避免同方法偏差，确保案例研究构想效度。

依靠一对一的深度访谈、焦点小组访谈、实地调研和课题组研讨等相结合的方法收集一手资料。首先，一对一的深度访谈，访谈内容以企业领导所具有的特质、企业采用的管理模式及企业如何实现开放式服务创新生成等为主，如"企业领导具备哪些特征、新思维和行为，如何影响组织管理方式""企业领导者如何促进、鼓励开放式服务创新生成""企业在什么样的管理方式下更有利于促进开放式服务创新生成"等，对选取的24人分别访谈，每人每次的访谈控制在30~60分钟，共计24人次；其次，焦点小组访谈，以企业为单位共进行六次，聚集了领导、员工和企业外部合作者等人员，为全面收集相关资料，需重视调研者的引导，使受访对象之间充分讨论和互相激发；再次，实地调研，跟踪领导者一日的工作日常，体验作为员工一日，重点关注领导者如何指挥内部创新小组、自组织小组等进行开放式服务创新；最后，课题组研讨，多次开组会对收集资料中所存在的疑问及时探讨和整理，并与受访者进行沟通和意见的交流，避免出现理解偏差和记忆偏差。

二手资料的获取途径如下：首先，从企业的官网、微博、微信等收集资料，获取企业基本信息、创新项目实施与动态信息及领导者与员工之间的互动情况等资料，共参阅了128篇文章和动态消息；其次，企业内部资料包括从创新小组和运营室等获得的资料，如商业计划书、开发者指引与合作白皮书、结算手册等，共92篇；最后，借助期刊、报纸、杂志和网络等方式获取相关方面的质性资料。

本章为保证研究的信度和效度，不局限于访谈收集资料，并且及时整理访谈资料，避免时间过长而导致的理解和记忆偏差，同时为对资料做进一步的补充，还进行几次理论抽样回访。严格遵循扎根理论的范畴归纳和模型构建步骤，其中有争议的部分采用专家评审、访谈资料复查和开组会讨论等方式来避免编码者的主观性。最后共收集到31份访谈资料，24份为个人访谈资料，6份为焦点小组访谈资料，1份为二手资料整合。随机选取其中26份资料进行编码分析，剩余5份进行理论饱和检验。

4.3 数据分析

4.3.1 开放式编码

开放式编码是指初期阶段对搜集到的资料进行分解，比较其间的异同，逐句分析现象资料，并为其贴上标签，使之概念化和范畴化的过程（Glaser，1978）。根据开放式编码步骤，借助NVivo软件，首先，依次对26份资料进行贴标签，建立自由节点；其次，将同属于某一现象的自由节点聚合在同一个树节点，然后将树节点发展为初始概念；最后，提炼和聚拢层次较低、数量繁多及存在交叉的初始概念来达到概念范畴化。开放式编码结果如表 4-1 所示。

表 4-1　开放式编码结果

受访对象层面	译码
企业领导	机会能力、信心、开创性、适应性、自律性、先验知识、同质竞争、异质覆盖、共赢、创智赋能、跨界、为员工服务、多元多态、协同优化、价值共创、发展分享、多任务中心、商业生态系统、跨界平衡、创新与创业精神、互联网思维、平行管理、自组织领导、服务创新、价值服务型领导、共享思维
企业员工	合作者的心态、信心、模范作用、人际、竞合、共同进步、利益共享、创智赋能、开放透明、连接、跨界、柔性管理、员工主人翁意识、员工创客化、自修复、容错、共同愿景、信息共享、分布式管理、管理无领导、基层控制、服务升级、去中心化、自我演化、源点需求、开放式创新
企业外部合作者	人际、竞合、利益共享、用户体验、共赢、开放透明、连接、跨界、多元多态、互动协同、商业生态系统、涌现效应、共同愿景、信息共享、多方参与、无边界、价值共创、服务增加、服务改变、网络化、聚焦客户、开放式创新、蓝海战略

4.3.2　主轴式编码

主轴式编码就是通过划分概念层次来发展主范畴和对应范畴，寻找范畴之间潜在的逻辑联系并建立有机关联的过程，即分析现象、背景、条件、行为和结果之间所存在的逻辑关系。经多次整理分析，剔除和整合存在交叉的范畴，共析出 14 个范畴，依据范畴间的关联性，划分层次概念，归纳出五个主范畴，主范畴及其对应范畴如表 4-2 所示。

表 4-2　主轴式编码形成的主范畴及其对应范畴

编号	主范畴	对应范畴	关系内涵
1	特质	人格魅力、创新与创业精神、能力	合作者心态、鼓励、模范作用等人格魅力是企业领导者自组织形成和开放式服务创新生成中所具备的特质； 开创性、适应性和自律性等创新与创业精神是企业领导者自组织形成和开放式服务创新生成中所具备的特质； 沟通、机会能力和先验知识等能力是企业领导者自组织形成和开放式服务创新生成中所具备的特质
2	新思维	竞争思维、平台思维、互联网思维	竞合、同质竞争、异质覆盖和共同进步等竞争思维是企业领导者自组织形成和开放式服务创新生成中所必需的新思维； 用户体验、共享和共赢等平台思维是企业领导者自组织形成和开放式服务创新生成中所必需的新思维； 创智赋能、开放透明和连接等互联网思维是企业领导者自组织形成和开放式服务创新生成中所必需的新思维

续表

编号	主范畴	对应范畴	关系内涵
3	领导力	跨界领导力、平行领导力、生态领导力	跨界思维、行业内外跨界等跨界领导力能够提高企业自组织形成和开放式服务创新生成中领导者的领导力； 柔性管理、员工主人翁和领导服务角色等平行领导力能够提高企业自组织形成和开放式服务创新生成中领导者的领导力； 商业生态系统、互动协同、多元多态等生态领导力能够提高企业自组织形成和开放式服务创新生成中领导者的领导力
4	自组织	共创、共享、共治	企业对员工创客化、自修复和涌现效应等共创要素的重视影响其开放式服务创新生成的自组织建设； 企业对共同愿景、信息共享和利益共享等共享要素的重视影响其开放式服务创新生成的自组织建设； 分布式管理、管理无领导和基层控制等共治要素的重视影响其开放式服务创新生成的自组织建设
5	开放式服务创新	开放式创新、服务创新	多方参与、无边界化和价值共创等开放式创新是企业开放式服务创新的形式与手段； 服务改变、升级和增加等服务创新是企业开放式服务创新的内容和目的

4.3.3 选择式编码

选择式编码是辨析核心范畴与主范畴之间的逻辑关系，进而整理出核心范畴的"故事线"，析出一个新的实质性理论框架。发现核心范畴与其他范畴之间的关联，并再次逐一分析开放式编码中的访谈资料，逐步完善各范畴间的关系，将整个现象用典型关系结构表现出来，构建一个新的、概念密实的实质理论框架。选择式编码主范畴之间的典型关系结构如表4-3所示。

表 4-3 选择式编码主范畴之间的典型关系结构

典型关系结构	关系结构内涵
自组织→开放式服务创新	自组织是开放式服务创新生成的直接驱动因素，它直接决定网络平台企业开放式服务创新的生成与否
特质→自组织→开放式服务创新	领导者的特质是开放式服务创新生成的间接驱动因素，它通过促进自组织的发展间接影响网络平台企业开放式服务创新的生成与否
新思维→自组织→开放式服务创新	领导者的新思维是开放式服务创新生成的间接驱动因素，它通过促进自组织的发展间接影响网络平台企业开放式服务创新的生成与否
领导力→开放式服务创新	领导力是开放式服务创新生成的直接驱动因素，它直接决定网络平台企业开放式服务创新的生成与否
领导力→自组织→开放式服务创新	领导力是开放式服务创新生成的间接驱动因素，它通过促进自组织的发展间接影响网络平台企业开放式服务创新的生成与否

本章确定了自组织管理模式下平台型领导影响开放式服务创新生成的这一核心范畴,包含特质、新思维、领导力、自组织和开放式服务创新五个主范畴。自组织是指网络平台企业进行开放式服务创新的组织管理模式,通过自组织的共创、共享和共治三个核心要素架构企业实现开放式创新(形式)和服务创新(内容)等开放式服务创新的组织模式,是实现开放式服务创新的直接驱动因素,它直接决定网络平台企业开放式服务创新的生成与否。其中,自组织的共创、共享和共治三个维度的确定,在分析访谈资料的基础上还借鉴了彭剑锋(2015)的研究成果。领导者特质是指平台型领导在网络平台企业实现开放式服务创新生成中所表现出的内在品质,人格魅力、创新与创业精神和能力是平台型领导特质的组成部分,表明平台型领导应注意以上三种特质的培养和发挥。新思维是指平台型领导对实现开放式服务创新生成这一现象的概括和间接的反应过程,借助于竞争思维、平台思维和互联网思维等新思维的革新和培养,作用于开放式服务创新生成。领导者特质和新思维均通过促进自组织的发展间接影响开放式服务创新的生成与否,是开放式服务创新生成的间接驱动因素。领导力是指平台型领导把握组织使命及动员利益相关者围绕开放式服务创新生成这一过程奋斗的一种行为能力,跨界领导力、平行领导力和生态领导力可以从业务层面、组织层面和对外关系层面调动利益相关者的积极性去实现开放式服务创新生成,它既可以直接影响开放式服务创新的生成,又可以通过促进自组织的发展间接影响开放式服务创新的生成。根据以上典型关系结构,构建出一个全新的网络平台企业开放式服务创新生成理论框架,称之为自组织管理模式下平台型领导影响开放式服务创新生成的作用模型,如图4-1所示。

4.3.4 理论饱和度检验

按照扎根理论步骤依次对剩余五份数据资料进行开放式编码、主轴式编码和选择式编码,分析结果仍然符合自组织管理模式下平台型领导影响开放式服务创新生成的作用模型的典型关系。例如,其中一份资料所述该公司领导者具有互联网思维,通过积极打造内部平台化和员工创客化,让接触一线和熟悉的人话语权最大,实现分布式管理,进而促进本企业服务升级和新服务增加(新思维→自组织→开放式服务创新)。按照以上步骤,逐步检测五份访谈资料,并未发现新形成的范畴和关系。因此,理论饱和度通过检验,停止采样。

第 4 章　个体层面网络平台企业开放式服务创新生成机理

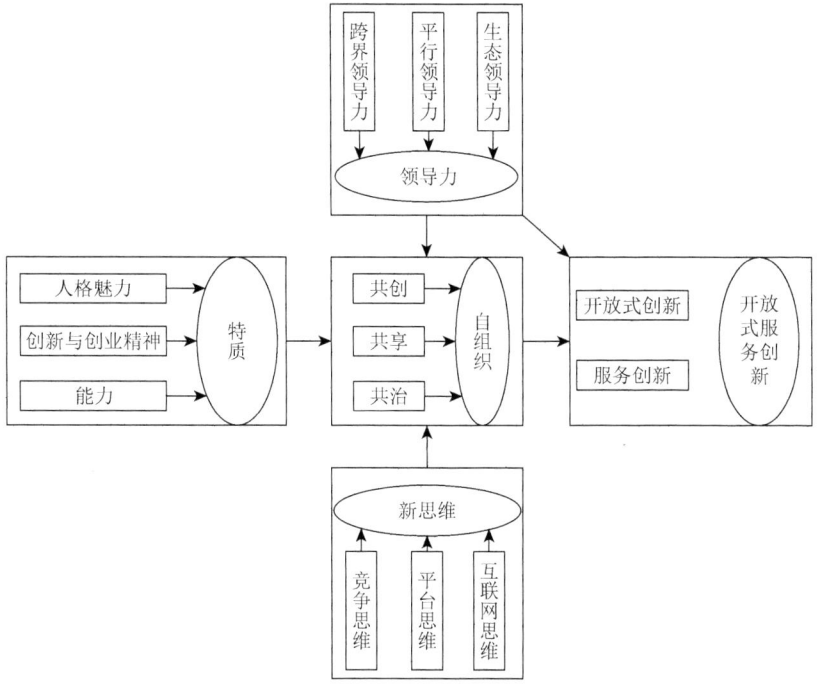

图 4-1　自组织管理模式下平台型领导影响开放式服务创新生成的作用模型

4.4　模 型 解 释

经过扎根理论三个步骤的循环往复，发现自组织管理模式下平台型领导影响开放式服务创新生成的作用模型，可以从领导者个体层面有效解释网络平台企业开放式服务创新的生成机理。但自组织、特质、新思维和领导力四个主范畴对开放式服务创新的作用机制并不一致。

（1）自组织→开放式服务创新。自组织包括共创、共享和共治三个类属。访谈中发现，网络平台企业开放式服务创新的生成直接受到自组织管理模式的影响，很多受访者都反复强调自组织建设的重要性，认为网络平台企业开放式服务创新生成动力不足的根本原因是缺乏自组织管理模式的支撑与服务。如果一个企业形成共创、共享和共治的自组织模式，那么它就越容易通过共同愿景、分布式管理、自适应、源点需求、协同聚合、员工创客化和多样化等来促进开放式服务创新生成。其中，C、D、E、F 四家传统企业进行互联网升级改造都是选用自组织的管理模式。6 位企业领导者在访谈中透露出，自组织更加强调市场这只"看不见的手"，一切以市场和客户的需求为基准，为满足源点需求和个性化需求，企业将管理权和决策权下放到接触一线用户的基层员工，由"听得见炮火的人"指挥战斗，将基层员工角色转变企业的管理者、决策者甚至是拥有者，而领导者角色则需转变为愿景者和服务者，强调分布式管理、非集中控制、多中心化和去除中心权威以增强多样化和组织内部合作，这样不仅能够迅速跟上和满足市场的变化，还能集智协同促进开放式服务创新的生成；分析12位企业员工的访谈资料发现，自组织下的员工主动性增强，在公司共同愿景驱使下快速对市场做出反应，使组织运营实现微型化，创新灵活性增加，能有效改善服务、升级服务和增加服务，实现分权和基层控制的自组织管理模式，既能产生涌现效应（系统），又能处理好企业专业化和多样化发展之间的平衡，为开放式服务创新生成提供人力资本和组织资本；而6位企业外部合作者则认为网络平台企业的自组织管理具有无边界化特性，具有发展共享、客户管理员工、员工经营创客化的优势，还具有融入用户群、聚焦真实消费者的功效，形成开放式创新的生态链，经员工的自我学习和变革，迅速实现服务创新。此外，受访者普遍指出自组织管理模式具有自适应、自演化和自修复等优势，还注重企业开放性和行业生态系统的建设，同时，组织还实行分布式管理，化整为零，使网络平台企业具备极强的容错和抗风险能力，降低试错成本和管理成本，为网络平台企业开放式服务创新生成营造了良好的创新氛围。可见，自组织管理模式有利于开放式服务创新的生成。

（2）特质→自组织→开放式服务创新。平台型领导的特质包括人格魅力、创新与创业精神和能力三个类属。访谈中发现，领导者特质通过促进自组织管理模式间接影响开放式服务创新的生成，是开放式服务创新生成的间接驱动因素。访谈中发现，合作者心态、鼓励、模范作用等人格魅力是企业领导者自组织形成和开放式服务创新生成中所具备的特质。6位企业领导者均谈及转变角色，以合作者的心态进行管理活动，并需要较强的执行力和发挥模范作用来推动自组织建设和开放式服务创新生成；访谈还发现在网络平台企业中，组织中上下级之间的关系正在逐渐淡化，更多是以合伙人或合作伙伴的身份彼此合作，演变发展成为一种自由选择的共事关系；领导者以身作则和始终如一的模范行为让员工感受到被引领、被驱动，领导者的可预见性为团队创造更大的自主性和试错空间；被访企业员工还反映，领导者善于捕捉员工每一个亮点进行鼓励，激发出员工最大的自驱力和创造力。同时访谈中还发现领导者大多具有开创性、适应性和自律性等创新与创业精神，是自组织形成和开放式服务创新生成中领导者所具备的内在特质。受访者还普遍指出互联网拓宽了沟通渠道和提升了直接沟通的频率,要求领导者不仅正确传达信息,更需要具备通过沟通影响个体、群体和生态系统的能力;过去企业领导者创新过多地关注现实需求,推行差异化战略,而现在更多地关注把握新需求的机会,积极实施蓝海战略,以突破经验的桎梏来把新需求开发成满足群众需要的新服务,从而实现通过自组织来促进开放式服务创新的生成;访谈中还发现沟通、机会能力和先验知识等能力是企业领导者自组织形成和开放式服务创新生成中所具备的特质;可见,平台型领导人格魅力、创新与创业精神和能力等特质通过影响自组织管理模式间接作用于开放式服务创新的生成。

(3)新思维→自组织→开放式服务创新。平台型领导新思维包括竞争思维、平台思维和互联网思维三个类属。互联网背景下经验的作用有所降低,领导层应突破以往的思维模式,建立自我修正与革新的新思维模式。不少受访者认为跨界合作、价值共创等才能形成更大的竞争优势,同时领导者大多保持开放的思想和具有一定的竞合思维,在信息共享和利益协同过程中,找到符合多方利益的价值增值点,不断增大合作红利,形成自组织生态,共同把"蛋糕"做大,实现互利共赢的开放式服务创新生成;受访者还指出企业领导者已改变了传统的竞争逻辑,从基于价值链的竞争转向基于商业生态系统的竞合,注重共同进步和培育竞合关系,竞合、同质竞争、异质覆盖和共同进步等竞争思维是企业领导者自组织形成和开放式服务创新生成中所必需的新思维。受访者还普遍指出企业领导者具备平台思维,注重用户体验,贴近用户,积极提倡"互联网+",倡导"连接就能拥有"的理念,把企业开放成具有中介作用的网络平台企业,利用交叉网络效应聚集产品和服务价值,利用第三方的资源满足用户多样化需求和各种新颖体验,进而实现亲密接触的分享、连接和使用,成就共赢的局面,可见,注重用户体验、共享和共赢等平台思维是企业领导者自组织形成和开放式服务创新生成中所必需的新思维。受访者还反映企业领导者具备创智赋能、开放透明和连接等互联网思维,发挥互联网的资源优化配置作用,认为互联网覆盖的全面性也使客户至上变得易于操作,还认为互联网思维的平等对话、无权力距离、开放透明、注重体验、参与协同等有利于新管理模式——自组织的构建,领导者注重在商业生态系统中创造更多的连接,通过企业资源池吸引参与者,创智赋能,激活个体的动力,以此来构建自组织管理模式和促进开放式服务创新生成。可见,平台型领导具备竞争思维、平台思维和互联网思维,通过影响自组织的构建,间接影响开放式服务创新的生成。

（4）领导力→开放式服务创新和领导力→自组织→开放式服务创新。平台型领导的领导力包括跨界领导力、平行领导力和生态领导力三个类属。访谈中发现，领导力既可以直接影响开放式服务创新的生成，也可以通过作用于自组织间接影响开放式服务创新的生成，既是开放式服务创新生成的直接驱动因素，又是开放式服务创新生成的间接驱动因素。访谈中发现跨界思维、行业内外跨界行为等跨界领导力能够促进企业自组织形成和开放式服务创新生成，跨界旨在突破边界、打造共识、实现创新，以此来拓展经营范围，外部驱动创新、伙伴联盟合作和员工多样化等因素都要求领导者发展跨界的管理能力与领导能力。从行为特征看，成功的跨界和创新同步，跨界行为逐渐从借鉴、交往、交织和渗透跃迁至融合式创新，而更高次的跨界行为同样需要行为模式创新、管理模式创新和知识结构创新等的支撑，可见，成功跨界行为的归宿必然是创新行为的产生。受访者还深刻认识到"互联网+"时代就是"互联网跨界"时代，跨界领导力是适应"互联网+"时代跨界特征的新兴领导力，有利于在组织内外架起桥梁，平衡相互矛盾，有利于拓展知识脉络和人际网络的能力。信息轰击、群体激智和外在压力都是推进创新思维在流动、融合中自觉跨界的外因；还发现跨界能够推动领导体制创新、思维创新和战略创新。众所周知，领导力和组织管理是分不开的，柔性管理、员工主人翁意识和领导服务角色等平行领导力能够促进企业自组织形成和开放式服务创新生成。6位企业领导者指出员工多样性和知识型员工数量增加，导致传统雇佣关系被重新定义，员工主人翁意识凸显，领导者需转变为服务者，6家企业均选择以柔性管理为基础的组织架构来促进开放式服务创新生成。外部合作者认为外部环境的复杂性和动态性决定了一个领导无法承担开放式服务创新生成的所有责任，而平行领导力则可以突破单一领导力带来的诸多弊端。许多受访者还反映互联网有利于平行领导力的构建，互联网使每个人成为信息平等发布者和接收者，激起成员对准确信息的强烈期盼，彼此间随时进行各种联系，打破一个中心状态，使得自我领导成为必要，组织架构趋于扁平化，带来管理效率的提高和管理模式的变化，所以平行领导力能够提高企业自组织形成和开放式服务创新生成的效率。受访者还普遍指出领导者注重培养尊重多样化的组织和网络文化，让参与者认可不同生态主体的价值和独特贡献，把孤岛式创新连接起来，产生无限的机会。企业领导者和员工还透露出领导力只有在协同互动中才会展现出来，同样开放式服务创新也大都是在协同互动中合作完成的。其中两位领导者还认为领导的作用大于管理，对人的影响力远大于对事的管控力，因此在生态系统的建设过程中善于用愿景把优秀的成员吸引进来，领导者要从传统的"发号施令者"转变为"资源接口人"和"创智赋能者"，注重自身生态领导力的养成。可见，跨界领导力、平行领导力和生态领导力可以从业务层面、组织层面和对外关系层面调动利益相关者的积极性去实现开放式服务创新生成，它既可以直接驱动开放式服务创新的生成，又可以通过促进自组织的发展间接影响开放式服务创新的生成。

4.5 主要结论

本章运用探索性多案例分析方法，借助扎根理论分析工具，质性分析了网络平台企业领导层面开放式服务创新生成的作用机理，发现了一些有意义的结论。

（1）平台型领导除具备人格魅力、创新与创业精神和能力等特质外，需革新思维，具备新时代的竞争思维、平台思维和互联网思维，还需具备新形势下所需的跨界领导力、平行领导力和生态领导力。

"互联网+"时代下，平台型领导所具备的人格魅力、创新与创业精神和能力等特质是指导和引领网络平台企业开放式服务创新生成的牵引力，良好特质型领导者不仅是开放式服务创新的指挥者，还是开放式服务创新的统筹者，起到良好的榜样作用。新竞争思维、平台思维和互联网思维等思维是领导者对企业格局、行业格局、竞争格局等环境变化所做出的一种积极转变和响应，对竞合、共创、互动、协同等一些新型关系的认知，是引导企业和行业创新潮流的指南针。跨界领导力、平行领导力和生态领导力等是顺应外部客户需求、适应环境变化、调整业务范围和治理网络关系的一种领导行为，可以有效改善组织经营结构、内部员工关系和外部生态整合，领导的有效性应重点关注这三方面的培养与治理。

（2）自组织管理模式存在共创、共享和共治三个核心要素，开放式服务创新存在开放式创新和服务创新两个方面。

与平台型领导匹配的组织管理模式是自组织，自组织是网络平台企业成长壮大和集智创新生成的运营模式，有利于实现企业平台化、用户个性化和员工创客化的完美整合，是企业开放式服务创新生成的动力支撑；共创、共享和共治是自组织管理模式的三个核心要素，三者是自组织管理缺一不可的必备要素。共创就是指人人都是价值创造者，创新主体多元化；共享是指资源、信息和利益等的共享；共治强调民主诉求、共制规则等。

自组织管理模式体现出自由、平等、透明、开放、交互、协同等特性，有利于实现价值共创和开放式服务创新的生成。开放式创新和服务创新作为开放式服务创新的两个方面，都会对开放式服务创新产生影响，因此，在开放式服务创新生成过程中要注重服务创新和开放式创新的有效落实。

（3）自组织管理模式是开放式服务创新生成的直接驱动因素，平台型领导的特质、新思维和领导力均通过影响自组织而间接驱动开放式服务创新生成，其中，平台型领导的领导力还直接驱动开放式服务创新生成。

组织架构的适合与否决定了组织的运营效率、反应速度和服务质量及调动资源的能力。自组织管理模式不仅能够提高网络平台企业对外部环境的适应能力，还能有效解决企业内生动力的不足、发展的不可持续性、管理层级复杂和效率低下等问题。自组织管理模式具有一定先天优势，是新兴企业初创动力的延续和拓展，让企业具备去中心化、去层级化、发展共享与客户管理等的优势，有利于最大限度地调动员工、客户等参与主体的积极性，重塑主人翁精神，给予每一位参与者平等共赢的机会，从而直接作用于开放式服务创新的生成。平台型领导的特质、新思维属于领导个体具备的内在素质，不直接作用于开放式服务创新的生成，但通过促进自组织管理模式的形成，间接作用于开放式服务创新的生成，而领导力具体到领导者个体行为层面，不仅直接作用于自组织管理模式的构建，还直接影响开放式服务创新的生成。

4.6 本章小结

本章旨在解析个体层面网络平台企业开放式服务创新生成机理，探讨领导者的特质和行为与网络平台企业开放式服务创新生成之间的关系。为此，引出了平台型领导和自组织。目前对于平台型领导、自组织理论和开放式服务创新等理论的研究不足，难以为本章中的研究问题提供一个可供参考借鉴的框架，所以选择6家具有典型性的网络平台企业的开放式服务创新生成的实践作为案例研究的样本，运用探索性多案例分析、辅以扎根理论的研究范式，析出个体层面的网络平台企业开放式服务创新生成的影响因素。在此分析结果上，构建了自组织管理模式下平台型领导影响开放式服务创新生成的作用模型。研究结果表明，自组织管理模式是开放式服务创新生成的直接驱动因素；平台型领导的特质、新思维均通过影响自组织管理模式而间接驱动开放式服务创新生成；平台型领导的领导力既可以直接影响开放式服务创新的生成，又可以通过促进自组织的发展间接影响开放式服务创新的生成。

第 5 章 组织层面网络平台企业开放式服务创新生成机理

本章在第 4 章揭示个体层面机理的基础上进一步揭示组织层面上的网络平台企业开放式服务创新的生成机理，探讨组织层面因素与网络平台企业开放式服务创新生成之间的关系。第 3 章对网络平台企业开放式服务创新生成机理研究框架的分析表明，网络平台企业开放式服务创新的生成受到组织层面因素的影响。但由于开放式服务创新理论的研究尚处于起步阶段，相关组织层面影响因素研究比较少，同时，研究对象很少涉及网络平台企业，主要集中在制造业、服务业及两者的结合研究，基于此，并考虑第 4 章中服务创新和开放式创新二者是开放式服务创新的两个维度，本章借助服务创新、开放式创新和开放式服务创新等的相关文献，整理出组织层面的影响因素，以期为组织层面网络平台企业开放式服务创新生成机理研究提供借鉴意义。

本章的内容和结构如下：从组织层面出发，利用 Meta 文献分析法广泛搜集开放式服务创新的组织层面影响因素，提取高频词汇并进行统计分析；为验证各组织影响因素之间存在关系，利用 ROST CM 6.0 对搜集到的文献结论进行分析，发现组织层面的各因素之间确实存在关联性；借助专家打分法、社会网络分析法量化组织层面各影响因素在开放式服务创新生成中的重要性。

5.1 理论回顾

1. 开放式服务创新概念的研究

彭本红和武柏宇（2016b）给出了制造业企业开放式服务创新的定义。本书认为开放式服务创新的概念可以分为两部分进行理解，分别是开放式创新和服务创新，服务创新是内容和目的，开放式创新是手段和形式，二者的有机结合形成新的概念：开放式服务创新。就服务创新而言，无论是制造业的转型升级还是服务业的继续壮大，都离不开新服务的创造，服务主导逻辑代替顾客主导逻辑强势兴起，广义上的服务是涵盖了产品，产品本身只不过是提供服务的载体（刘飞和简兆权，2014），从这方面来讲，制造业的产品创新也是一种变相的服务创新，可见服务是商品交换与价值创造的根本基础（Vargo and Lusch，2008），服务创新是开放式服务创新的内容和目的；就开放式创新而言，受ICT快速发展、组织边界模糊、知识更新速度快、自主研发成本高、风险大等因素的影响，开放式创新蔚然成风，通过知识/资源在组织内外的内向、外向和双向流动，实现新的价值创造，可见开放式创新是开放式服务创新的手段和形式。

组织层面影响因素的研究。直接以开放式服务创新作为因变量的研究方面，刘鹏程等（2016）就组织边界能力对开放式服务创新的影响进行了实证研究，发现信息技术（information technology，IT）能力对开放式服务创新有显著的正向影响，而网络能力和吸收能力并无显著的直接影响，需通过知识整合的中介效应达到正向影响。其他均无直接实证研究，大多以服务创新或开放式创新为因变量研究各类前置影响因素的作用关系。考虑到开放式服务创新的研究才刚刚起步，相关文献还比较少，无法满足 Meta 文献分析法的数量要求，因此，本章不限行业，不但以开放式服务创新为关键词，还以服务创新、开放式创新为关键词搜索文献，结合以上两部分对开放式服务创新的解释，选取的文献要满足：服务创新必须是以开放的方式实现和开放式创新必须是实现服务创新，同时，考虑到关于组织内部因素的研究较少，所以也选择了部分组织因素单独对开放式创新或服务创新影响的研究。

2. 基于 Meta 文献分析法的组织层面因素的综合分析

采用 Meta 文献分析法尝试回答在开放式服务创新中组织层面的影响因素主要有哪些。以"open service innovation""open innovation""service innovation""OI"等为关键字，在 Elsevier ScienceDirect、Springer Link、Google Scholar 等搜索引擎中进行搜索，然后对自动搜索的结果人工筛选，遴选以组织层面影响因素为主要研究的文献，最终入选的文献（包括书籍、报告、期刊论文）共 104 篇，文献时间跨度为 2003~2016 年，其中，报告 2 篇、书籍 6 篇、期刊论文 96 篇，详细列表如表 5-1 所示。

表 5-1 文献选取列表

年份	篇数	来源
2003	6	蔺雷和吴贵生；Homburg 等；Martins 和 Terblanche；Kotabe 等；Walker 和 Hampson；Hult 等
2004	2	Pechlivanidis 和 Katsimpra；Ritter 和 Gemünden

续表

年份	篇数	来源
2005	5	陈国权和郑洪平；Kirschbaum；柳卸林；Zhou 等；Smith 和 McKeen
2006	17	Chesbrough；Chesbrough 和 Crowther；Laursen 和 Salter；Jansen 等；Lane 等；Lichtenthaler 和 Ernst；Chesbrough，Henkel；Brown 和 Hagel；Jeong 等；West 和 Gallagher；Li；Hagedoorn 等；Gassmann；Arora 和 Ceccagnoli；Pisano；Dhanaraj 和 Parkhe
2007	9	Huston 和 Sakkab；Walsworth 和 Verma；Fleming 和 Waguespack；Hurmelinna 等；Dittrich 和 Duysters；Capaldo；Dahlander 和 Gann；陈衍泰等；Pisano 和 Teece
2008	6	O'Reilly 和 Tushman；Beugelsdijk；泽维尔·万斯和亚历克山德烈·特里哥；Voss 等；朱朝晖；Fosfuri 和 Tribó
2009	13	苏敬勤等；Williams 和 Lee；Lichtenthaler 和 Lichtenthaler；Chen 等；Baines 等；Martínez-Sánchez 等；Keupp 和 Gassmann；王雎；Su 等；Enkel 等；张韬；Raymond 等；Jonsson 等
2010	12	Dahlander 和 Gann；Sofka 和 Grimpe；谢祖墀；Ili 等；Chatenier 等；亨利·切萨布鲁夫等；Teece；杨智等；Zhou 和 Wu；Zhang 和 Li；Benedetto；Nordenflycht
2011	6	Kostopoulos 等；Spithoven 等；Zott 等；Zhang 等；Huizingh；黄立伟和黄健柏
2012	10	Hagedoorn 和 Wang；Chesbrough；Hsu 和 Wang；Amit 和 Zott；Yen 等；Petroni 等；于淼和林波；陈劲和吴波；王飞绒和陈文兵；Chen 和 Tsou
2013	5	Hsieh 等；Zott 和 Amit；Andersen 等；Cingöz 和 Akdoğan；Chesbrough
2014	6	江积海；高良谋和马文甲；Enkel 和 Heil；范志刚和吴晓波；Burcharth 等；Yu 等
2015	3	张永成等；阳银娟和陈劲；毕新华等
2016	4	赵立雨；马文甲和高良谋；郭尉；刘鹏程等

3. 前 11 个组织层面影响因素

从 104 篇文献中抽取组织层面因素对开放式服务创新影响的各种描述语句，统计出组织层面影响因素的自然语言文本描述共计 787 条。同时由于文献语言不同且对影响因素的描述差异较大，基于组织层面条目的影响因素描述统计较难完成且效果不理想。首先将文献翻译成中文，在翻译过程中借助引用该文献的中文论文，然后再对组织层面影响因素的中文自然语言文本提取高频词汇，上面 787 条影响因素描述由 20 789 字（总字符数 38 462）组成词库，剔除企业、创新和组织三个高频词汇，剩下前 21 个高频词，如图 5-1 所示。

"学习""能力""ICT"和"开放度"4 个词出现的最频繁，次数分别为 182、156、124、90，"知识""关系""结构""网络""资源""战略"和"文化"7 个词出现得较为频繁，次数在 42~79，与前面 4 个高频词

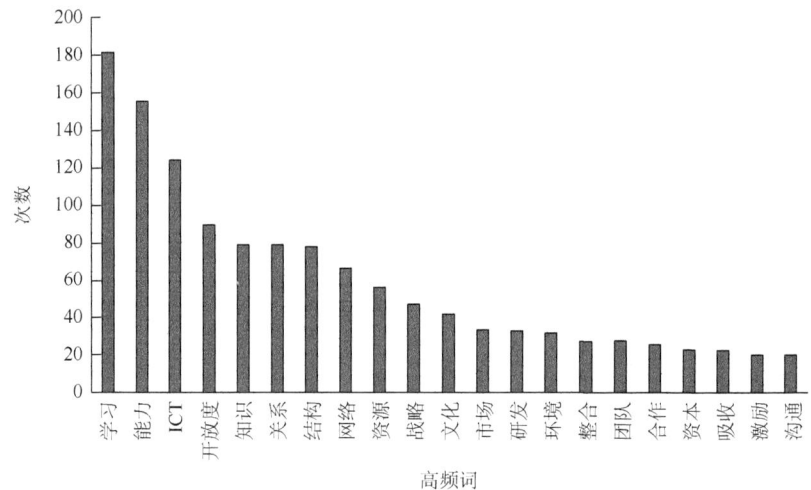

图 5-1 前 21 个组织层面影响因素高频词统计

汇组成了前 11 个组织层面影响因素。剩下"市场""研发""环境""整合""团队""合作""资本""吸收""激励"和"沟通"等 10 个词出现的次数也较高,占据了从 12 到 21 名的位次。

5.2 组织层面影响因素语义网络分析

5.2.1 语义网络分析

为验证组织层面各影响因素之间存在关联和规避研究者主观因素的影响,使用 ROST CM 6.0 中的社会网络和语义网络分析功能,对翻译之后的中文结论词条进行分析。将每个词条保存为一行一句的未分词的 TXT 文本文件,然后选择 ROST CM 6.0 功能性分析中的社会网络和语义网络分析选项,将文本文件导入,依次进行提取高频词、过滤无意义词、提取行特征、启动 NetDraw 构建网络,构建矩阵,最后单击快速分析。ROST CM 6.0 是一种进行质性分析的软件,对文献资料进行分解,依据其内部关联性提炼出 34 个概念,分析结果见图 5-2。

由图 5-2 可知,开放式服务创新是一个受多因素影响的系统活动,且组织层面各影响因素之间存在关联,因此,在开放式服务创新过程中,要注重各因素之间的协同,不但要注重解决某些薄弱的影响因素,更要关注全部影响因素的协同优化与综合治理,合理发挥每一节点影响因素的作用。

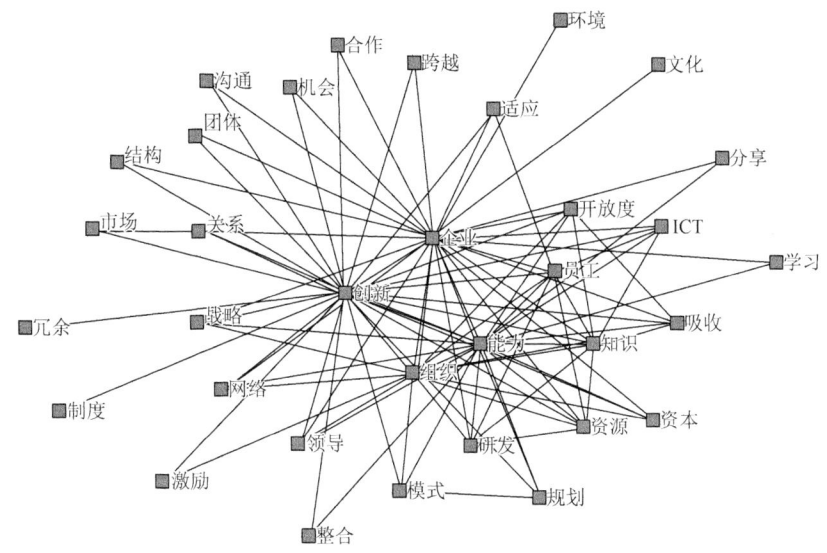

图 5-2 组织层面影响因素的语义网络分析图

同时,还发现各因素也呈现一定的集中趋势,除去企业、创新、组织三个概念,剩余影响因素形成能力、网络、开放度、ICT 等中心簇组,簇组内各因素较簇组外各因素联系更加紧密。

5.2.2 概念联结归纳

由图 5-2 可知,各概念之间存在关联关系;除去企业、组织、创新三个概念,对余下 31 个概念做下一步的归纳与总结,根据其内在关联性和类型关系,对 31 个概念进行初步的联结,归纳为六个组织层面影响因素类别,具体如表 5-2 所示。

表 5-2 组织层面影响因素类别归纳

概念	类别	概念	类别
能力、资源、研发、整合、资本、吸收、员工、领导、模式、适应、规划、跨越	能力类别	关系、结构、网络、团队、沟通、机会	网络类别
战略、文化、环境、激励、冗余、制度	组织类别	开放度、市场、合作	开放类别
学习、知识	学习类别	ICT、分享	ICT 类别

5.2.3 组织层面影响因素类别

1. 能力类别

能力类别主要包括能力、资源、研发、整合、资本、吸收、员工、领导、模式、适应、规划、跨越等概念。其中能力理论包括资源基础观、核心能力理论、知识基础论及动态能力理论四个学派。企业需培养发明、吸收、转型、联结、创新、吸附等组织能力,因为组织能力是管理开放式创新动态能力的重要基础,也会影响创新项目的战略决策以及创新能力的提高(江积海,2014)。服务创新的实施需要企业资金、技术、网络和管理等组织能力的支持(苏敬勤等,2009),企业还需具备利用顾客的能力,内化顾客为企业的"部分员工",而与顾客的接触会为服务的产生注入更多的不确定性,为应对这些不确定性,企业会加强组织学习能力和适应能力的培养与提高(陈国权和郑洪平,2005)。蔺雷和吴贵生(2003)认为企业需要具备资源投入能力、管理能力、员工创新能力、顾客能力、生产能力和营销能力六个方面的服务创新能力。由创造、吸收、解吸等能力构成的动态能力体系就是知识能力,它是开放式创新成功的关键。Chesbrough 和 Crowther(2006)指出不同的开放式创新流程需要匹配不同的知识能力结构来加以支持。Homburg 等(2003)认为需注重资源的挖掘和培养,企业内部服务创新投资小于产品研发投资,但服务创新则需要重点在人力资源等一些"软"因素上不断投入才可以产生更好的绩效。就研发而言,Fosfuri 和 Tribó(2008)认为研发合作是吸收能力的前因,而吸收能力对创新绩效有显著的影响。企业对开放方式的态度偏好(Dahlander and Gann,2010)、内部研发投入与外部资源获取是替代还是互补的关系(Hagedoorn and Wang,2012)等都是影响开放式创新的决策因素。赵立雨(2016)实证分析得出开放式创新程度随着企业规模和研发支出增加而提高。但 Laursen 和 Salter(2006)的研究显示内部的研发投资只有与市场导向的搜索相结合时才是最有效的。Sofka 和 Grimpe(2010)验证了研发支出在外部搜寻战略与创新绩效有效性之间发挥调节作用。高良谋和马文甲(2014)认为开放式创新具有情境依赖性,诸如研发能力、吸收能力等组织动态特征及企业规模、年龄等的差异会产生不同的开放式创新过程。企业内部研发能力是企业进行创新开放以获得外部创意的必要互补(Dahlander and Gann,2010)。因此,一些企业虽然拥有巨大技术优势,但依旧加大科研投入(Williams and Lee,2009)。

就吸收概念而言，企业要具备吸收知识的能力才可以更好地实现组织边界的跨越，因为吸收能力有利于理解、吸收和应用对方掌握的新知识。Enkel 和 Heil（2014）在探索跨行业创新时指出，高吸收能力有助于企业跨越行业间的知识边界，实现与外部利益相关者的合作。Kostopoulos 等（2011）认为吸收能力作为不同组织或单元间知识转移的管道或获取外部信息的工具，有利于提高企业的创新绩效。Jansen 等（2006）指出企业只有不断地投资于吸收和利用外部知识源，才更有可能生产出满足新市场需求的创新产品，才更有可能在变化的市场环境中处于优势地位。Spithoven 等（2011）认为通过集体学习中心、行业协会等中介平台的应用，有利于具有较低潜在吸收能力的企业提高其潜在吸收能力，进而促进企业内向型开放式创新以获取更多的外部知识。可见，促进新知识转化为创新绩效是吸收能力一个最重要的作用。从组织学习视角来看，在同样的信息、知识、技术、机会面前，企业潜在吸收能力越高，越有利于进行探索性和转换式学习，从而更好地管理和促进内外部知识的流动、刺激创新成果的产生及商业价值的实现（Lane et al.，2006）。吸收能力既是一种学习能力，也是一种动态能力，强调企业对外部技术的获取、同化、转化，并最终开发运用的能力。可见，组织吸收能力越强，越有助于将外部环境中蕴含的机会、技术和资源等转化成为自身的优势。

就员工概念而言，组织可以通过员工间的交互，促进知识的交流与整合，从而形成集体的认知与组织记忆，为未来创新提供动力。为降低本企业员工担心从外部获取创意会影响自身的职业发展规划的风险性，管理层应建立包括鼓励员工与顾客合作、互信和开放式沟通的文化、及时评价与奖赏等多方面的开放式创新支持系统（谢祖墀，2010）。开放式创新在一定程度上削弱了内部研发人员在创新流程中的作用，也使其角色转变成跨组织的 T 型管理者（Chesbrough，2012），同时研发人员还需要具备创新远见和创新管理技能，以便监控创新环境、识别创新伙伴、联系网络节点、整合内外部创新资源和管理整个创新流程等。而关于领导概念的研究，魅力型领导对保障服务创新流程的成功、企业文化的改造或者改革的实行（Pechlivanidis and Katsimpra，2004）具有决定性作用。Ili 等（2010）认为开放式创新对企业战略、研发管理及企业文化等都提出了新的挑战，而这些都离不开高层领导的支持。开放式创新推动着组织的变革，如企业需要避免"非本地发明"（NIH）综合征或者是对外部组织知识管理的过于乐观的态度（Lichtenthaler and Ernst，2006），这些不但离不开高层领导的参与（Huston and Sakkab，2007），还需要提高创新团队中成员的胜任力

(Chatenier et al., 2010)。企业的成功在很大程度上取决于高管团队感知环境变动并将其转化为平衡开放式创新和开放式创新项目的能力（O'Reilly and Tushman，2008）。

能力类别其余概念。资本方面，人力资本的重要性在服务业中更容易得到凸显，Hsieh 等（2013）推测人的创新思维应该被刺激，而创新思维有助于企业开放式创新的生成。故企业应该加强对人力资本的培训与开发。Beugelsdijk（2008）的研究显示企业培训能有效增加企业的创新绩效；Walsworth 和 Verma（2007）也证实人员培训对产品与流程创新有着积极的影响；而智力资本由人力资本、结构资本和关系资本三个重要方面组成（Hsu and Wang，2012）。模式方面，Chesbrough（2006，2010）认为商业模式创新是开放式创新的必要因素，指出核心企业需要重新考虑并发展新的商业模式，才可以实现创新的生成。商业模式创新是对内外部复杂资源的整合与优化，以创新的经营逻辑完善企业价值的创造和提升的过程（Zott et al.，2011；Amit and Zott，2012；Zott and Amit，2013），或降低成本，或完善服务，以满足不断变化的消费者需求。适应方面，在创新过程中组织面临开放度的选择（Laursen and Salter，2006）、组织职能的变革（Fleming and Waguespack，2007）、知识的流入流出及其整合（Chesbrough and Crowther，2006）、知识产权保护与应用（Henkel，2006；Hurmelinna et al.，2007）、组织间关系管理等挑战（Lichtenthaler and Ernst，2006；Brown and Hagel，2006；Dittrich and Duysters，2007），离不开适应能力的支持。规划方面，服务创新过程首需从战略规划开始，Yen 等（2012）发现企业对服务创新的战略规划决定了其战略投资、风险承受和风险规避的能力；大量研究成果（Jeong et al.，2006）也表明组织的战略规划会对创新绩效产生影响。跨越方面，刘鹏程等（2016）将企业边界跨越能力划分为网络能力、IT 能力和吸收能力三个构成要素，并进行了实证分析。Capaldo（2007）等研究指出企业通过跨越能力的培养，有利于整合外部资源，以达到提高自身的创新与适应能力的目的，进而实现合作创新。Zhang 等（2011）指出边界跨越能力包含战略沟通、专业知识和谅解三个维度；Andersen 等（2013）认为组织边界跨越能力有助于组织整合内外部的创新输入，实现建议、知识、技术等的交流和融合，从而促进跨界合作与创新。整合方面，正如 West 和 Gallagher（2006）所言，开放式创新需要组织系统地搜索内外部的创新资源，平衡组织网络能力和组织开放性，将组织内外部的资源和能力整合起来，用创新来把握住市场机会。组织核心能力更多地表现在动态能力特性上（Lichtenthaler and Lichtenthaler，2009），而开放式创新的核心能力也应该是一种对内部和外部资源进行整合、重构以适应环境的动态能力（马文甲和高良谋，2016），企业只有不断地调整自身能力以适应外部的经济市场环境，才可以维持长期的竞争力。

2. 网络类别

网络类别主要包括关系、结构、网络、团队、沟通、机会等概念。关系方面，关系学习是企业和顾客双方减少无效成本的有效途径，关系品质越高，越有利于提高组织的市场反应速度和市场应变能力，进而促进创新绩效的提高。Li（2006）指出增强竞争能力和创造价值的一个重要途径就是加强网络关系中的关系学习。Chen 等（2009）实证研究发现，关系学习对企业创新绩效和竞争优势都具有正向影响。结构方面，Martins 和 Terblanche（2003）认为给予员工一定自由度和独立性以便做出决策，内部适宜的组织结构是组织服务创新成功的决定因素。Petroni 等（2012）认为开放式创新需要建立跨组织的矩阵式或网络式组织结构来支持组织内外部多学科知识的链接与整合，而不是基于行政命令的功能式结构。Dahlander 和 Gann（2007）认为企业革新传统的路径、结构和文化是外部知识能够被方便地识别、获取和吸收的前提。网络方面，鉴于分散和分销式经营的市场特点，制造业企业的服务创新需要外部利益相关者协作实现，因此网络能力直接影响服务创新的效果（泽维尔·万斯和亚历克山德烈·特里哥，2008）。网络能力是一种有利于企业获取信息和位置优势、规避和解决冲突的跨关系的管理能力，良好的网络能力可以提高企业的创新水平。Hagedoorn 等（2006）在社会网络理论的基础上，提出企业应该具备基于中央性的和基于效率的两种网络能力，并指出两种网络能力都有利于维护与其他网络成员的关系和有助于提高企业参与合作的水平。Zhang 等（2011）指出网络能力有利于组织实现边界跨越，更好地将组织与其他网络成员联系起来。网络能力在帮助企业分辨和评估不同外部关系的重要性、蕴含的机会、其他网络成员资源和能力的利用程度，以及实现协同创新效果等方面都具有提高开放式创新外部能力的作用。Ritter 和 Gemünden（2004）还通过实证研究发现网络能力正向显著影响创新绩效。Laursen 和 Salter（2006）研究发现网络能力在开放式创新广度导向与开放式创新外部能力之间有重要的作用。团队方面，Kirschbaum（2005）认为成功的创新需要团队精神和企业文化作为支撑。沟通方面，Martins 和 Terblanche（2003）指出开放的沟通是服务创新成功的决定因素之一，信任氛围、互动简单、等级少的公开沟通有利于鼓励员工发挥能动性，促进创意和革新的产生。

信息和沟通技术是实现团队成员知识共享和整合的有效工具。机会方面，鉴于创新是高成本的行为，而与外界合作有利于降低成本和收集服务创新信息，与行业主体合作有利于把握创新方向，紧跟创新潮流；而与顾客等合作有利于识别创新机会。鉴于创新是高成本的行为，而与外界合作有利于降低成本和收集服务创新信息，因此，企业需加强与外部参与者的合作与交流（Baines et al., 2009），利用实时通信工具如电子邮件等提升跨边界管理者的沟通技能，将各信息孤岛、资源孤岛和业务孤岛连接起来，促进跨组织学习、知识与信息的共享和价值的共创（Kotabe et al., 2003）。

3. 组织类别

组织类别主要包括战略、文化、环境、激励、冗余、制度等概念。就战略概念而言，企业创新战略是一种主动分析市场并对服务创新进行的整体谋划，目的是先于别人实现创新，是创新成功的首要因素。柳卸林（2005）在已有研究成果的基础上总结了服务创新的内部影响因素，主要包括企业战略、管理层、营销部门、员工及正式的研究开发部门或其他类似部门（如沟通部门）。Huizingh（2011）指出战略导向的创新目标、吸收能力和组织文化等是服务创新的组织内部影响因素。国内部分学者认为战略柔性不仅反映出企业采取调整战略与灵活配置资源等有效措施应对环境变化的能力，而且还反映出企业以行动改变组织环境、主动塑造有利于自身发展环境的适应能力，可见，战略柔性对企业配置资源和克服组织惰性大有助益（杨智等，2010；范志刚和吴晓波，2014）。Zhou 和 Wu（2010）认为战略柔性通过提高技术能力的积极影响作用而提升创新绩效。Martínez-Sánchez 等（2009）认为战略柔性使企业能够更好地确定自己在市场中的位置并且最大限度地满足市场需求，促进组织双元性创新。Cingöz 和 Akdoğan（2013）认为战略柔性较强的企业一般更具有前瞻性，能够比其他企业更超前地对环境进行识别和分析，有利于灵活运用资源和重新配置流程。创新模式的应用还与组织内部的商业战略有关（Keupp and Gassmann, 2009），即开放式创新的研究需重点考虑技术因素（Gassmann, 2006）、商业模式和知识管理及吸收能力（Lichtenthaler and Lichtenthaler, 2009）。就文化概念而言，企业文化就是企业员工普遍认同和执行的价值观或思维方式（Martins and Terblanche, 2003）。如果企业缺乏必要的吸收能力、鼓励开放的文化和制度（陈衍泰等，2007）、面向开放的战略组合及知识治理模式（王雎，2009），就难以实现开放式创新。从外部获取有用技术是能够被绝大多数员工所接受的，但是，将耗费大量资源研发的技术许可给其他组织，部分员工可能会产生抵触心理和行为，而 Chesbrough（2006）认为，有必要对"成功的创新"予以重新界定，构建更为开放的组织文化，因此，Burcharth 等（2014）认为，可以通过雇员能力培训来克服"非本地发明"和"非本地共享"综合征。开放式创新呈现网络化趋势，不仅需要企业组织内部文化的转变，改变过去那种"非本地发明"和"非本地商业化"等综合征，还需要企业建立有效的网络组织文化，寻求创新目标与创新行为的一致性（Walker and Hampson，2003）。就环境概念而言，良好的创新氛围对组织学习行为有直接的促进作用，创新型的组织氛围有利于组织内创新思想的倡导和交流，并且这样的组织也愿意提供相应的资源以支持创新性的想法付诸实施。就激励概念而言，黄立伟和黄健柏（2011）基于通信服务业分析，认为服务创新的驱动因素由战略管理、组织要素、制度与管理、组织激励和关键员工的激励等构成。就冗余概念而言，组织冗余是组织所拥有的资源与维持目前状况所需资源之间的差异，为服务创新提供了资源支撑。充足的组织冗余能够解决组织内部冲突（Su et al.，2009）。组织冗余的存在能够缓冲外部风险对整个组织造成的冲击，不仅能够促进企业的冒险行为，还有利于新服务开发活动的开展（Voss et al.，2008）。组织冗余为企业外部探索提供了必要的人力、财务资源等（Zhang and Li，2010）。冗余资源的存在不仅使企业放松了对战略活动的控制，还促进了企业"冗余搜索"。就制度概念而言，Chesbrough（2006）认为必须改变原有的知识产权管理制度，寻求知识产权管理与开放式创新的最佳结合方式。Martins 和 Terblanche（2003）指出企业的创新需要创新战略、适应创新的氛围和组织架构、创新机制及良好的沟通平台等因素的支撑。Arora 和 Ceccagnoli（2006）认为良好的知识产权保护机制能够使企业通过合法途径获取外部知识的机会更多。不过，Laursen 和 Salter（2006）也指出，企业如果过于强调对内部知识的保护，可能导致"保护近视症"，即局限于通过知识产权来获利，而忽视对外部信息的搜寻和知识资源的整合。因此，企业需要针对不同的创新方式建立灵活的占有制度，使其从传统理论中的外生变量转变为内生变量（Pisano，2006；Pisano and Teece，2007）。一方面，正式的占有制度，如知识产权保护制度能够给组织自身拥有的知识提供获利保障，也能够给组织合法获取外部知识提供更多选择，有利于知识的交流与整合（Chesbrough，2006；Pisano and Teece，2007）。另一方面，非正式制度，如信任、共同产权及程序公平等能够更加有效地降低交易成本并激励价值共创的创新活动（Dhanaraj and Parkhe，2006）。企业不能忽视内部自身的战略、文化、能力、知识基础等因素对于开放式创新的影响，不能一味依赖外部资源（于淼和林波，2012）。

4. 开放类别

开放类别主要包括开放度、市场、合作等概念。就开放度而言，郭尉（2016）实证研究发现创新开放的广度与深度对开放式创新绩效有显著正向影响。组织对外部知识开放的态度会提高自身知识的接收速度，进而提高企业的吸收能力。Laursen 和 Salter（2006）从静态视角，对开放度与创新绩效之间的关系进行了实证检验，研究发现开放的深度和广度与企业创新绩效呈倒"U"形关系，但他们既没有明确不同企业面对不同的合作对象应该保持什么样的开放度水平，也没有说明如何随着创新战略的推进来实时调整开放度等（张永成等，2015）。Benedetto（2010）认为开放度是指组织边界的可渗透性，即创新要素能够流入或流出组织的程度，而 Enkel 等（2009）则认为过度开放会造成组织控制失灵与核心竞争力的丧失。其他学者也研究指出过度开放会导致企业跨界搜索成本和组织间合作交易成本的提高，也会引致组织文化和结构的变革，还会增加创新管理的复杂性和技术泄漏的风险性，易致使组织对外部技术源的过度依赖（Hagedoorn and Wang，2012；陈劲和吴波，2012）。就市场概念而言，企业具有较高的网络能力可能会促进企业产生以市场为导向的服务创新，有利于外部市场的信息通过组织间的网络关系传递到公司。Yu 等（2014）认为，具备高水平网络能力的企业能够有效地收集到更多关于客户需求的信息，因此，企业的创新多遵循市场导向的原则。企业与外部市场联系越多，越有助于提高自身的知识整合能力。阳银娟和陈劲（2015）实证发现企业的市场导向越强，企业的创新绩效就越高。Zhou 等（2005）指出向用户提供更多价值的市场导向有利于促进企业创新绩效的提高。企业内部市场信息的交流和分享有助于企业创新绩效的提升，还有利于提高新产品的开发速度和市场推广的成功率，市场研发项目的目标明确程度与创新速度呈正相关，而市场导向有助于企业更精准地进行产品或者服务的开发与改进。合作方面，服务创新面向的是顾客，必须与顾客进行有效的合作与沟通，因此与客户关系的维护成为服务创新的一个重要部分。

5. 学习类别

学习类别主要包括学习和知识概念。在知识密集型的产业中，个人和组织的学习有利于创新的发生。组织学习是建立在经验或认知基础上的一种知识获取、利用和共享的能力。Hult 等（2003）不但将组织学习看作一种资源，还将其看作一种过程，其中，组织中的成员扮演学习代理人的角色,不但将个人知识转化为组织知识,还通过与顾客交互增加组织学习的途径和机会,进而获取更多信息,降低不确定性,从而促进创新的实施。探索性学习和挖掘性学习是企业需要掌握的两种学习方式,彼此之间也存在一定的相互依赖性和互补性,持续的创新需要两种学习方式的协同(朱朝晖,2008)。Zott 和 Amit(2013)基于互联网技术,讨论了网络的连通性与交互性为企业带来的资源增量空间,并指出创新主体间的互动与学习是企业变革的关键。此外,Chen 等(2009)通过实证研究得出网络时代企业必须具备的能力之一——关系学习对创新绩效具有正向影响。而知识方面,Smith 和 McKeen(2005)认为顾客知识管理能力有利于企业创新。利用知识解决问题的能力其实也是一种创造新知识的能力,是一种创新性的学习。

6. ICT 类别

ICT 类别概念包括分享和 ICT 概念。分享方面,企业将内外部创新资源统一到一个组织结构与系统中,通过有效的组织管理模式和商业模式利用和整合内外部创新资源,同时也建立相应的创新获利机制,分享所创造的新价值(Chesbrough,2013)。知识的分享应实行物质激励与精神激励相结合的方式,奖励要及时、公开,真正做到尊重知识、尊重人才(Yu et al.,2014)。ICT 方面,毕新华等(2015)实证得出企业高层管理团队的信息化领导力对信息技术支持服务战略和服务流程有显著影响,进而对企业服务创新也会产生积极作用。具备信息化的领导力对企业创新至关重要,大数据的应用、敏捷系统、市场分析系统、新媒体技术等信息技术不仅能为服务创新的实施提供指导和帮助,也可能带来服务概念、渠道或模式上的创新(王飞绒和陈文兵,2012)。Chen 和 Tsou(2012)论证了企业的信息技术能力是影响服务流程创新的关键因素。信息技术引进有利于增强组织的软实力,是激发企业内部学习的一个过程。Raymond 等(2009)发现先进的信息技术正向影响制造业企业中的产品创新绩效。Jonsson 等(2009)认为 IT 能力可以实现组织边界跨越。Nordenflycht(2010)指认为 ICT 支持服务的交付过程。

根据各影响因素关联性的紧密程度和集中趋势,将其归为了能力类别、网络类别、组织类别、开放类别、学习类别和 ICT 类别六个类别。不但类别内各影响因素存在关联,而且类别间各影响因素也存在关联,因此,不但要分类别地管理各影响因素,注重同类别内各影响因素之间的关联性和紧密性,而且不能忽视影响因素类别间的协同提升。

5.3 组织层面影响因素社会网络分析

Meta 文献分析法只能搜集到网络平台企业组织层面开放式服务创新生成的影响因素，而语义网络分析只能确定组织层面影响网络平台企业开放式服务创新生成的各因素之间存在关系，但都不能反映出这些影响因素之间的相互关系，更不能反映出各组织层面影响因素对开放式服务创新生成的影响程度大小。而把握不同组织层面影响因素的重要性，对网络平台企业有的放矢地采取治理对策具有重要的借鉴意义。社会网络分析更加重视行动者之间的关系，这种关系又会在某种环境中形成特定的网络结构。在网络平台企业开放式服务创新生成过程中，众多组织层面影响因素通过"连接"形成了相互交织作用的网络关系。因此，本节试图将组织层面影响因素作为网络节点，将相互之间的关联关系定义为网络连线或边，借助社会网络分析中的中心性指标对网络平台企业开放式服务创新生成组织层面各影响因素的重要性进行分析。

5.3.1 关联分析

关联分析主要是对语义网络分析阶段归纳的 31 个概念所代表的影响因素之间的相互关系进行系统分析。通过构建网络平台企业开放式服务创新组织层面影响因素的网络分析矩阵，来表示各影响因素间联系程度和相互作用的关系数据方阵，矩阵的各行、列依次代表各组织层面影响因素的名称，矩阵的数值则借鉴郭永辉（2012）的研究方法——用四级关联的数值来表示各影响因素之间的关联程度，0~3 表示影响因素相互关联程度逐渐增强，依次表示为无关联、弱关联、中等关联和强关联。使用专家打分法，邀请12 位该领域的教授、博士及 4 位参与网络平台企业开放式服务创新相关研究的硕士研究生给 31 个概念影响因素之间的关系进行打分，确定网络平台企业开放式服务创新生成组织层面影响因素的邻接矩阵。鉴于 31×31 的矩阵涉及数据较多且格式限制，故将能力类别中前六个概念影响因素之间的邻接矩阵给出，以作示例，如表 5-3 所示。

表 5-3 组织层面影响因素的邻接矩阵（能力类别前六个概念影响因素）

影响因素	I_1 能力	I_2 资源	I_3 研发	I_4 整合	I_5 资本	I_6 吸收
I_1 能力	0	1	3	2	2	1
I_2 资源	2	0	2	1	1	1

续表

影响因素	I_1能力	I_2资源	I_3研发	I_4整合	I_5资本	I_6吸收
I_3研发	2	1	0	1	1	1
I_4整合	2	1	3	0	3	1
I_5资本	1	2	2	1	0	2
I_6吸收	2	1	2	1	1	0

5.3.2 矩阵分析

网络平台企业组织层面开放式服务创新生成过程中涉及不同的影响因素，其中起主导作用和支配地位的影响因素一般在关系网络中表现出一种中心性。"中心性"可以定量描述网络中各节点所拥有的"权力"，被称为测量声望和权力的指针（Burt，1992），是社会网络分析中最主要的一种分析工具。中心性大的因素能够对网络平台企业开放式服务创新生成中其他影响因素产生重大影响，是网络平台企业在开放式服务创新生成过程中需要重点关注的地方。因此，本章主要采用中心性分析法对网络平台企业开放式服务创新生成过程中的组织层面影响因素进行重要性分析。组织层面各影响因素作为节点，其中心性用点度中心度（包括点入度和点出度）、中间中心度和接近中心度等指标来测定。点度中心度是衡量一个节点与其他节点拥有的直接联系数量，即如果一个节点与网络中的其他节点拥有较多的联系，说明这个节点的交互能力强，可能处于网络中心地位，拥有较高的权力。中间中心度是测量该节点在多大程度上控制其他节点之间的交往，即中间中心度越高，也就代表越多的节点需要通过它才能跟其他的节点发生关系。接近中心度反映网络中的节点不受其他节点控制的程度，即衡量的是某节点对信息传递的独立性或有效性。在社会网络分析中，与点的中心性相对应的是网络的整体中心性，一般用点度中心势、中间中心势和接近中心势等中心势指标来反映，而中心势值越大，网络就越具有集中趋势，容易导致节点的权力分布更加不均匀，也反映出整个网络具有很高的不稳定性。将表 5-3 中的矩阵数据代入 UCINET 软件进行分析，结果如表 5-4 所示。

表 5-4 组织层面影响因素中心性分析结果

组织层面影响因素	点入度	点出度	中间中心度	内向接近中心度	外向接近中心度
I_1能力	38	112	137.265	80.476	88.394
I_2资源	42	45	21.648	57.615	55.132

续表

组织层面影响因素	点入度	点出度	中间中心度	内向接近中心度	外向接近中心度
I_3 研发	33	98	24.361	72.965	63.197
I_4 整合	78	78	19.325	76.349	70.312
I_5 资本	35	67	45.321	60.259	56.764
I_6 吸收	81	88	41.069	67.984	68.287
I_7 员工	52	103	57.324	75.686	82.119
I_8 领导	65	106	65.111	79.814	82.341
I_9 模式	26	56	12.363	59.324	53.454
I_{10} 适应	82	43	39.566	68.822	59.346
I_{11} 规划	15	32	8.327	60.919	57.346
I_{12} 跨越	93	94	14.981	68.151	63.124
I_{13} 关系	85	109	84.323	79.319	73.467
I_{14} 结构	58	56	69.214	73.728	69.653
I_{15} 网络	85	114	124.648	81.651	86.947
I_{16} 团队	41	79	65.918	61.983	84.692
I_{17} 沟通	33	82	74.262	58.347	61.338
I_{18} 机会	25	45	9.871	53.964	56.897
I_{19} 战略	65	25	45.328	54.657	57.131
I_{20} 文化	37	65	45.659	60.358	57.946
I_{21} 环境	18	22	8.698	52.538	60.485
I_{22} 激励	59	87	28.392	62.987	67.541
I_{23} 冗余	28	64	3.047	55.324	72.134
I_{24} 制度	21	31	4.785	60.756	51.574
I_{25} 开放度	98	100	119.964	80.443	79.953
I_{26} 市场	88	87	9.078	65.714	64.261
I_{27} 合作	89	81	69.324	65.659	63.132
I_{28} 学习	82	99	107.587	75.345	74.863
I_{29} 知识	66	68	80.325	68.749	59.328
I_{30} ICT	75	102	104.110	79.146	86.012
I_{31} 分享	47	51	77.180	69.387	62.834
中心势%	17.357	28.234	2.87	34.52	42.31

1. 点度中心性分析

用点入度（indegree）和点出度（outdegree）两个指标值来测量点度中心性，反映出与该点直接连接或相邻连接的连线数和联结强度，表明该节点交互能力的强弱，如表 5-4 所示。可知，网络（I_{15}）、能力（I_1）、关系（I_{13}）、领导（I_8）、员工（I_7）、ICT（I_{30}）、开放度（I_{25}）、学习（I_{28}）、研发（I_3）和跨越（I_{12}）具有较高的点出度，说明这些组织层面影响因素节点与其他节点关系紧密，交互能力强，会对其他概念因素产生直接影响。规划（I_{11}）、环境（I_{21}）、制度（I_{24}）、机会（I_{18}）、模式（I_9）和冗余（I_{23}）具有较低的点入度，表明这些组织层面影响因素节点与其他节点联系较低，交互能力弱，不易受到其他概念因素的影响。组织层面影响因素网络的内向点度中心势（17.357%）显然低于外向点度中心势（28.234%），说明组织层面影响因素中联结强度大的概念因素比联结强度小的概念因素的权力分布更加不均匀。

2. 中间中心性分析

中间中心度主要用来测量影响因素网络中一个节点对其他节点的控制能力，主要反映出该节点在多大程度上控制其他节点之间的交往。如果一个节点中间中心度越高，也就代表越多的节点需要通过它才能跟其他的节点发生关系，就越有控制其他节点交往的能力，同时也表明该节点处于网络的核心，拥有较高的权力。反之，一个节点的中间中心度为 0，则说明该节点处于网络的边缘，不具有控制其他节点间交往的能力。如表 5-4 所示，能力（I_1）、网络（I_{15}）、开放度（I_{25}）、学习（I_{28}）和 ICT（I_{30}）等概念影响因素具有较大的中间中心度，因此，这些影响因素节点在网络中处于中心地位，是其他因素节点之间交往的中心枢纽，控制其他影响因素节点的能力较强。中间中心势为 2.87%，表明影响因素网络中存在能够有效控制其他节点的组织层面影响因素，但总体而言各影响因素控制其他影响因素的能力相当，差距不是太大。

3. 接近中心性分析

用外向接近中心度（outcloseness）和内向接近中心度（incloseness）两个指标来衡量接近中心性，接近中心度主要衡量的是某节点对信息传递的独立性或有效性，反映该节点不受其他节点控制的程度。节点要想不被其他节点控制，则要使自己与每个节点的直线距离都比较"近"，节点到其他节点之间的直线距离之和越"短",则接近中心度就越大。如表 5-4 所示,能力 (I_1)、网络 (I_{15})、ICT (I_{30})、团队 (I_{16})、领导 (I_8)、员工 (I_7) 和开放度 (I_{25}) 等影响因素具有较高的外向接近中心度,说明这些组织层面影响因素在影响输出上较少受其他因素的控制。而环境 (I_{21})、机会 (I_{18})、战略 (I_{19}) 和冗余 (I_{23}) 等因素具有较低的内向接近中心度,说明这些组织层面影响因素在影响输入上的独立性较低。内、外向接近中心势分别为 34.52%和 42.31%,都较大,说明网络有接近集中趋势,即网络中存在具有较强控制力的影响因素。

本部分从点度中心性、中间中心性和接近中心性三个角度分析了组织层面各影响因素在网络平台企业开放式服务创新生成中的重要性,三种分析结果对比见表 5-5。

表 5-5 三种分析结果对比

指标分析	需重点关注的组织层面影响因素	排名靠后的组织层面影响因素
点度中心性分析	网络、能力、关系、领导、员工、ICT、开放度、学习、研发、跨越	规划、环境、制度、机会、模式、冗余
中间中心性分析	能力、网络、开放度、学习、ICT	冗余、制度、规划、环境、市场、机会
接近中心性分析	能力、网络、ICT、团队、领导、员工、开放度	环境、机会、战略、冗余

可见,需要重点关注网络治理、能力建设、ICT 技术的应用与升级和开放度的均衡等因素在企业开放式服务创新过程中的影响作用,还需关注组织学习的培养、关系的维护、领导和员工的协同管理及研发能力和跨越能力的提高等,而环境适应性、机会把握、商业模式创新、组织冗余等因素在企业开放式服务创新过程中并未表现出预期的重要性,但也不容忽视。将分析结果与前面六种因素类别相比,能力类别、网络类别、学习类别、开放类别和 ICT 类别等表现出预期的重要性,而环境、冗余等组织类别的因素未体现出预期的重要性,反映出众学者大多忽视了对环境、冗余、文化和激励等组织类别内部因素的考察。

5.4 主要结论

本章使用 Meta 文献分析法,借助 ROST CM 6.0 语义网络分析功能发现组织层面的各影响因素之间彼此存在关联，使用专家打分法和社会网络分析法量化组织层面各影响因素在开放式服务创新生成中的重要性。总结出一些有意义的结论。

（1）企业需关注能力的建设、组织学习的培养、ICT技术的应用和升级、开放度的均衡、知识的交流、关系的维护、结构的优化、网络治理能力的改进、资源的优化配置、战略的柔性和文化的革新等组织层面影响因素，提高开放式服务创新的成功率。

基于文献的自然语言文本分析，克服了不同地域、文化、法律等因素约束下各影响因素的次序和重要性存在显著差异性的问题，能从大量影响因素描述中提取出关键影响因素，为企业开放式服务创新的组织层面影响因素管理提供了共性特征的描述和依据，其结果能直接应用于开放式服务创新实践中去。

（2）各影响因素之间彼此存在关联，按其关联性和集中趋势可归纳为六个类型，企业要注重同类型内各影响因素之间的关联性和紧密性，也不容忽视影响因素类别间的协同提升。

（3）量化分析组织层面各影响因素的重要性，开放式服务创新过程中企业应该重点关注网络治理、能力建设、ICT技术的应用与升级以及开放度的均衡。

量化分析之后，发现组织层面31个影响因素之间的重要性存在差异；考虑到组织能力、资源、时间等限制，在开放式服务创新过程中，需要有重点、有次序地和有的放矢地对各影响因素进行控制。

5.5 本章小结

本章旨在从组织层面出发解析网络平台企业开放式服务创新的生成机理，探讨有哪些组织层面影响因素与网络平台企业开放式服务创新生成之间存在关系。为此，利用Meta文献分析法广泛搜集开放式服务创新的组织层面影响因素并进行统计分析，利用ROST CM 6.0对搜集到的文献结论进行语义网络分析，发现组织层面的因素之间彼此存在关联，借助专家打分法和社会网络分析法量化组织层面各影响因素在开放式服务创新生成中的重要性。研究结果表明，需重点关注"能力""学习""ICT""开放度""知识""关系""结构""网络""资源""战略"和"文化"11个组织层面影响因素概念，并可归纳为能力类别、网络类别、组织类别、开放类别、学习类别和ICT类别六个类别；"网络""能力""ICT""开放度"等因素是网络平台企业在开放式服务创新过程中需重点关注的组织内部影响因素,"学习""关系""领导""员工""研发"和"跨越"等因素在网络平台企业开放式服务创新过程中也不容忽视,"环境""机会""模式"和"冗余"等概念因素在网络平台企业开放式服务创新过程中并未表现出预期的重要性。

第6章 网络层面网络平台企业开放式服务创新生成机理

本章是在第4章和第5章分别揭示的领导者个体和组织层面的创新生成机理的基础上,进一步揭示网络层面的网络平台企业的开放式服务创新生成机理,研究网络层面的影响因素与网络平台企业开放式服务创新生成之间的关系。本书第3章对网络平台企业开放式服务创新生成机理研究框架的分析表明,网络平台企业开放式服务创新的生成受到来自网络间关系与网络治理模式的影响,从关系行为过程来看,关系治理反映了合作关系中多方联合行动在多大程度上被组织和调配起来。每项开放式服务创新活动都嵌入一定的复杂关系中,关系治理弥补合同治理的缺失或做弹性调适,两者有效的使用能够保证合作行为的持续。在实体经济中,关系治理与合同治理相互关系、治理模式及对绩效的影响已经被广泛研究,但在虚拟经济的价值共创环境中,鲜有研究将关系治理与合同治理引入其中。因此,如何将非正式的关系治理和正式的合同治理无缝嵌入网络平台企业开放式服务创新生成中成为本章研究的重点,并研究二者治理组合模式对网络平台企业开放式服务创新绩效的影响,如何选择有效的治理方式促使商业生态系统中各物种方接受和适应,以及哪些因素对网络平台企业开放式服务创新绩效有显著影响等。这些问题的解决对提高中国网络平台企业开放式服务创新生成至关重要。

本章的内容和结构如下:首先对合同治理、关系治理及二者的整合研究进行综述;其次提出研究假设;再次进行问卷调查,收集网络平台企业商业生态系统中核心生态主体数据;最后利用因子分析、聚类分析、方差分析、结构方程模型等方法,探讨不同网络治理方式与模式和开放式服务创新的内在联系。

6.1 理论回顾

6.1.1 合同治理

网络平台企业开放式服务创新不仅局限于将价值链末端的顾客力量引

进来，事实上整个商业生态系统中的所有物种方都应该被整合进来，因此，整个系统具有多方参与的复杂性和物种健康的牵连性，同时信息不对称会导致逆向选择或道德风险的产生，在此情形下，为了保证网络平台企业开放式服务创新中克服机会主义和改善创新绩效，正式的合同治理就不可或缺。以明确的条文形式详述合同内容，完成目标任务，按照合同分配利益，实现从价值共创到价值共赢的跳跃；否则，违约一方受到处罚，而守约各方也将承受损失（Floricel and Miller，2001）。

在网络平台企业开放式服务创新中合同治理特别重要，它是多方共创前默契的产物——共识，明确的条文合同能够降低开放式服务创新生成中的风险和不确定性（Turner and Simister，2001）。一方面，多方参与使得开放式服务创新更为松散和复杂，发生投机主义行为的概率更大，因此，要避免信息不对称和道德风险，必须在开放式服务创新前签订完善的合同；另一方面，由于商业生态系统中各物种群以自发的巧合性、特有的自组织性和偶然的集成性聚集到一起，在网络平台企业开放式服务创新生成过程中会发生很多始料未及的事件，所以，灵活的、详尽的合同会缩小各物种方之间的风险范畴，保证网络平台企业开放式服务创新活动的顺利完成，并实现价值共赢的良好局面。

6.1.2 关系治理

在网络平台企业同各物种方开放式服务创新背景下，合同治理约束的不平衡性、天然不完备性和强制履约的高诉讼成本等问题日益凸显（梁永宽，2008），合同治理提高开放式服务创新绩效的成效越来越少，同时合同的刚性可能会降低商业生态系统各物种方之间的信任，阻碍各方知识交流与共享；同时由于物种方的天生逐利性，合同治理的结果往往是不欢而散，而有效的关系治理则可以维持开放式创新的连续性（Zaheer and Venkatraman，1995）。在现实的合作交易中，真正违约而去寻求法律制裁的案例很少见，大多采用关系治理进行补救；关系治理是保证开放式服务创新协同优化、对生态主体起到制衡与调解作用的非正式的宏观行为规范与微观运行规则的综合（李维安和周建，2004）。

关系治理就是将非正式契约的其他一切关系用于合同实施的过程中，来规避合同治理的不完备性；关系治理的维护机制和整合机制对商业生态系统中企业生态位、生物链间关系及整个系统的健康性都有影响（林润辉等，2013）；关系治理行为分为对未来合作管控的联合规划和缓解合作过程中冲突的联合求解（姜翰等，2008），联合规划是制定措施避免危机出现的一种前摄性行为，与合同治理异曲同工，只是缺少明文规定的法律保护；而联合求解是危机出现后共同应对的被动反应性行为，致力于寻求双方都满意的解决办法。关系治理是一种价值共创型的商业模式，物种之间的联结形成整个商业生态链，商业生态链又以"嵌入"的方式影响整个商业生态系统的经济活动和结果。

6.1.3 关系治理与合同治理整合分析

关系治理与合同治理结合形成了二元治理机制，根据关系治理与合同治理孰强孰弱又分为四种治理模式。已有学者对互联网环境下二者的动态演化路径及如何通过信息技术实现治理平衡进行了研究（冉佳森等，2015）；还有学者对关系治理与合同治理耦合的供应链知识协同机理进行了研究（王清晓，2015）；更有学者提出二者是否具有互补性、替代性及同时兼有互补性和替代性（谈毅和慕继丰，2008）。

发达的互联网技术使得信息沟通机制发生变化，在网络平台企业开放式服务创新中，开始把研究重点聚焦在外部关系治理上，而忽视了正式的合同治理；合同治理在新的环境下被弱化，其是否对网络平台企业开放式服务创新绩效产生影响，鲜有学者研究；而合同治理与关系治理对网络平台企业开放式服务创新绩效的影响，更无学者研究。因此，本章基于商业生态系统的视角，实证分析合同治理与关系治理模式对网络平台企业开放式服务创新绩效的影响。

6.2 研 究 假 设

1. 合同治理与开放式服务创新

在网络平台企业开放式服务创新中，企业间协作频繁、非正式治理机制活跃，这种灵活的关系容易导致失控现象，合同治理在网络平台企业商业生态系统中有其成长的肥沃土壤，合同已经成为生态主体间建立关系链接的必要形式。详细无漏洞的合同条款可以抑制不法分子趁机钻空子，抵制机会主义。但是多方参与的复杂性、信息的不对称性和环境的不确定性等，导致订立的合同无法十分周全，因此要签订灵活性和适应性都很强的合同，但成功的关键在于是否严格按照合同内容来执行（Mcafee and Mcmillan，1986）。

在网络平台企业商业生态系统中，违约不仅造成经济损失，更会破坏生态主体在开放式创新中的声誉,一旦企业被逐出系统,就很难有机会再次融入,违约导致的声誉损失远远大于一次违约所得;生态主体预期未来合作收益是合同治理的根本动力,从而达成合作共识,因而产生了开放式服务创新的法律依据;明确的合同可以对机会主义行为产生威慑作用,从而敦促各方按约履行职责,提高开放式服务创新绩效。

假设1:网络平台企业对其他生态主体采用的合同治理程度越高,开放式服务创新绩效越好。

2. 关系治理与开放式服务创新

在网络平台企业开放式服务创新中,关系治理是至关重要的,仅靠合同治理无法预料开放式服务创新中的风险和无法协调物种方之间的信任关系,更不能使开放式服务创新绩效最大化。鉴于信息的不完全对称性,双方无法签订一份条款完备的合同,而关系治理是随着开放式服务创新实践的展开和时间的延续而不断修正的契约,具有动态性和不断完善的特征。网络平台企业商业生态系统的形成是自我强化机制作用的结果,具有一定的自发性、协同进化性,系统成员以价值链的形式连接成价值网络,当网络节点达到某种阈值时,会产生具有吸收、集成、扩展和自组织功能的"场效应",而在整个商业生态系统形成的时候,物种之间的开放式服务创新只是一个合作框架,甚至没有实质性的内容,逐步依靠各方交易、交往和协作才形成大家一致默认的关系氛围,关系治理的动态性和过程性可以防止"敲竹杠"等机会主义行为再发生。

开放式服务创新是嵌入社会网络的重复活动,会加深彼此的了解和信任,有利于增强现时的合作和促进未来的预期;关系治理在网络平台企业价值共创中可以提升系统主体服务创新绩效和增强其竞争优势(陈灿,2012);关系治理就是开放式服务创新中组织间关系的选择与调整,使企业获得"1+1>2"的利益模式,从而促进企业乃至整个商业生态系统的开放式服务创新绩效(徐亮等,2008);网络平台企业同其他生态主体搞好关系,有利于及时了解市场需求并迅速做出反应,有利于共同应对突发问题,降低交易成本,提高价值共创水平和开放式服务创新绩效。

假设2:网络平台企业对其他生态主体采用的关系治理程度越高,开放式服务创新绩效越好。

3. 关系治理、合同治理与开放式服务创新

在网络平台企业开放式服务创新中正式的合同治理总是内嵌于一定的

社会环境中，使得开放式服务创新生成中关系治理影响合同治理结果。首先，开放式服务创新的本质是一种"社会网络组织"，从合同的激励、执行到适应，每一阶段都是在信任、沟通、共享等关系协调的基础上进行，使得生态主体之间具有更高的默契性。其次，生态主体间容易形成联盟型、信任型和共享型关系，通过供应链管理、战略联盟、众包等网络化组织形式提高资源的外部整合能力，进而更好地履行合同内容。此外，关系的维持有利于重复性交易，可以避免单次交易囚徒困境问题，合作性交易关系有利于合同的执行。

此外，合同的修订依赖于关系治理。环境的不确定性导致合同适应性不足，各方出于对长期利益、信任关系连续性等考虑，通过各方都能接受的方式解决争端而不是终止合同。在商业生态系统中，良好的竞合关系可以增加彼此的信任，降低签订合同成本和监督的需要，也能促进合同的适应性。可见，联合规划、联合求解和协同优化等关系治理有助于合同治理水平的提高。

假设3：关系治理促进合同治理水平的提升。

假设4：关系治理通过合同治理来提升开放式服务创新绩效。

4. 组合治理与开放式服务创新

网络平台企业构建的商业生态系统是一种超越传统供应链伙伴联合体和价值链利益共同体的有机生态系统。生态主体不局限于行业部门，还包括供应商、分销商、外包服务公司、融资机构、互补制造商、客户、竞争对手、监管机构、媒体和替代者等，采用供应链式、众包式、嵌入兼容式及虚拟合作式等灵活多样的合作形式，达到互赢共存。通过共享信息与动态战略联盟，各生态主体之间形成价值链，多个价值链相互交织形成生态系统，物质、能量和信息等在物种成员间的流动和循环，形成了"开放与闭合并行、高效与低耗双收"价值共创式的开放式服务创新。商业生态系统强调彼此依赖、协同创新、技术融合、义务协作及对市场及时反应等能力，单凭合同治理不足以应对，需要关系治理加以补充。

网络平台企业采用关系治理和合同治理对开放式服务创新绩效产生交互式影响（Zhou and Poppo，2005）。二者并重的治理机制既强调关系治理在价值共创中对开放式服务创新风险的规避作用和信任强化作用，又重视合同治理在价值共创中对开放式服务创新绩效的保障作用和对机会主义的遏制作用。关系治理和合同治理在开放式服务创新活动中的关系是相互补充的或是相互替代的，更有可能是相辅相成的，无论哪一种关系，如果能在网络平台企业开放式服务创新中统筹兼顾二者，必定更好地发挥二者规避风险、强化信任、保护各生态主体利益的作用。可能较强的合同治理会带来相对的不信任和强势等问题，但如果有关系治理作补充，这些问题都会缓和甚至消除（Ghoshal and Moran，1996）。关系治理和合同治理都对开放式服务创新绩效起积极作用，因此，在两者并重的治理模式下，开放式服务创新绩效会有更明显的提升。

假设 5：网络平台企业对其他生态主体采用关系治理和合同治理并重型比采用其他治理方式取得的开放式服务创新绩效更好。

6.3 实 证 分 析

1. 研究设计

本章基于商业生态系统的视角，从合同治理和关系治理两个维度去分析网络平台企业应该对其他物种主体采取哪种治理方式或模式，使得开放式服务创新绩效更好。选取核心生态系统中的网络平台企业、服务提供商、产品提供商、物流和顾客这五个关键物种进行问卷调查，利用收集到的数据验证假设。为了排除干扰因素，采用多种科学方法和手段合理设计调查问卷。为了得到可靠和有效的数据，采取多种方式对问卷发放（电子邮件、直接调研、公司网站平台）和回收过程（电子邮件、电话、QQ 沟通）进行管理，并选取对开放式服务创新有比较理性理解的调查对象，主要有网络平台企业管理人员，淘宝一蓝冠及以上卖家和一金冠及以上买家，EMS（全球邮政特快专递）、顺丰、"四通一达"（申通快递、圆通速递、中通快递、百世汇通、韵达快递）七家快递公司管理人员。问卷主要包括：①背景资料；②网络平台企业网络治理变量与开放式服务创新的关系。问卷采用利克特（Likert）五分量表法，在问卷少量回收修改的基础上，从 2015 年 6 月开始围绕核心生态系统中的关键物种方进行正式发放，截至 2015 年 9 月收回 389 份问卷，通过判断检验数据的有效性和正确性，剔除错误数据，最终得到有效问卷 303 份。

2. 因子分析与信度分析

三个变量的 Bartlett's 球形检验均达显著（$p < 0.001$），KMO（Kaiser-Meyer-Olkin）值分别为 0.839、0.884、0.857，表明适合做因子分析。在合同治理中，提取"合同激励""合同执行""合同适应"三个因子，解

释了89.326%的总方差；在关系治理中，提取"联合规划""联合求解""协同优化"三个因子，共解释了82.263%的总方差；开放式服务创新绩效提取"市场绩效""服务绩效""协作绩效"三个因子，解释了87.294%的总方差。效度很高，Cronbach's α 值均大于0.75，均通过信度检验（表6-1）。

表6-1 因子提取及信度分析相关结果

变量	因子	KMO	解释方差/%	Cronbach's α	Bartlett's 球形检验 p	因子载荷
合同治理	合同激励	0.839	89.326	0.812	0.000<0.001	0.698~0.932
	合同执行			0.826		0.744~0.915
	合同适应			0.843		0.647~0.879
关系治理	联合规划	0.884	82.263	0.875		0.652~0.894
	联合求解			0.903		0.846~0.961
	协同优化			0.897		0.769~0.912
开放式服务创新绩效	市场绩效	0.857	87.294	0.873		0.711~0.896
	服务绩效			0.833		0.597~0.846
	协作绩效			0.896		0.766~0.928

3. 聚类分析

基于二元机制中关系治理与合同治理孰强孰弱的治理模式进行分类。将关系治理包含的19个指标的得分均值作为关系治理的水平，将合同治理包含的16个指标的得分均值作为合同治理的水平，以关系治理和合同治理作为维度，采用 K-Means 聚类分析方法把这303个样本划分为四类（表6-2）。

表6-2 样本项目聚类分析统计表

项目	1（强关系）	2（强合同）	3（双强型）	4（并弱型）
样本数	92	54	147	10
合同治理程度	3.462 9	3.743 2	4.674 2	2.493 2
关系治理程度	3.984 2	2.941 3	4.832 5	2.328 7

由表6-2可以发现网络平台企业开放式服务创新网络治理模式的选择情况，大部分企业采取双强型的治理模式（占比48.51%），相当一部分企业采用强关系的治理模式（占比30.36%），而采取强合同的治理模式占

17.82%,极少数企业采用并弱型治理模式(占比3.31%),符合中国当前网络平台企业开放式服务创新网络治理的实际情况。

4. 方差分析

为了进一步探讨不同治理模式对开放式服务创新绩效影响程度大小,利用单因素方差分析对不同的网络治理模式的开放式服务创新绩效进行比较分析(表6-3)。

表6-3 不同治理机制群组的开放式服务创新绩效的方差分析

开放式服务创新绩效	1组均值(强关系)	2组均值(强合同)	3组均值(双强型)	4组均值(并弱型)	F值	调整后R^2
市场绩效	0.07	0.20	0.27	−2.74	82.403	0.524
服务绩效	0.12	−0.47	0.84	−0.89	74.247	0.487
协作绩效	0.19	−0.34	0.76	−1.32	89.324	0.549

四组不同群组变量与市场绩效、服务绩效和协作绩效之间的关联强度系数(调整后R^2)分别为0.524、0.487和0.549,表明治理模式差异对网络平台企业的市场绩效、服务绩效和协作绩效水平具有较强的解释力。三个绩效因子中,3组(双强型)均值最大,而4组(并弱型)均值最小,说明双强型的治理模式给网络平台企业带来的开放式服务创新绩效最好,而并弱型治理模式带来的开放式服务创新绩效最差。

从市场绩效来看,1组和4组(1组>4组,$p<0.001$)、2组和4组(2组>4组,$p<0.001$)、3组和4组(3组>4组,$p<0.001$)具有显著性差异,说明四个群组里采用并弱型治理模式的网络平台企业的市场绩效水平最差。2组与3组之间不存在显著性差异,说明在强合同治理基础下,无论关系治理程度高低,都不会对开放式服务创新市场绩效水平产生影响。同时2组和4组、3组和4组之间显著性差异特别明显,反映出网络平台企业对其他核心生态主体采用的合同治理程度越高,开放式服务创新绩效就越好,初步验证假设1。

从服务绩效来看,3组和4组(3组>4组,$p<0.001$)、3组和2组(3组>2组,$p<0.05$)、1组和2组(1组>2组,$p<0.001$)、1组和4组(1组>4组,$p<0.001$)具有显著差异,说明网络平台企业采用强关系治理模式比弱关系治理模式获得开放式服务创新的服务绩效水平更高,初步验证假设2。

从协作绩效来看,3组分别与1组、2组、4组(3组>1组、3组>2组、

3 组>4 组、$p<0.001$）具有显著差异性，说明网络平台企业采用双强型治理模式比其他三种治理模式在协作绩效上具有更好的效果，初步验证假设 5。

5. 结构方程模型

将调查数据载入 AMOS 17.0，采用最大似然估计法（maximum likelihood estimation，MLE）对结构方程模型进行参数估计。首先，模型的拟合指标见表 6-4。χ^2/df 指标值小于 2 表示模型的拟合度可以接受，同时模型的拟合参数 GFI、AGFI、NFI、IFI、RFI、CFI 均大于 0.80，而 RMSEA 小于 0.08，因此，整个模型的拟合程度较好，分析结果如图 6-1 和表 6-5 所示。合同治理方式对开放式服务创新绩效具有显著正向作用（$\beta=0.535$，$p<0.001$），表明网络平台企业在与其他生态主体价值共创时，合同的激励、执行和适应对合同治理程度影响大，开放式服务创新绩效也就越好，假设 1 得到验证。关系治理方式对开放式服务创新绩效具有显著正向作用（$\beta=0.562$，$p<0.001$），表明网络平台企业与其他生态主体价值共创时，关系治理程度越高，开放式服务创新绩效也就越好，假设 2 得到验证。关系治理方式对合同治理方式具有显著正向作用（$\beta=0.487$，$p<0.01$），通过正向影响合同治理方式对开放式服务创新绩效具有间接驱动作用（$0.261 \approx 0.487 \times 0.535$），表明网络平台企业在与其他生态主体价值共创时，关系治理程度越高，合同治理水平也越高，进而开放式服务创新绩效也越好，假设 3 和假设 4 得到验证。

表 6-4 模型拟合指标程度分析结果

拟合指标	χ^2/df	GFI	AGFI	NFI	IFI	RFI	CFI	RMSEA
指标值	1.846	0.89	0.95	0.84	0.96	0.91	0.92	0.071

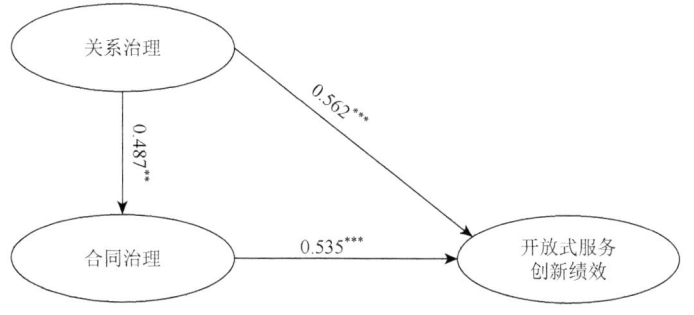

图 6-1 结构方程模型检验结果

表示 $p<0.01$，*表示 $p<0.001$

表 6-5　关系治理、合同治理与开放式服务创新绩效效果比较

	合同治理		开放式服务创新绩效		
	直接	总	直接	间接	总
关系治理	0.487	0.487	0.562	0.261	0.823
合同治理			0.535		0.535

6. 交互作用

为了检验关系治理方式和合同治理方式之间是否有交互效应，以及这一效应是否促进了开放式服务创新绩效，本部分将关系治理方式、合同治理方式及二者的乘积一起作为自变量，对开放式服务创新绩效作多元线性回归，回归结果如表6-6。

表 6-6　关系治理与合同治理的交互效应及其对开放式服务创新绩效的影响

自变量	开放式服务创新绩效（Model）
关系治理	0.749*** (8.254)
合同治理	0.468*** (4.268)
关系治理×合同治理	0.097* (1.542)

注：表中因变量一列中数值为标准化的 β 系数，括号中为 t 值；*表示 $p<0.05$，**表示 $p<0.01$，***表示 $p<0.001$；$R^2=0.546$（调整后 $R^2=0.537$）。

关系治理×合同治理方式与开放式服务创新绩效的回归系数为正且显著（$\beta=0.097*$，$t=1.542$），说明关系治理方式与合同治理方式之间存在交互效应，且对开放式服务创新绩效有正的影响，假设5得到验证。

6.4　结论与启示

1. 主要结论

从商业生态系统的角度实证分析网络平台企业关系治理、合同治理的方式和模式与开放式服务创新绩效的关系。结果表明：第一，网络平台企业网络治理模式根据二元机制孰强孰弱划分为四类：双强型、强关系、强合同和并弱型。目前我国网络平台企业大多采用双强型的治理模式，只有很少网络平台企业采用并弱型的治理模式。第二，网络平台企业采用的关系治理方式或合同治理方式程度越高，开放式服务创新绩效越好；采用双强

型的治理模式取得的开放式服务创新绩效比其他治理模式取得的开放式服务创新绩效更好,而并弱型的最差。第三,网络平台企业开放式服务创新生成中关系治理促进合同治理方式的提高,合同治理在关系治理与开放式创新绩效中发挥中介作用。

2. 重要启示

第一,合同治理在网络平台企业开放式服务创新中作用依然很大。生态主体之间具有关联性,合同治理防止一损俱损局面出现;合同治理不但具有法律效力,在移动互联网时代,更具社会影响力;违约使企业获得一次"仅有"利益,但却使企业声誉瞬间坍塌,从而被排除出现有的商业生态系统,更无法融入其他系统。

第二,在合同治理的过程中要重视关系治理。在合同的激励、执行和适应各个阶段,要重视联合规划、联合求解和协同优化,将合同的不完备性和人的灵活性结合起来,这样才可以避免出现声誉坍塌、一损俱损的局面,实现价值多方共创。

第三,开放式服务创新中构建关系治理和合同治理的互补机制。开放式服务创新准备阶段达成共识——合同治理为主,前期重视信息、知识等的共享——关系治理为主,过程中要两者并重,才能形成开放式服务创新共赢的局面。

6.5 本章小结

从商业生态系统的角度实证分析网络平台企业关系治理、合同治理的方式和模式与开放式服务创新绩效的关系。通过问卷调查,收集网络平台企业开放式服务创新中核心生态系统主体数据,利用因子分析、聚类分析、方差分析、结构方程模型等方法,探讨了不同治理方式和模式与开放式服务创新绩效的内在联系。结果表明:网络平台企业多采用双强型治理模式,而采用并弱型治理模式的网络平台企业较少;网络平台企业对商业生态系统中其他物种采用的关系治理程度越高,开放式服务创新绩效越好;采用合同治理程度越高,开放式服务创新绩效也越好;关系治理促进合同治理水平提升,进而正向影响开放式服务创新绩效;网络平台企业对商业生态系统中其他物种采用双强型治理模式取得的开放式服务创新绩效比其他治理模式更好。

第三篇　网络平台企业开放式服务创新风险管控

第 7 章　网络平台企业开放式服务创新风险形成机理

目前人类社会正处在从工业化社会向以互联网为核心的智能化社会过渡的重大转折时期。互联网带来的新技术、新应用、新服务、新模式、新产业正快速发展，互联网网络平台企业的创新正面临巨大机遇。在大环境推动下，网络平台企业数量增多，其开放式服务创新活动也开展得如火如荼。但随着创新活动的进行，网络平台企业的创新问题逐渐涌现，商业模式不成熟、创新流程混乱、用户黏性低、同质化严重和管理混乱等因素导致众多网络平台企业"死亡"，网络平台企业脆弱性慢慢体现。百度"有啊"、腾讯电商、拉手网、街库网、果粉厨房、乐途网、酷伴网等，在"互联网+"背景下，企业把更多的创新关注点放在了企业的外在形式，缺乏对网络平台企业创新的实质认识。网络平台企业的创新势必涉及行业环境、商业模式及企业组织架构等多方面，而现有网络平台企业对以上内容没有给予应有的重视，使得创新活动极易失败，进一步增加了网络平台企业的脆弱性。科学认识网络平台企业开放式服务创新风险，对创新活动的成功及增强网络平台企业生命力很有帮助。

在经济快速发展之际，网络平台企业外部环境瞬息万变，同时企业内部也面临诸多风险，如网络平台企业组织架构是否合理、战略制定是否具有前瞻性、内部运营是否高效、人力资源是否充足等，对风险的洞察力稍有不足将会导致网络平台企业开放式服务创新活动的失败。本章旨在通过对网络平台企业创新失败案例的研究，不断进行比较和理论抽象，总结出网络平台企业开放式服务创新风险形成机理，对风险产生的根源进行深入探索，为网络平台企业开放式服务创新活动的成功提供风险防范策略。

7.1　研究方法与研究设计

网络平台企业多以技术为支撑，信息技术为网络平台企业发展提供强大动力的同时，也增加了其经营过程的复杂性。目前国内对于网络平台企业开放式服务创新的风险研究还没有形成较成熟的理论，且开放式服务创新风险形成机理少有具体数据，故本节采用扎根理论进行质性分析。

7.1.1 研究方法与案例选择

扎根理论是一种在经验资料基础上提炼概念和范畴，从而上升到理论层面的定性研究方法，通过自下而上的数据收集与分析，对理论进行归纳和修正，直至理论饱和，以此反映事物现象的本质和理论意义。

本书共选取了五个网络平台企业案例，类型各有不同（表7-1），五家平台成立时间从1999年至2011年不等。本书选取的社交媒体平台、电子商务平台、团购平台较为典型，其中电子商务平台和团购平台离不开电子支付平台的支撑，电子商务平台和团购平台案例分析中都体现出一定程度的电子支付平台的作用，故没有选取电子支付平台企业案例。在创新创业浪潮下，作为网络平台企业不可或缺的重要类型——创新孵化平台日益崛起，故选取创新孵化平台作为案例。虽然现在的平台趋向专业化，综合互联网平台仍占有一定的比重，不可忽视。综上，本节所选案例比较典型，可以以小见大。

表7-1 案例研究中理论抽样的样本概述

企业名称	企业类型	经营内容	成立时间
A	社交媒体平台	迷你博客	2007年5月
B	创新孵化平台	技术项目创新孵化	2009年9月
C	电子商务平台	生活消费品	2008年10月
D	团购平台	生活、娱乐性产品与服务	2011年9月
E	综合互联网平台	网站	1999年6月

7.1.2 研究实施

采用扎根理论探索网络平台企业开放式服务创新的风险形成机理，所选案例皆为开放式服务创新失败的网络平台企业。主要通过两个方式获得质性资料，一是通过电话访谈和实地走访的方式拜访网络平台企业员工、网络平台企业用户及平台利益相关者，获得第一手资料；二是通过搜索网络新闻事件、社交网络及其评论、学术论文等，获得二手资料，对一手资料进行补充和丰富。具体调研说明见表7-2。

第7章 网络平台企业开放式服务创新风险形成机理

表 7-2 扎根理论数据收集方法和情况汇总

调研类型	调研说明
电话访谈与实地走访	联系网络平台企业内外部利益相关者，对其进行问卷调查和访谈，其中针对企业技术人员和管理人员进行封闭问卷与开放访谈共计40人
二手资料收集	从网络中收集网络平台企业以往新闻，并从学术论文中收集学者对所选网络平台企业的研究

7.2 研究数据分析

在扎根理论中，对原始资料进行分析和归纳的过程即为编码，三个步骤分别为开放式编码、主轴式编码和选择式编码。第一阶段的开放式编码对资料进行概念化和范畴化，第二阶段挖掘主范畴、副范畴及其之间的关系，最后的选择式编码确定核心范畴以及主范畴之间的网络关系结构。

7.2.1 开放式编码

开放式编码是网络平台企业开放式服务创新风险形成机理模型构建的核心步骤之一。开放式编码是对前期收集的原始资料进行初步处理的过程，挑选出可以编码的语句或片段进行概念化。案例编号使用英文字母，如案例 A，原始资料里的每条重要信息用 an 表示，对每条现象进行概念化的结果用 An 表示，其他案例概念化方式以此类推。开放式编码的过程中共获得 59 个语句，得到 31 个概念，对 31 个概念进行同类概念合并，并抽象出新的概念以此形成范畴，范畴用 Bn 表示。如表 7-3 所示，共形成 17 个范畴。

表 7-3 扎根理论开放式编码

案例	定义现象	概念化	范畴化
A	a1 没有相应的市场环境；a2 市场还没有成熟；a3 简单的文字分享已满足不了用户需求；a4 其他企业纷纷效仿；a5 被微博超越；a6 政府对网络言论的监管；a7 缺乏"生态系统"的单一模式是不可行的；a8 有很多八卦的用户；a9 模仿国外平台，自主研发困难；a10 搜索技术做得不好；a11 出现了更高的技术；a12 经营者的错误经营思路；a13 技术型CEO难以处理技术以外的问题	A1 过早地进入市场（a1，a2） A2 没有赶上市场环境的潮流（c1，e1） A3 市场没有需求（c2，c3，e2） A4 市场需求变动（a3） A5 用户需求没有聚焦（b1，d1） A6 同类企业较多（a4，b2，c4，d2）	B1 进入市场的时机不对（A1，A2） B2 市场需求风险（A3，A4，A5） B3 行业竞争激烈（A6，A7） B4 政府监管（A8） B5 平台定位风险（A9，A10）

续表

案例	定义现象	概念化	范畴化
B	b1 忽视用户需求；b2 竞争对手纷纷赶上；b3 模式类似于"创新工厂"；b4 只关心创新，不关心市场推广；b5 不知如何与集团现有业务结合；b6 忽视项目之间的组合；b7 创新成果难以保证；b8 创新是非常耗时的；b9 很多技术人员离开，在已有基础上创业；b10 一年时间人员增加了四倍；b11 技术人员过多，人员结构不合理；b12 创新活动太烧钱了；b13 前期研发资金投入太大；b14 资本投入时间节点错误；b15 四处出击，耗费公司巨大精力和资源；b16 人力成本太大	A7 被竞争对手赶超（a5，d3） A8 突破了政府互联网管理政策的边界（a6） A9 市场导向型平台（c5，d4） A10 技术导向型平台（b3） A11 缺乏核心补贴策略（d5） A12 没有在双边平台用户需求的环节设置获利关卡（d6） A13 没有通过平台特有的数据进行双向挖掘以获利（c6）	B6 没有形成盈利模式（A11，A12，A13） B7 没有纳入多边群体（A14） B8 负向网络效应风险（A15，A16） B9 创新合作伙伴管理（A17，A18） B10 组织架构缺乏执行力（A19） B11 没有构造创新流程（A20） B12 技术复杂性风险（A21，A22） B13 技术更新换代（A23） B14 隐性知识外流（A24） B15 人员结构（A25，A26） B16 管理团队（A27，A28） B17 财务管理（A29，A30，A31）
C	c1 淘宝在电子商务领域已经有百分之九十左右的份额；c2 定位"淘宝第二"，没有在核心需求上有大的突破，无法满足市场需要；c3 用户已经对淘宝形成依赖和习惯；c4 没有颠覆性的差异化创新；c5 作为面向市场的电子商务，缺乏市场方面的经验；c6 没有运用平台特有的数据资源；c7 流量导入平台过程复杂；c8 事业部经理身兼三职，组织结构设置不合理（架构）；c9 后期创新人员流失；c10 母公司运营层面人才与创新事业部不共享；c11 没有找到真正懂电子商务的管理者；c12 创新业务资金和管理支持不足	A14 平台用户类型单一（a7） A15 用户的负向评价（d7） A16 某些用户的加入会降低其他用户的效用（a8） A17 对用户吸引力不够，创新动力不足（c7） A18 平台供应商的机会主义，搭创新顺风车（d8） A19 创新成果市场推广跟不上（b4） A20 组织架构不适应平台创新活动，效率低下（b5，b6，c8） A21 技术研发难度大（a9，b7） A22 技术研发耗时长（b8） A23 现有技术无法满足用户需要（a10，a11） A24 技术人员出走（b9，c9） A25 平台人力资源数量过多或过少（b10，d9） A26 不同专业人员比例不合理（b11） A27 管理团队不够团结（c10） A28 管理团队没有足够的专业技能（a12，a13，c11，d10，e3，e4） A29 成本费用预测有误（b12，c12，e7） A30 成本费用缺乏控制（b13，b14，b15，b16，d11，d12） A31 投资人撤资（d13）	
D	d1 只关注大市场，缺乏切入点；d2 团购行业竞争激烈；d3 异业联盟不敌低价联盟；d4 过分追求市场全面性；d5 作为团购网站没有设置清晰的补贴机制，缺乏盈利点，合作商家品类不同；d6 连接商家和用户两边却没有设立盈利点；d7 用户体验受挫形成负面印象（网络效应）；d8 合作商家只享受平台带来的客源，而忽视与平台的合作创新；d9 花费巨大人力资本推广合作商家；d10 城市快速扩张，管理层缺乏规划；d11 投入硬件设备，成本缺乏控制；d12 两年花光数千万融资；d13 华夏摩根股权基金撤资		
E	e1 互联网的寒冬突如其来；e2 "明黄е代"错误定位中国年轻人生活方式；e3 没有找到在实业界锤炼过的高级管理人；e4 创始人团队组建错误；e5 员工生活奢侈，企业成本巨大		

7.2.2 主轴式编码

开放式编码阶段只是对原始资料的初步概念化，对各范畴间深层关系的探索还不到位，并不能充分体现互联网网络平台企业开放式服务创新风险的形成机理。为此，需要对表 7-3 中的原始语句、概念及范畴进行深入分析，研究各范畴的内在联系。根据范畴之间的内在联系，对 17 个范畴进行抽象，在系统层面对其进行聚类，如表 7-4 所示，最终形成了九个主范畴，以 C_n 表示，为理论构建做准备。

表 7-4　主范畴与各范畴之间的关系

主范畴	范畴
C1 市场环境风险	B1 进入市场的时机不对、B2 市场需求风险
C2 行业环境风险	B3 行业竞争激烈
C3 政策环境风险	B4 政府监管
C4 商业模式风险	B5 平台定位风险、B6 没有形成盈利模式
C5 平台生态风险	B7 没有纳入多边群体、B8 负向网络效应风险
C6 创新网络风险	B9 创新合作伙伴管理
C7 架构创新风险	B10 组织架构缺乏执行力、B11 没有构造创新流程
C8 信息技术风险	B12 技术复杂性风险、B13 技术更新换代、B14 隐性知识外流
C9 运营管理风险	B15 人员结构、B16 管理团队、B17 财务管理

7.2.3　选择式编码

依据表 7-4 中形成的九个主范畴，可以挖掘出网络平台企业开放式服务创新风险形成逻辑，再次抽象出可以概括所有范畴的核心范畴，从而建立风险形成机理概念模型，并对模型进行检验，最后得到网络平台企业开放式服务创新风险形成机理扎根理论模型。

对九个主范畴进行比较分析（表 7-5）会发现，市场环境、行业环境及政策环境是网络平台企业开放式服务创新的外部风险来源，并且政策环境风险因素对市场环境、行业环境等风险因素都有影响，因而"商业环境风险"可作为一个核心范畴。在商业环境的大背景下，网络平台企业商业模式一旦存在风险，对平台生态系统及平台创新网络具有毁灭性的打击，同时创新网络几乎是网络平台企业的动力之源，创新网络的稳定对网络平台企业生态系统有效运行起保障作用，所以商业模式、网络平台企业生态系统及创新网络是网络平台企业"战略风险"核心范畴。网络平台企业的开放式服务创新离不开信息技术，在创新技术的同时需要有相应的企业架构来支撑，在信息技术的基础上强化运营。对信息技术的管理，对企业架构的重组,以及对技术、项目、平台的运营是管理网络平台企业必不可少的三点,所以总结三者为"管理风险"核心范畴。

表 7-5 选择式编码形成的核心范畴

核心范畴	主范畴
D1 商业环境风险	C1 市场环境风险、C2 行业环境风险、C3 政策环境风险
D2 战略风险	C4 商业模式风险、C5 平台生态风险、C6 创新网络风险
D3 管理风险	C7 架构创新风险、C8 信息技术风险、C9 运营管理风险

如图 7-1 所示,网络平台企业作为风险发生的主体,在三大风险因素发生的情况下产生风险事件,形成风险涟漪,对网络平台企业及其客户、利益相关者产生风险结果,造成多方损失。三大风险因素对网络平台企业开放式服务创新有着极大的影响,所以研究三大风险因素风险形成机理有利于预防风险事件的发生,避免或减少风险损失。

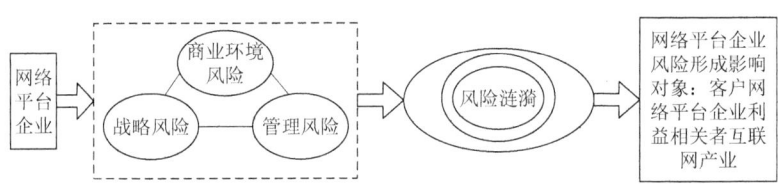

图 7-1 网络平台企业开放式服务创新风险形成及放大过程

7.3 实证研究

依据五个网络平台企业开放式服务创新的扎根理论分析结果,提出我国网络平台企业开放式服务创新风险的三个核心范畴与社会技术系统理论相结合的研究假设关系。商业环境对网络平台企业前期战略制定具有指导作用,商业环境风险一旦发生,极易催生战略风险,同时商业环境和战略决定了网络平台企业管理方式,商业环境风险和战略风险同时发生会使网络平台企业内部面临极大的管理风险。网络平台企业开放式服务创新风险形成研究最终落脚于企业经营绩效,网络平台企业的经营重点在于客户的保持和扩大,三大风险的风险后果为网络平台企业客户流失,风险造成的损失最后会集中体现在网络平台企业经营绩效(图 7-2)。

第7章 网络平台企业开放式服务创新风险形成机理

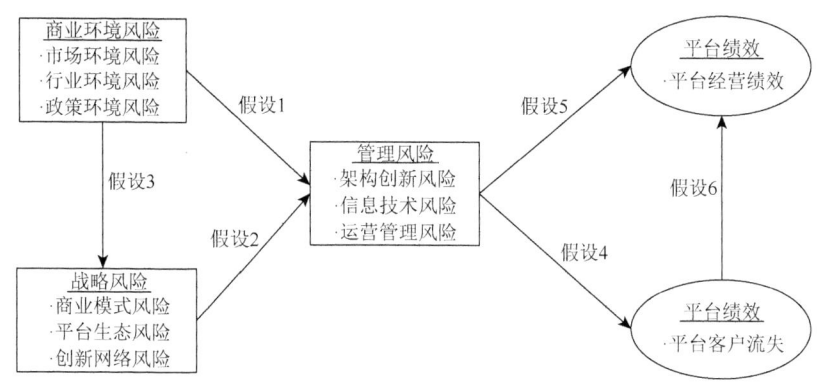

图 7-2 网络平台企业开放式服务创新风险形成机理模型

故本节提出如下假设。

假设 1：商业环境风险与网络平台企业开放式服务创新的管理风险呈显著正相关。

假设 2：战略风险与网络平台企业开放式服务创新的管理风险呈显著正相关。

假设 3：商业环境风险与网络平台企业开放式服务创新的战略风险呈显著正相关。

假设 4：管理风险与网络平台企业开放式服务创新的平台客户流失呈显著负相关。

假设 5：管理风险与网络平台企业开放式服务创新的平台经营绩效呈显著负相关。

假设 6：平台客户流失与网络平台企业开放式服务创新的平台经营绩效呈显著负相关。

针对网络平台企业开放式服务创新风险形成机理模型的五个变量，在已有的研究基础上结合网络平台企业开放式服务创新特征设计问卷。首先，针对扎根理论分析结果提炼问题，严格依照步骤形成问卷初稿，并对变量之间的逻辑关系进行反复探讨，确定问题措辞和归类并删减；其次，在与网络平台企业内部人员进行访谈的过程中，对问卷进行咨询，以测试问卷与网络平台企业开放式服务创新实际现状是否符合；最后，邀请 10 位网络平台企业中层管理人员、10 位相关研究领域博士及 5 位教授对问卷进行最后的检验和完善，最终形成问卷终稿。问卷采用利克特五分量表法，调查问卷题项如表 7-6 所示。

表 7-6 网络平台企业开放式服务创新风险形成机理调查问卷题项

维度	测量题项	来源
商业环境风险	客户需求多样化、客户需求变化迅速、同质企业增多、外部相关技术更新、政府颁布相关产业政策、行业法律法规趋向严格	Moroni 等（2015）、Prajogo（2016）、Bah 和 Lei（2015）
战略风险	平台自身定位是否合理、企业规划是否具有前瞻性、平台用户是否纳入多边群体、创新网络中创新伙伴管理	Bui 和 de Villiers（2017）
管理风险	企业组织架构的执行力如何、内部技术创新力如何、人员结构是否合理、管理团队是否有凝聚力、企业财务是否存在问题	Krishnan 和 Scullion（2016）、Azriyah（2016）
平台客户流失	平台客户峰值及时间、客户流失的时间段平台发生了哪类风险	Chen（2016）、Jahromi 等（2014）
平台经营绩效	平台最佳经营绩效及时间、平台经营绩效下降时平台发生了哪类风险	唐方成（2013）

研究通过面对面发放、电子邮件及电话填答的方式对多家网络平台企业的内部管理人员、行业资深人士及部分学者进行问卷调查，共发放问卷 500 份，回收 359 份，剔除其中无效问卷，共获得有效样问卷 343 份，问卷有效率为 68.6%。调查问卷数据来源如表 7-7 所示。

表 7-7 调查问卷数据来源

变量	属性	百分比/%
企业性质	社交媒体平台	31.20
	创新孵化平台	13.11
	电子商务平台	23.62
	团购平台	19.24
	综合互联网平台	12.83
受访者职务	高层管理人员	20.6
	中层管理人员	31.4
	基层工作人员	42.3
	平台用户	5.7
问卷题项设置	商业环境风险	31.58
	战略风险	21.04
	管理风险	26.32
	平台客户流失	10.53
	平台经营绩效	10.53

7.3.1 信度与效度分析

对 343 份问卷收集的数据进行信度分析，如表 7-8 所示，各变量内部信度 Cronbach's α 系数均大于 0.7，表明研究数据具有较好的信度和效度。KMO 值均高于 0.9，意味着所选因素间相关性较强，适合做因子分析。同时，为了检验问卷的效度，选取 GFI、CFI 及 RMSEA 三个指标进行检验，得出验证性因子分析结果。表 7-8 结果显示，所有指标检验结果均为通过。

表 7-8 信度和效度分析结果

变量	Cronbach's α 系数	KMO	GFI	CFI	RMSEA
商业环境风险	0.928	0.930	0.916	0.963	0.052
战略风险	0.914	0.922	0.913	0.938	0.047
管理风险	0.946	0.952	0.956	0.961	0.050
平台客户流失	0.870	0.917	0.941	0.942	0.041
平台经营绩效	0.921	0.929	0.927	0.915	0.039

7.3.2 假设检验

研究运用 AMOS 17.0 进行数据处理分析，采用结构方程模型对本节中的六大假设进行检验，拟合指标如表 7-9 所示，各指标数值均比较理想。

表 7-9 结构方程模型检验结果

拟合指标	χ^2/df	GFI	AGFI	CFI	NPI	RFI	RMSEA	SRMR
指标值	1.94	0.92	0.90	0.94	0.90	0.92	0.05	0.44

由表 7-9 可知，模型拟合值为 1.94（一般认为此数值小于 3 较好），样本数量小于 500 时 SRMR 值为 0.44（小于 0.5），RMSEA 值为 0.05（小于 0.07），同时其他指标表现稳定，均大于等于 0.9，可以肯定模型正确且拟合效果较好。

模型检验结果说明，网络平台企业商业环境风险对管理风险具有显著且正向的影响，假设 1 路径系数为 0.43（$p<0.05$）。因此，实证检验结果支持假设 1，表明网络平台企业外部商业环境风险会增加网络平台企业内部管理风险发生的可能性。假设 2 认为网络平台企业战略风险会对网络平

台企业管理风险有显著正向影响,实证结果为假设 2 的路径系数为 0.68($p<0.05$)。因此,实证检验结果支持假设 2,表明网络平台企业战略风险越大,网络平台企业管理风险也越大。假设 3 认为网络平台企业外部商业环境风险对网络平台企业战略风险有显著正向影响,实证结果为假设 3 的路径系数为 0.23($p<0.01$),表明假设 3 受实证结果部分支持,即网络平台企业外部商业环境风险在一定程度上会增加网络平台企业战略风险发生的可能性。假设 4 认为网络平台企业管理风险对网络平台企业客户流失风险有显著负向影响,其路径系数为-0.55($p<0.05$),实证结果表明网络平台企业管理风险越高,越可能导致网络平台企业客户流失,所以,实证结果拒绝了假设 4。由实证检验结果可知,假设 5 和假设 6 在 95%的置信水平上得到支持,其路径系数分别为 0.56 和 0.71($p<0.05$),表明网络平台企业管理风险和客户流失风险越大,网络平台企业经营绩效也就越少。

各变量间标准路径系数如图 7-3 所示,可知假设 1、假设 2、假设 3、假设 5、假设 6 均通过了模型验证,其路径系数在 $p<0.05$ 的置信水平上显著,假设 4 被拒绝,从拟合优度和置信水平而言,本书提出的结构方程模型是可接受的。

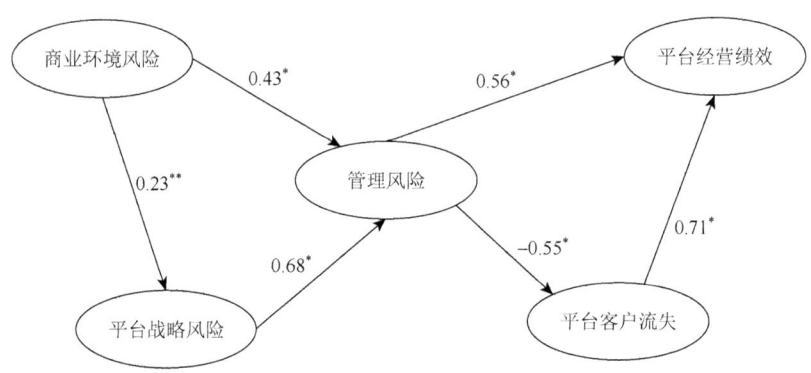

图 7-3 风险形成机理结构方程模型分析结果

*表示 $p<0.05$,**表示 $p<0.01$

根据扎根理论获得的框架,得出为有效遏制网络平台企业客户流失,提高其经营绩效,需要同时重点关注三种风险,即商业环境风险、战略风险及管理风险。经典的管理要素分析模型认为,首先要对企业的市场环境和行业环境进行研究,而后再提出企业的经营战略。在明确企业的经营战略之后,就应该从企业的业务流程、组织架构和信息技术几个维度来保证企业的发展战略,而绩效评价则是对企业战略实现的程度进行检验和衡量。

本书研究发现,网络平台企业创新有其独特性,通过多案例研究和扎根理论分析,可以析出网络平台企业创新的内在风险特性及其动态关联。研究表明网络平台企业的三大风险之间存在互动关系,图 7-3 显示了三大风险与创新成败的内在逻辑联系,从而揭示出网络平台企业开放式服务创新的作用机制。研究还发现,在互联网行业激烈竞争的商业环境下,对网络平台企业的市场、行业、政策、战略、运营等多方面提出了更高的要求,任何细小的风险因素都有可能导致创新失败,这需要企业树立强烈的风险意识,并制定有效的风险管理战略,规避模型中的三大核心风险,以便保障网络平台企业开放式服务创新活动的成功。

7.4 结论与启示

利用多案例分析和扎根理论相结合的方法,识别出网络平台企业开放式服务创新风险的九个主范畴和三个核心范畴,构建了其创新风险形成机理模型;采用问卷调查方式获取实证数据,采用结构方程模型对风险形成机理模型进行验证分析,揭示了网络平台企业创新过程中的风险成因及其内在作用机制,从定量方面对传统管理要素模型进行了拓展和深入。

7.4.1 主要结论

(1)由扎根理论的研究结果表明,商业环境风险、战略风险及管理风险是对网络平台企业开放式服务创新活动最具威胁性的风险因素。风险一旦发生,会直接导致网络平台企业客户流失,最终风险后果呈现在网络平台企业经营绩效上。

(2)结构方程模型实证检验结果表明,一旦企业创新活动面临商业环境风险,战略风险和管理风险都将随之而来,同时战略风险和管理风险之间存在显著正向作用。三大风险核心范畴与网络平台企业客户流失存在正向关系,但网络平台企业客户流失风险与平台经营绩效呈负相关,即网络平台企业客户流失风险越有可能发生,网络平台企业经营绩效也就越有可能下降。

7.4.2 实践启示

(1)任何网络平台企业都处于不断变化的商业生态环境中,市场环境、行业信息及政策的变动对企业服务创新活动来说都是至关重要的。为了应对商业环境风险，网络平台企业需要熟悉并深入研究国家相关政策，因为国家政策的颁布可以在极短速度内改变市场行情和行业前景。网络平台企业作为服务型企业主要提供服务，服务是否存在市场、企业能否为客户提供他们急需的服务都是开放式服务创新活动需要关注的。例如，3W 咖啡是 2011 年成立的创业资源整合型企业，面对互联网创业者不断变化的服务需求，3W 咖啡平台都能根据创业服务生态与创业者发展的变化，及时调整运营模式，找到最适宜的服务模式。自成立至今，3W 咖啡平台分别根据变化的商业环境采取了以下几种运营模式："咖啡+圈子"模式、"圈子+创业资源中介平台"模式及"创业资源整合平台+超链接服务"模式。对商业环境变化的快速反应使得 3W 咖啡不断取得成功。

（2）平台战略的制定决定了网络平台企业的格局和未来，精准的企业定位、前景规划、商业模式制定等都是关乎企业生死的大问题。为了预防此类风险的发生，需要网络平台企业对自身所处的商业环境有着客观、全面的认识，还需要对行业未来发展有着极强的洞察力。一旦发生战略风险，开放式服务创新成功概率将微乎其微。例如，盛景网联科技股份有限公司成立于 2007 年，2008 年金融危机爆发后，全球经济形势持续低迷，市场竞争进一步加剧，中小企业转型发展成为必然。该公司面对当时复杂的商业环境，制定了清晰的商业模式和平台战略。其商业模式独具特色，坚定地聚焦中小企业服务领域，搭建自己的商圈和平台体系，并不断更新服务，为成长型企业的转型升级提供了极佳的平台服务。盛景平台对自身准确的定位及对商业模式的制定为其后期的发展奠定了坚实的基础。

（3）再多的商业环境认识和战略制定最后都要落脚于网络平台企业管理，为了预防管理风险发生，杜绝商业环境风险和战略风险是首要任务。平台管理是一个复杂系统工程，为确保网络平台企业开放式服务创新活动顺利进行，企业内部还需要对组织架构及流程进行调整，配合流畅的运营。此外，人事和财务也有可能导致管理风险产生。2015 年互联网家装网络平台企业发展尤为迅速，但也有众多平台宣布关闭，如墙蛙科技、宜居家装网、珂居网、家装 360、美装网等。分析众家装网络平台企业关闭原因发现：一方面网络平台企业内部运营模式混乱，另一方面资本不到位，资金链断裂，发生财务风险。所以在预防外部风险的同时，内部风险的预防也至关重要。

7.5 本章小结

网络平台企业开放式服务创新过程中会遇到各种风险,各种风险会直接影响网络平台企业开放式服务创新的成败。本章通过多案例分析,基于扎根理论析出了影响网络平台企业开放式服务创新的风险因素。继而根据网络平台企业开放式服务创新风险分析的扎根理论结果,构建了风险因素、平台客户流失与平台经营绩效等之间的假设关系,先开发量表,后进行问卷调查,利用结构方程模型对以上假设进行验证,并提出实践启示。

结合网络平台企业开放式服务创新失败的案例和扎根理论方法步骤,网络平台企业作为风险发生的主体,在三大风险因素发生的情况下产生风险事件,形成风险涟漪,对网络平台企业及其客户、利益相关者产生风险结果,造成多方损失。三大风险因素对平台企业开放式服务创新有着极大的影响,所以对三大风险因素风险形成机理的研究有利于预防风险事件的发生,避免或减少风险损失。

本章运用多种方法对网络平台企业开放式服务创新风险进行了分析,基于多案例分析和扎根理论析出网络平台企业开放式服务创新的风险成因,并基于扎根理论分析结果,提出了相关假设,并利用结构方程模型进行了验证。但是对具体风险影响因素的重要性缺乏分析,因此,第 8 章主要对网络平台企业开放式服务创新的风险进行辨识。

第8章 网络平台企业开放式服务创新风险辨识

8.1 风险辨识研究背景

随着互联网经济的发展，网络平台企业数量不断增多。国际数据公司（IDC）发布的报告称：2014年全球的平台开发者数量达到1850万，其中1100万是专业的开发者，另外750万是开发爱好者，占全球平台开发者的四成之多。开放式平台为平台开发提供了强大的创新能力。开放式网络平台企业出现以下生态现象：开放平台开发者数量高速增长；开放平台流水成倍增长，同时也为开发者带来超出预期的收益；开放平台接入应用快速增长；开放平台优秀开发者容易受投资者青睐，较为可能成功获得融资。《腾讯开放平台2014移动生态报告》显示，腾讯开放平台创业基地合作孵化的移动开发者中有61%获得了各轮融资。网络平台企业发展迅速，领先企业的发达经济体未来的发展路径在于思考和服务创新，但是在巨大的收益和发展前景之下，网络平台企业的开放式服务创新蕴含着巨大的风险，不可忽视。

Chesbrough（2003a）首次提出开放式创新概念，认为开放式创新是指企业通过获取、利用内外部知识资源，综合多种模式（如合作创新、战略同盟、研发外包等）服务于自身创新目标的一种创新范式。Chesbrough（2011）将开放式创新思想引入服务行业，提出开放式服务创新理论，他提出"产品化竞争"对制造业造成巨大冲击，并指出开放式服务创新不仅可以避开产品化陷阱，也可以为客户带来更好的产品和服务，更能为企业创造更大的收益。Carbone等（2012）的研究表明，在企业生态系统中，开放式创新范式可以改善企业创新过程和结果，其关键特征是创新不仅只局限于研发部门之间的合作，同时涉及企业外部客户、合作伙伴等的沟通与协作。Mina等（2014）提出观点：开放式服务创新成功的可能性与参与企业的数量和研发支出成正比，且与制造业企业相比，商务服务在开放式创新方面更为活跃，制造业企业更加重视市场知识，而商务服务的创新更加注重科学技术知识。所以开放式服务创新应当内部知识和外部知识并用，市场知识和科学技术知识并重，多主体共同参与创新产品或服务。Abbate 等（2015）的研究提出，网络平台企业的创新结合了开放式创新和服务科学两个独特的范例，网络平台企业开放式服务创新过程中应增强对各创新参与者的关注，采用科学创新框架规范创新参与者的权利与责任。开放网络平台企业一般为软件企业或互联网企业等知识密集型服务企业。网络平台企业开放式服务创新面临着众多风险。张林（2013）区分了知识密集型企业的开放式创新内源性风险和外源性风险。网络平台企业的创新需要企业内外部所有的创新要素进行有效的互动、协调及整合，众多服务创新参与主体给网络平台企业带来隐性知识和创意的同时，也使其承担了企业边界管理风险。复杂的创新环境使得网络平台企业面临极大的商业风险。

综上所述，为提高企业竞争力，网络平台企业的开放式服务创新势在必行。但开放式服务创新的开放性在给网络平台企业带来机遇的同时也增加了企业创新的脆弱性，对网络平台企业开放式服务创新风险的分析势在必行。同时，创新参与者众多，创新形式多样，以及创新内容的广泛使得创新活动复杂性极强，需采用适当的方法对风险进行识别、过滤及管理。以往对网络平台企业、开放式服务创新和风险的研究相对独立，少有研究涉及网络平台企业开放式服务创新过程中面临的风险。本章力图对网络平台企业开放式服务创新过程中面临的风险进行识别与过滤，从而为国内网络平台企业的创新实践提供一定帮助。

8.2 网络平台企业开放式服务创新研究

开放式创新理念由来已久，但国内企业开放式创新还处在起步阶段，理念多用于产品的创新活动。但随着服务业在国内生产总值（gross domestic product，GDP）中的比重不断上升，思考如何将开放式创新理念应用于服务业从而提升自身商业价值成为企业关注的重点。近年来，国内网络平台企业开放式服务创新活动频繁，成为开放式服务创新"领头羊"。研究网络平台企业的开放式服务创新活动可以发现：

（1）网络平台企业可以同时实现"由外而内"和"由内而外"两种创新方式。信息技术的发展为高效地沟通和隐性知识的传播创造了条件，多方创新主体的参与形成网络效应，极大地淡化了企业边界。网络效应下，网络平台企业的创新活动不存在内外之分，而是以创新网络的形式助力服务创新。

（2）网络平台企业致力于为双边或多边市场提供优质服务，服务创新是网络平台企业竞争力的保障。例如，百度为网民提供信息搜索服务，让用户可以方便有效地接触到"内容网站"，借以吸引广告主；前程无忧网为招聘方和求职者搭建了求职平台。服务的内容和质量是平台赖以生存的根本，随着外部环境的变化，平台的服务也需要不断创新。综上所述，网络平台企业开放式服务创新实质就是利用网络效应传播隐性知识，促进企业服务不断创新从而实现无限增值。开放式服务创新范式在网络平台企业中的应用将会给国内服务业发展带来新动力，值得探讨。

与其他企业不同，网络平台企业的开放式创新活动具有开放性、复杂性、服务性及脆弱性兼备的特征。网络平台企业业务参与者众多，双边平台连接着供应商和用户，多边平台还涉及广告主等。在网络平台企业的服务创新过程中，以网络平台企业为主导，所有业务关联者都会或多或少参与创新，同时在网络时代背景下，任何愿意参与平台服务创新的个体都可以加入创新活动，所以网络平台企业的服务创新活动具有极大的开放性和复杂性。网络平台企业所有创新活动的最终目的都是为用户提供高效优质的服务，所以不管是内容创新还是形式创新，网络平台企业的创新活动都服务性十足。由于网络平台企业具有开放性的特点，创新活动参与主体众多，复杂程度高，其开放式服务创新活动不可避免地存在众多风险，具有极强的脆弱性。以腾讯为例，腾讯帝国虽然强大，但腾讯在电商领域却一片惨淡。以往腾讯总能凭借流量和用户基数独占鳌头，但在电商领域，流量不再是唯一制胜法宝。腾讯电商缺乏对市场的认识，而且没有明确的商业模式，只能在电商大战中惨淡收场。

网络平台企业开放式服务创新的开放性使得创新活动风险性较高，且风险来源众多。为科学系统地对开放式服务创新面临的风险进行辨识，本书使用 HHM 框架进行风险来源的分析，并通过 RFRM 方法对风险进行过滤评级，确定网络平台企业开放式服务创新最有可能出现的风险，对网络平台企业防范和应对风险起参考作用。

8.3 网络平台企业开放式服务创新风险分析

8.3.1 创新风险识别方法

企业对产品创新的认识已相当深入，为了追求差异化，越来越多的企业转变发展方式，开始从服务创新的角度重新定位企业的发展方向。当这种服务创新的概念应用到开放式平台的运营时，为络平台企业带来了巨大活力。作为服务业代表的互联网产业纷纷进入平台经济，百度、腾讯等巨头陆续革新创新方式。平台服务创新的开放性在给网络平台企业带来无限创造性的同时，也蕴藏着巨大的风险。风险具有很强的传递性，网络平台企业开放式服务创新过程中的任何风险，都有可能导致整个创新活动的失败，所以对其创新风险的辨识和分析非常必要。

网络平台企业服务创新的开放性及脆弱性决定了企业将面临众多风险，且风险来源复杂，普通的风险识别很难全面系统地识别开放式创新风险，所以本章采用 HHM 框架对风险进行收集和识别。HHM 作为一个系统的、全方位的识别风险来源的建模方法，在近 20 年逐步被认同，从而广泛应用到风险识别领域。与其他风险识别方法相比，HHM 是一种更加全面、系统的思想和方法论，其目的在于捕捉和展现一个系统中各个方面、视角、观点、维度和层级的内在不同的特征和本质，它将一个系统分解为多个子系统，每个子系统可以使用不同的模型，然后继续分解下去。网络平台企业的开放式服务创新活动具有极大的复杂性，HHM 的全面性和系统性在此类复杂创新风险的识别方面有着很好的适用性与优越性。

8.3.2 开放式服务创新风险 HHM 框架

管理要素分析模型主要分析企业经营战略、业务流程、组织架构、信息技术和业绩评估等各管理要素之间的相互关系。研究管理要素分析模型可以发现，首先要深入探索企业的市场环境和行业环境，而后再着眼于企业的经营战略，在明确企业的经营战略之后，就应该从企业的业务流程、组织架构和信息技术几个维度来保证企业的发展战略。借助管理要素分析模型，本书确定了网络平台企业开放式服务创新风险分析 HHM 框架。

首先，企业外部的市场环境和行业环境统称为商业环境，所以第一维度即为商业环境风险，为网络平台企业面临的来自企业外部的风险。在商业环境风险维度中，本书从市场环境、行业环境和政策环境全方位、宽领域地分析了网络平台企业外部环境中可能面临的风险。

其次，企业的经营战略对应平台战略风险，主要包含商业模式风险、平台生态风险及创新网络风险，平台战略决定了平台格局。商业模式风险极为常见，在网络平台企业创新过程中时有发生；平台生态风险虽然经常被忽视，但成功的平台离不开平台生态系统的搭建，生态风险一旦爆发，将导致用户数量的下降，从而威胁企业经营；创新网络则是开放式服务创新必不可缺的一环，创新网络风险后果具有极大的不可控性，应尽量避免。

最后，业务流程、组织架构和信息技术都为企业的管理内容，定为管理风险，为力求风险来源的全面性、系统性，避免遗漏相关风险，特把管理风险细分为内部管理风险和外部管理风险。管理风险中的内部管理风险主要是指企业组织架构、技术、财务、人事等风险，规避此类风险可以使企业内部运营更加流畅高效；管理风险中的外部管理风险主要指企业外部用户和利益相关者管理风险，此类风险一旦发生将触及平台根基，不可忽视。基于以上研究，利用 HHM 建立网络平台企业开放式创新风险框架，如表 8-1 所示。

表 8-1 基于网络平台企业开放式创新风险的 HHM 框架

商业环境风险	A 市场环境风险	A1 潜在竞争者风险；A2 市场信息准确度风险；A3 市场容量风险；A4 市场开发能力风险；A5 国际市场进入风险；A6 市场机遇风险	杜景姝（2008）、Boons 等（2013）
	B 行业环境风险	B1 行业控制力下降风险；B2 行业不正当竞争风险	Shi（2013）、Tveteras 和 Eide（2000）
	C 政策环境风险	C1 经济政策调整风险；C2 政府监管风险；C3 合规风险	Rijnsoever 等（2015）
平台战略风险	D 商业模式风险	D1 盈利模式风险；D2 企业定位风险；D3 关键资源能力风险；D4 业务系统风险；D5 现金流结构风险	叶阳娅（2016）、康方（2015）、郑称德（2011）
	E 平台生态风险	E1 种群单一风险；E2 负向网络效应风险	古志文（2016）、吴绍波（2015）
	F 创新网络风险	F1 自我锁定风险；F2 自稳性风险；F3 创新网络演变风险	陈伟等（2014）、余维新等（2016）
内部管理风险	G 组织架构风险	G1 架构设置风险；G2 架构运行风险；G3 架构监督风险	Ikeda（2010）
	H 技术风险	H1 技术不足风险；H2 技术可行性风险；H3 技术评估风险；H4 技术更新换代风险；H5 技术商业化风险；H6 技术外溢风险；H7 侵权风险	Calia 等（2007）、Lancker 等（2016）、Mina 等（2014）、Užienė（2015）
	I 财务风险	I1 融资风险；I2 财务杠杆效应；I3 利率风险；I4 投资风险；I5 预算管理风险；I6 成本控制风险；I7 撤资风险；I8 税务风险	Wu 和 Wu（2014）
	J 人事风险	J1 管理层冲突风险；J2 人员结构不合理风险；J3 人才短缺风险	Zhang 等（2016）
外部管理风险	K 用户管理风险	K1 用户期望过高风险；K2 用户需求变动风险；K3 用户依赖风险；K4 用户对服务创新认知度风险；K5 服务项目更新风险；K6 用户体验风险	Cheng 和 Krumwiede（2011）
	L 利益相关者管理风险	L1 伙伴选择最优性风险；L2 信任风险；L3 沟通风险；L4 信用风险；L5 融合管理风险	Laursen 和 Salter（2013）、Du 等（2014）

8.4 网络平台企业开放式服务创新风险过滤

HHM框架中风险众多，为了识别出对网络平台企业开放式服务创新最具威胁性的风险来源，需要对众多风险进行量化筛选，本书采用RFRM方法对风险进行过滤筛选。1991年前后，美国工程系统风险管理中心（Center for Risk Management of Engineering System，CRMES）为美国国家航空航天局（National Aeronautics and Space Administration，NASA）开发了风险排序与过滤方法（risk ranking and filtering method，RFM）。在此基础上经过改进，产生了RFRM方法，主要包括几个阶段：风险过滤、风险排序、多重标准评估及定量评级。RFRM方法的多个阶段体现了定量与定性的完美结合，对过滤复杂的开放式服务创新风险因素具有极大的优越性。本书对网络平台企业开放式服务创新HHM框架中的风险来源进行RFRM处理，数据来源于十位业内专家，步骤如下。

（1）阶段一：风险过滤。风险过滤通过专家访问法完成，专家综合考虑众网络平台企业的运行现状及技术创新和服务创新会面临的风险，并对众多风险来源进行过滤，留下18个风险来源进入下一阶段的风险排序。这里需要明确的是，过滤掉的风险来源只是相对影响较小，并不意味着风险不存在，只表示留下来的风险来源更加重要。网络平台企业开放式服务创新最后的目的是为客户提供全程优质的服务，所以客户是最重要的。如果客户已经对某一产品或服务具有忠诚度，那么平台所创新的服务对客户的吸引力将很小。或者客户对服务的需求发生了变动，但是平台却忽略了这一变动，没有及时更新服务项目，那个网络平台企业的开放式创新就不会成功。所以对这些重要风险来源的把握能够帮助网络平台企业避免此类服务风险的发生，对开放式服务创新活动的成功具有重要作用。

（2）阶段二：风险排序。在对风险进行排序时，参考褚睿等（2012）对作战风险的研究，将风险发生的可能性分为五个等级，分别为不可能（$p \leqslant 5\%$）、很少（$5\% < p \leqslant 30\%$）、偶尔（$30\% < p \leqslant 60\%$）、可能（$60\% < p \leqslant 90\%$）、经常（$p > 90\%$）。同时将风险发生的后果也分为五个等级，分别为可忽略、轻微、一般、严重、灾难性。将风险发生的可能性和风险发生的后果作为两个维度，确认每个风险来源在二维表中所处的位置，以此来确定风险的等级，进行风险的排序，形成风险排序矩阵。

将已辨识的18种风险场景分布在风险排序矩阵中，处在低风险和中等风险单元格里的风险场景将被过滤掉。双重标准过滤结果及排序矩阵如表8-2所示。

表 8-2 风险排序矩阵

后果	可能性				
	不可能	很少	偶尔	可能	经常
A 灾难性				F3、G2	D1、L5
B 严重		C1、C2		E1、I2	
C 一般		G1	E2、F1、J1	D2	K6
D 轻微				A1、I1	
E 可忽略					H4、H5

注：☐ 表示低风险；☰ 表示中等风险；▥ 表示高风险；▧ 表示极高风险。

根据网络平台企业开放式服务创新的实践，对第一阶段过滤结果的 18 个风险来源进行排序和双重标准过滤，最后保留八个比较重要的风险来源：D1 盈利模式风险、E1 种群单一风险、E2 负向网络效应风险、F3 创新网络演变风险、G2 架构运行风险、I2 财务杠杆效应、K6 用户体验风险、L5 融合管理风险。

（3）阶段三：多重标准评估。在风险过滤和排序的基础上，重点关注位于高风险和极高风险的风险来源。HHM 框架中的风险来源都是相互联系、相互影响的，因此对每个风险来源的分析都需要从其他风险来源的角度进行多维度思考。在这一阶段，对留下的八个风险进行多重标准评估。如表 8-3 所示，通过不可预测性、不可控性、不可逆性等九个标准以"高（H）""中（M）""低（L）"三级对八个风险进行评估，数据来源于五位资深教授与五位网络平台企业资深从业人士，评估结果如表 8-3 所示。

表 8-3 多重标准评估表

标准	D1	E1	E2	F3	G2	I2	K6	L5
不可预测性	M	L	M	H	M	M	M	H
不可控性	M	H	H	H	M	H	H	H
不可逆性	M	M	M	H	M	M	L	L
影响持续时间	H	H	M	H	H	H	L	M
级联影响	H	H	H	H	H	H	H	H
受外界影响程度	H	H	H	L	M	H	H	H
成本	M	L	L	L	L	H	L	M
硬件/软件/人/组织	H	M	H	M	H	H	M	H
复杂性和紧急性	H	H	H	H	H	H	H	H

通过多重标准评估表可以发现商业模式风险、对内容提供商管控风险及技术商业化风险都表现为不可预测性、不可控性较高,级联影响比较大且风险一旦发生将持续较长的时间,同时软硬件及组织的成本都比较高,且三者都较为复杂也比较紧急,所以必须要防范此类风险的发生,并提前准备风险发生的应对措施。

(4)阶段四:定量评级。为了风险评定的科学性,引入贝叶斯公式定量评定每个风险发生的可能性。通过专家访谈法,十位专家根据经验、学科知识及相关信息收集,推断出每个风险来源发生的先验概率。但是网络平台企业开放式创新的先验概率估计值具有不确定性,所以通过调查收集信息,确定条件概率,即风险来源条件下网络平台企业开放式服务创新失败的概率。利用贝叶斯公式修正先验概率,得出后验概率,并将量化结果分布到风险排序矩阵中,剔除处在低风险和中等风险单元格里的风险场景,贝叶斯表达式为

$$P(X_i|Y) = \frac{P(Y|X_i)P(X_i)}{\sum_{i=1,2,\cdots,8} P(Y|X_i)P(X_i)} \quad (8-1)$$

式中,X 和 Y 为两个随机变量,对多重标准评估的八个风险来源进行重新编号,X_i 为八个风险来源中随意一个,Y 为风险确实发生的结果;$P(X_i)$ 为先验概率;$P(Y|X_i)$ 为条件概率;$P(X_i|Y)$ 为后验概率。结合表8-3的评估结果,确定先验概率和条件概率,以及贝叶斯计算结果(表8-4)。

表8-4 贝叶斯公式计算结果

概率	风险来源							
	X_1: D1	X_2: E1	X_3: E2	X_4: F3	X_5: G2	X_6: I2	X_7: K6	X_8: L5
先验概率 $P(X_i)$	0.80	0.40	0.30	0.50	0.65	0.30	0.20	0.40
条件概率 $P(Y|X_i)$	0.45	0.35	0.15	0.30	0.45	0.50	0.08	0.45
后验概率 $P(X_i|Y)$	0.283 0	0.110 0	0.035 0	0.118 0	0.230 0	0.071 0	0.012 6	0.141 0

表8-4结果显示,盈利模式风险后验概率最高,为0.283 0,紧随其后的为架构运行风险,后验概率为0.230 0,依次排序,融合管理风险和创新网络演变风险后验概率分别为0.141 0和0.118 0。将贝叶斯计算结果放入风险排序矩阵中,进行定量过滤、风险排序,结果如表8-5所示。

表 8-5 定量风险排序矩阵

后果	可能性				
	[0.001, 0.01)	[0.01, 0.02)	[0.02, 0.2)	[0.2, 0.5)	[0.5, 1]
A 灾难性			F2, I5	D1, G2	
B 严重			E1, I2		
C 一般		F2	K6		
D 轻微					
E 可忽略					

注：▢ 表示低风险；▤ 表示中等风险；▥ 表示高风险；▨ 表示极高风险。

由表 8-5 中风险排序矩阵结果可知，盈利模式风险、架构运行风险、创新网络演变风险及融合管理风险在第三轮风险过滤排序中尤为突出，面对四个高危风险因素，需要制定具有针对性的措施进行风险规避。

HHM 模型中包含 53 个风险因素，RFRM 方法第一轮过滤结果留下 18 个风险因素，第二轮过滤结果留下 8 个发生概率较大的风险，对其进行排序，后验概率前四位的依次为盈利模式风险、架构运行风险、融合管理风险及创新网络演变风险。其中盈利模式风险和架构运行风险是网络平台企业自身商业模式和组织架构设置运行问题，而融合管理风险与创新网络演变风险则是网络平台企业开放创新过程中面临的外部风险，四者都应予以重视。

8.5 辨识结果分析

网络平台企业开放式服务创新风险识别结果见图 8-1，具体分析如下。

（1）服务、用户数量和定价策略是规避盈利模式风险的三大关键。首先，优质的产品和服务是网络平台企业建立盈利模式的根本，平台提供的必须是用户需要的，缺乏市场的产品和服务势必难以立足。其次，确保用户数量、用户规模的不断扩大是网络平台企业确保盈利的前提条件。个性化、多样化的产品或服务可以吸引不同需求的用户，促进用户规模的持续扩大，在用户基数可观的情况下，网络平台企业也应该不断追求高质量的用户，不断细分市场，优化盈利模式。最后，成功的盈利模式离不开合理的收费政策和定价策略，科学设定"付费方"与"被补贴方"，对价格敏感度较高的商品和服务适当降价，都可以实现盈利的最终目标。以收费策略为例，世纪佳缘交友网将愿意购买增值服务的用户锁定为"付费方"，此类用户多为迫切脱离单身的大龄青年，而淘宝、eBay 等电商平台则多将"卖家"定为"付费方",不同的平台收费策略也不同。网络平台企业自身条件无优势、客户流失、收费政策和定价策略不合理都会对平台产生消极影响,进而导致盈利模式风险的发生。

(2)为避免架构运行风险的发生,需确保组织架构运行中的延展性和弹性。网络平台企业利用网络效应可能会实现用户数量的爆发性增长,如果网络平台企业的组织架构缺乏延展性,将难以承受井喷式的平台成长潜能。不管用户圈如何扩展,用户的需求都应该得到高效且高水平地满足,而具有延展性的企业组织架构是网络平台企业开放式服务创新的基石。网络背景下,网络平台企业面临的商业环境千变万化,组织架构也应该具备快速调整、灵活变动的弹性,只有不断与时俱进的架构才能保障网络平台企业服务水平的不断提升。网络平台企业的开放式服务创新要求建立高效、有序的组织架构,以避免组织架构低效从而造成资源配置的不合理。阿里巴巴集团的组织架构在近几年就经历了从部门经理负责制到七个事业群再到"五新"(新零售、新金融、新制造、新技术和新能源)的转变,每次组织架构的改变都是阿里巴巴集团的一大飞跃。所以网络平台企业组织架构的延展性和弹性缺一不可,缺少任何一方都可能在服务创新过程中诱发架构运行风险。

架构运行风险和盈利模式风险是网络平台企业自身存在的风险,对网络平台企业而言,应针对自身业务设置科学盈利模式与组织架构,实现两者的协同。并且在后期网络平台企业发展过程中两者不应一成不变,而应随着技术进步和市场环境的变化而发生改变。网络平台企业的组织架构和盈利模式应相互配合并顺应时代的变迁及时更新和创新,才能在行业内立足并实现服务创新。

(3)时间层面和空间层面的变化迫使网络平台企业创新网络必须与时俱进,有利于降低风险。网络平台企业通过创新网络获取开放式服务创新资源,在契约、以往创新活动、认同感等的基础上,网络平台企业与各创新网络节点合作创新。创新网络并不是一成不变的:空间层面,外部环境瞬息万变、创新网络节点的流动性及非线性的合作关系都使网络平台企业面临很大的创新网络演变风险;时间层面,前期网络平台企业创新网络主要侧重技术/服务创新以盈利,后期为扩大盈利,市场创新势在必行,创新重点的转变迫使创新网络的演变。空间层面的不稳定性及时间层面的创新重点变化都有可能促使创新网络演变风险的发生。

(4)网络平台企业开放式服务创新活动参与主体众多,融合管理一旦出现风险将导致创新资源的浪费、创新效率低下。融合管理包括三个内容,分别为战略融合、业务活动融合及管理活动融合。战略融合是创新活动能够实现的文化前提,对网络平台企业商业模式、企业文化、战略的认同感能够正向影响创新主体的积极性,反之将爆发融合管理风险。网络平台企业开放式服务创新的内容为技术/服务创新及市场创新,这要求创新网络对企业的业务活动非常了解。以"饿了么"为例,为实现线上餐饮服务,"饿了么"积极推进与各实体餐厅的业务活动融合。面对如此庞大且复杂的创新网络,网络平台企业若能科学管理,将极大地降低融合管理风险发生的可能性。因此,网络平台企业需要在管理架构、组织原则、管理思路等方面多多探索。

创新网络演变风险和融合管理风险是网络平台企业外部存在的风险,针对开放式服务创新过程中的两大外部风险,网络平台企业需要以自身为主导,建立生态系统。首先,在系统内部建立高效的网络协调、沟通机制,各创新主体可以通过沟通机制增进对彼此的信任了解,从而增加创新网络密度,并应对网络演变风险。其次,建立公平的利益共享机制,使创新激励不仅只停留在精神激励的层面,物质激励可以极大地增加创新主体参与融合管理的积极性,并加强其隐性知识传播的意向,增加对网络平台企业的信任程度。同时明确利益分配有利于预防经济纠纷。最后,不断加强平台开放程度,确保创新网络中的成员在没有诸多限制的条件下可以在多种场合以多种方式自由地进行隐性知识的交流与共享,如此可以大大增加创新网络的弹性和融合管理的效率。

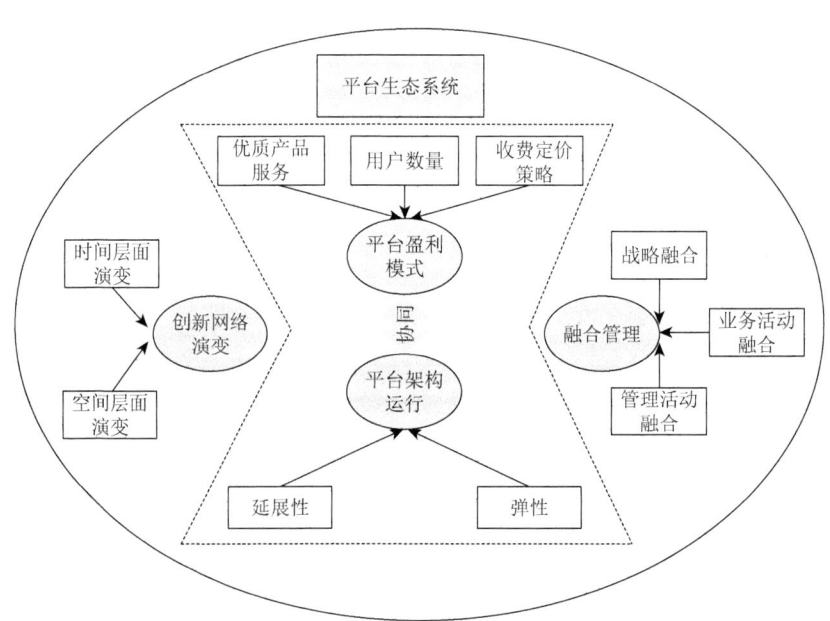

图 8-1　风险识别结果图

8.6 本章小结

本书将网络平台企业开放式服务创新面临的风险分为商业环境风险、平台战略风险、内部管理风险、外部管理风险四类，构建了等级全息模型，进而采用 RFRM 方法对 HHM 框架中的风险进行了多次过滤排序，发现 18 个风险因素中后验概率最高的四大风险分别为盈利模式风险、架构运行风险、融合管理及创新网络演变风险，并对四大风险进行了讨论，认为盈利模式风险与架构运行风险在平台商业模式和组织架构设定时就应重点关注，制定之初，盈利模式就应与组织架构相互配合，且在网络平台企业发展过程中保持两者与时俱进，不断创新，以此保持盈利模式和组织架构的科学性与竞争力。就融合管理风险和创新网络演变风险而言，为预防这两大风险的发生，应制定完善的协调沟通机制、公平的利益共享机制及网络平台企业的开放机制。

本章借鉴管理要素分析模型构建了 HHM 框架，对网络平台企业开放式服务创新风险进行了全方位透视，并通过 RFRM 方法过滤出更为精准的高位风险。本章在研究过程中运用了定性与定量相结合的风险研究方法，其中定性的过程中有较多的主观性，为了更加客观地进行风险识别，未来会在降低主观因素影响的方面做进一步研究。

第9章 网络平台企业开放式服务创新风险评价

开放式服务创新作为一个新兴领域,其本质是企业在协调内部资源的基础上充分发挥外部资源优势,改变原有的封闭式创新路径,重视来自外部企业、消费者、社会团体、科研院所等参与的服务创新,与第三方重新配置创新流程的过程。平台企业,尤其是网络平台企业在开放式服务创新领域进行着新商业模式的尝试和服务内容的创造,服务创新升级和迭代是平台企业可持续发展的关键所在。但开放具有两面性,一方面吸引众多利益相关者参与,汇聚新思想,集智共创;另一方面新思想的重叠及竞争对手同质化服务的覆盖,导致开放式服务创新活动存在较高的不确定性,不仅制约着平台企业的服务创新尝试,更影响平台企业的存亡。

随着同质化服务程度高、用户黏性降低等不利市场因素的影响,平台企业开放式服务创新存在较高的失败风险。例如,2018年做金融的"钱宝网""联璧金融",做电商的"快方送药""繁星优选",做零售的"哈米科技""小闪科技"等纷纷破产,就连引领共享单车潮流的ofo也陷入资金困境。平台企业开放式服务创新失败的案例层出不穷,引起产业界和学术界的关注,目前已有文献对平台企业开放式服务创新风险的研究比较匮乏,更缺少定量的探讨。因此,本书试图构建平台企业开放式服务创新的风险指标体系,并确定指标权重,然后以实际案例为样本,对平台企业开放式服务创新风险进行评价,挖掘风险形成的重要原因。由于云模型的客观性和云图的直观性十分契合本书的研究,因此引入云模型,并进行仿真求解,将各风险指标进行排序,探讨风险因素重要程度,并以此提出风险治理建议,为企业规避开放式服务创新风险提供决策参考。

9.1 文献综述

9.1.1 平台企业的开放式服务创新

近年来,信息技术与互联网技术高速发展,企业间交流日趋增多,平台企业不断开放,延伸企业边界,甚至无边界化,以获得更高效益。有学者将平台企业定义为在信息化的基础上,整合上下游合作伙伴等多个利益相关者并运用创新的方式从中获取高额价值的互联网组织(刘广启,2014)。国外学者总结了开放式平台的发展包含三个步骤,分别是专有平台、部分开放平台、开放平台,平台企业通过与周围合作企业一起磨合进步,协调资源与技术,确定行业标准(West,2003)。还有学者提出平台企业开放与否的决策标准为在其开放期间所获利益是否大于成本(Boudreau,2010)。

哈佛大学商学院教授 Chesbrough 首次提出开放式创新这个概念(Chesbrough,2003a),引起了广大学者的关注与讨论,使得开放式创新成为一个新兴领域。许多学者认为,在新时代企业不断进行产品创新或者改良生产工艺具有一定的局限性,难以为企业带来持续的竞争力。因此,开放式服务创新是十分必要的,它是企业获取竞争力的关键所在(Salter and Tether,2006;Agarwal and Selen,2009)。实际上,很早就有研究指出擅长整合内外部资源的企业将拥有更多的创新机会,由于市场竞争环境日趋激烈,科技创新飞速发展,企业进行开放创新是一种必然选择(Teece,1998)。Teece(2010)还提出服务创新与技术创新同等重要,企业将客户需求转化为利润,通过商业模式的创新来提高服务创新,进而提高公司经营活动的集成度与活力,从而构建一个强大的价格机制。还有学者主张开放式创新是将某一领域的模糊前端逐步跨越到后端的过程(van de Vrande et al.,2009)。近几年,又有学者提出,企业进行开放式创新所带来的收入与其开放程度息息相关,企业只有足够重视开放式服务创新,愿意付出一些代价,才能以服务创新取胜(Mina et al.,2014;Casadesus-Masanell and Halaburda,2014)。

国内学者的研究主要集中在技术创新与合作创新方面,服务创新方面的研究还相对少。有学者界定了平台企业商业模式的概念,分析了平台企业商业模式创新的影响因素,划分了平台企业的类别(刘广启,2014)。众学者普遍认为科学技术是创新的关键所在,但有研究指出科学技术知识的积累和分享也是十分重要的,只有通过多个创新主体的协同合作,企业才能更好地进行开放式创新(陈劲,2014)。随后,又有学者对互联网企业各阶段开放式服务创新活动及该动态演进背后的协同机制进行深入的研究,把互联网企业的开放式服务创新看成是一种模式演进的结果(赵武等,2016)。对开放式服务创新联盟的内涵、特征、结构等进行界定,有学者提出一个"环状"概念模型,对模型中不同层次的关键要素进行解释和剖析（王坤和骆温平，2016）。值得一提的是，有学者站在系统化、网络化的角度将开放式服务创新上升到生态层面，深化了研究层次（彭本红和武柏宇，2016a）。近几年又有学者站在物流行业的角度谈平台企业的创新发展（郭睿平，2017），还有学者对平台企业的社会责任边界、治理和评价做出研究，认为平台企业成为企业履行责任的新对象（阳镇，2018）。此外，有学者认为平台企业的商业模式创新逐步变得系统化，在内涵上包含内容、结构、治理创新等（董江原，2018）。总的来说，平台企业要拥抱开放，以服务创新取胜。

9.1.2 开放式服务创新的多样化风险

开放式服务创新具有信息来源渠道多、创新主体众多、隐性知识共享等多个特点，在开放式创新环境下，企业创新边界的淡化及创新流程的复制性使得开放式服务创新具有较强的风险性。国内外学者针对开放式服务创新做了多方面的研究。在风险来源方面，后锐和张毕西（2006）在总结国外文献的基础上得出结论，开放式创新的风险来源主要为企业边界管理风险、员工流失/创意流失风险、创新项目商业评估失误风险及知识扩散带来的知识资产贬值风险；杜景姝（2008）将开放式创新的风险来源分为两大类：基本风险和特定风险，其中基本风险以市场、技术、管理风险为例，特定风险以项目评估风险、战略合作伙伴选择风险为例。王圆圆（2010）提出开放式创新过程中四大风险来源威胁性较大，分别为能力、技术、项目及市场风险；Paluch 和 Wunderlich（2016）从隐私、功能、金融、心理、时间及社会风险六个角度总结了开放式服务创新的风险框架。在风险评估和评价方面，张林和罗乐（2013）从内源和外源两个角度来分析开放式创新体系中的风险来源，并简要提出了风险控制的方法；孙国强和邱玉霞（2016）以风险悖论为视角，从网络环境、点、线、面四个方面搭建了网络组织风险治理的理论模型；鲁倩（2018）在上述研究的基础上运用系统动力学进行仿真模拟，从宏观与微观层面深入探讨了开放式服务创新的风险机理与治理方法。

总之，开放式服务创新风险多样，值得深入剖析。前人的研究虽然对其风险管理的各个流程均进行了探索，但并没有对开放式服务创新进行深入的风险评价。因此，针对开放式服务创新多样化的风险，本书引入云模型实现了定性描述与定量数据之间的转换（李德毅和杜鹢，2014），得出更为准确、清晰的结论。

9.2 平台企业开放式服务创新风险评价指标体系构建

9.2.1 平台企业开放式服务创新风险来源

平台企业的开放式创新活动有其独特性，具有开放性、服务性及脆弱性兼备的特征。首先，平台企业的开放式服务创新具有很大的开放性，参与主体众多，在协同创新机制下自然能提高收益，但同时风险也具有较高的传染性，当其中一个主体商业环境、内部管理等出现问题，其他企业自然也会或多或少受到影响。此外，服务创新是平台企业保持和提高竞争力的保证，为给平台双边或多边市场提供优质服务，平台企业致力于服务创新，但服务创新面临诸多的不确定性，且大多平台企业重形式而轻内容，导致平台企业的服务质量和水平达不到顾客的满意度，最终导致服务创新的失败，进一步增强了平台企业的脆弱性（彭本红和鲁倩，2018）。

有学者从不同视角对开放式服务创新的风险因素进行了研究，形成了一定的理论框架。例如，van de Vrande 等（2009）界定了开放式创新的障碍类别；杜景姝（2008）认为企业开放式创新的风险因子包括三类基本风险和若干特定风险。以上研究从不同的角度对风险因素进行了探索，但研究主体没有涉及平台企业，缺乏一定的针对性，因此，本书对平台企业开放式创新活动及其独特性进行深入思考，多方位、宽领域地分析平台企业可能面临的风险。Prajogo（2016）认为商业环境对平台企业的影响深远；Bui 和 de Villiers（2017）、Krishnan 和 Scullion（2016）分别在平台战略和内部管理角度分析了平台企业的风险来源，而 Laursen 和 Salter（2013）认为外部管理对平台企业创新风险也存在一定影响。因此，本书从商业环境风险、平台战略风险、内部管理风险和外部管理风险四个维度对平台企业的开放式服务创新风险进行评价研究。

9.2.2 平台企业开放式服务创新风险因素分析

（1）商业环境风险。商业环境风险指的是国家的政治、经济、社会、法律等的变化导致宏观商业环境的变化，从而会对平台企业的战略产生影响的风险。例如，国家政策收紧和法律管控等，可能使平台企业的生产经营受到冲击，导致利润减少。从市场环境风险、行业模式风险、政策环境风险三个方面来解析商业环境风险。首先，市场环境风险方面，开放方式服务创新成功的标志是商业价值的实现，即满足市场需求，但消费者的需求是变动的，会受到服务价格、质量、广告宣传和流行趋势等影响，这种需求的不确定性使得企业满足需求的目标也是不断变动的（杜景姝，2008）。平台企业具有更显著的市场不确定性。例如，共享单车的出现引发了一场爆发性的潮流，前期"烧钱"的低价策略急剧地扩大了市场，但是补贴策略与企业盈利目的相违背，涨价势在必行，但用户的或去或留决定了共享经济企业的稳定和覆亡。其次，行业环境风险方面，主要受行业不正当竞争风险的影响，产生行业控制力下降的风险。例如，大部分共享单车平台企业都背靠大型的互联网巨头，阿里系的"哈啰单车"、腾讯系的"摩拜单车"，通过控制用户接口，利用用户习惯来达到用户的精准"锁定"。最后，政策环境风险方面，国家政策、法律的变化对整个市场和行业的影响是十分巨大的，平台企业的开放式服务创新往往比传统企业在这方面更受影响（Rijnsoever et al.，2015）。例如，在共享单车市场快速发展期，单车数量增长与城市容量有限的矛盾不断激化，且乱停乱放等现象严重影响了城市形象，导致 ofo 共享单车在三亚等城市被禁。此外，网络平台经营存在许多法律盲区，为了维持正常的市场秩序和公共服务，地方政府会出台各种法律法规，这也给平台企业服务创新的发展设置了禁令。

（2）平台战略风险。平台企业的经营战略对应的是平台战略风险，如果平台战略风险管理做得不到位，即使企业"蓄力"，也会遇到"漏气"的地方，白费"力气"，隐患重重。平台战略风险包含商业模式、平台生态和创新网络三个方面的风险。首先，商业模式风险方面，商业模式创新意味着打破既有利益格局，这本身就存在巨大风险。同时也面临着竞争对手商业模式复制的风险和潜在跨界竞争者颠覆的风险。例如，在共享单车的兴起之后，各种颜色的单车层出不穷，眼花缭乱，势必会挤压其他企业的市场份额，导致企业利润的下降（叶阳娅，2016）。此外，共享作为一种模式，其本身便存在风险。其次，平台生态风险方面，包括服务选择市场定位风险、生态成员选择风险、生态成员斗争风险、生态系统变革风险等，平台企业需遵循生态系统的开放性、竞合性、动态性、涌现性等特性，并契合开放式服务创新的特性，才能有效规避平台生态风险。最后，创新网络风险方面，开放式服务创新开放的特性给风险传染提供了可能性，网络成员的互动导致众多参与者中某一成员发生风险，势必会影响其他成员的正常经营；一旦存在创新网络风险，由于开放式创新其企业边界是模糊淡化的，其后果是难以控制的，一定要尽力避免（陈伟等，2014）。

（3）内部管理风险。市场、技术等的不确定性，会导致平台企业内部的业务流程和组织架构等发生变革，由外到内产生管理风险。从组织架构风险、财务风险和人事风险三个方面来分析平台企业的内部管理风险。首先，组织架构风险方面，开放式服务创新的开放性和创新性使得平台企业的组织架构运行具有一定的延展性和弹性，为促进资源的合理配置和保证组织架构的有序高效，应避免组织架构设置、运行与监督风险（Ikeda，2010）。其次，财务风险方面，以 ofo 为例，共享单车业务单一，单车固定资产存在变现能力弱、遭破坏等风险；融资中断或不及时，挪用用户押金导致的信用缺失与潜在违约风险；急于占据市场、融资膨胀、财务盈利目标不明确及缺乏有效的财务管理制度等；此外，还包括利率、投资、税务等风险（Wu and Wu，2014）。最后，人事风险方面，人事风险在平台企业中相当普遍，如 ofo 的管理层混乱腐败甚至相互冲突，人员结构十分不合理，是导致 ofo 失败的重要风险因素，此外人才的短缺也是不可忽视的风险（Zhang et al.，2016）。

（4）外部管理风险。企业外部用户等利益相关者的管理引发的风险称为外部管理风险。平台企业开放式服务创新的发展和应用涉及不同主体，包括政府、消费者、竞争企业等，多元主体的利益诉求不同，具有不同的风险偏好，对开放式服务创新的价值敏感性也不尽相同，而对开放式服务创新风险的识别、评估等都存在差异，甚至冲突，加剧了开放式服务创新风险管理的复杂性。同时，融合管理风险是利益相关者风险中主要的风险之一，由于开放式创新活动参与主体众多，融合管理发生风险就会导致创新效率低下等问题，因此，平台企业需要进行科学管理，提高该方面风险防范意识。此外，利益相关者风险还包括信任风险、沟通风险、信用风险等（Laursen and Salter，2013）。

9.2.3 平台企业开放式服务创新风险评价指标体系

通过对平台企业开放式、复杂性、脆弱性等特征的分析，结合国内外学者的研究成果，总结实际案例的成功经验与失败教训，在对指标的全面性、代表性和科学性综合考虑的情况下，构建了目标层、准则层和因素层三个层次的评价指标体系，如表 9-1 所示。

表 9-1 平台企业开放式服务创新风险评价指标体系

目标层	准则层	因素层
平台企业开放式服务创新风险	商业环境风险 B1	市场环境风险 C1
		行业模式风险 C2
		政策环境风险 C3
	平台战略风险 B2	商业模式风险 C4
		平台生态风险 C5
		创新网络风险 C6

续表

目标层	准则层	因素层
平台企业开放式服务创新风险	内部管理风险 B3	组织架构风险 C7
		财务风险 C8
		人事风险 C9
	外部管理风险 B4	利益相关者管理风险 C10

9.3 基于云模型的平台企业开放式服务创新风险评价模型构建

9.3.1 风险评估方法——云模型

1995年李德毅院士基于概率论和模糊数学提出了云的概念,并对模糊性和随机性两者之间的关联性进行研究,逐步发展为定性语言和定量数值之间转化的不确定性转换模型,这就是目前广泛应用的一种评价模型——云模型。现有的评价方法往往主观性和随意性较强,而云模型的优点是能够成功进行定性与定量之间的巧妙转换,生成直观清晰云图,更具有客观性。本书对平台企业开放式服务创新进行风险评价,由于以往的研究主观性和随意性较强,且无法清晰直观地比较各风险大小,因此引入云模型十分契合本书的研究。

云模型的三个数字特征分别是期望 Ex、熵 En 和超熵 He。Ex 是云滴在论域空间分布的期望,是最能够代表定性概念的点,在概念量化过程中发挥着典型作用。熵 En 用来度量不确定的程度,作为一个状态参量,在统计物理学、信息论等广泛应用。超熵 He 用来度量熵的不确定性,即熵的熵,超熵的大小间接地反映云的厚度,超熵越大,云的离散程度越大,隶属度的随机性也随之增大,云的厚度也越大。

假设论域中有两朵云 A_1(Ex_1,En_1,He_1),A_2(Ex_2,En_2,He_2),令 A_1 和 A_2 的运算结果为 A(Ex,En,He),进而定义云模型的参数运算:

$$Ex = \frac{Ex_1 \times En_1 \times W_1 + Ex_2 \times En_2 \times W_2 + \cdots + Ex_n \times En_n \times W_n}{En_1 \times W_1 + En_2 \times W_2 + \cdots + En_n \times W_n} \quad (9\text{-}1)$$

$$En = En_1 \times W_1 + En_2 \times W_2 + \cdots + En_n \times W_n \quad (9\text{-}2)$$

$$He = \frac{He_1 \times En_1 \times W_1 + He_2 \times En_2 \times W_2 + \cdots + He_n \times En_n \times W_n}{En_1 \times W_1 + En_2 \times W_2 + \cdots + En_n \times W_n} \quad (9\text{-}3)$$

其中，Ex、En、He 是第 $n-1$ 层的云模型；W_n 是指标权重因子。使用式(9-1)～式(9-3)进行逐层计算，就可以从第 n 层推理出目标层的综合评价云模型。

9.3.2 基于层次分析法的指标权重确定

在得出上述指标后，需要对各个指标的权重进行分析计算，从而对指标的重要程度进行评价，由此引入层次分析法。而 9.2.3 节构建的平台企业开放式服务创新风险评价指标体系，分为目标层、准则层、因素层，是一个多层级的指标体系，因此采用层次分析法。

（1）构建判断矩阵。在相同的条件下，对同一层次中各评价指标重要性进行两两比较，标度采用九标度。

（2）计算权向量并作一致性检验，获得 λ 值之后，由 $A_\omega = \lambda_{\max}\omega$ 计算出 ω，对 ω 进行归一操作的公式如下：

$$\omega_i = \frac{1}{n}\sum_{j=1}^{n}\frac{a_{ij}}{\sum_{k=1}^{n}a_{ki}} \tag{9-4}$$

检验是否满足 $a_{ij} \times a_{jk} = a_{ik}$，若满足，则说明矩阵合理，反之则说明矩阵不合理。

接着进行一致性检验，首先计算一致性指标 CI，其公式为

$$\text{CI} = \frac{\lambda_{\max}}{n-1} \tag{9-5}$$

最后计算 CR 并进行判断：

$$\text{CR} = \frac{\text{CI}}{\text{RI}} \tag{9-6}$$

当 CR＜0.1 时，则认为结果合理，否则需要进行修正。

（3）计算组合权重并作一致性检验。计算底层指标的组合权重并进行一致性检验，如不符合要求需要重新构建矩阵。

9.3.3 指标的云模型转换

在对平台式企业开放式服务创新指标进行研究并确定权重后，为了能够将无法明确的语言转换成定量的数值，从而得出明确显著的结论，需要继续进行云模型转换，一般有两种表示方法。

（1）精确的数值表示法。这种方法主要通过式（9-7）进行求解，为了减小偏差，He 的取值应尽可能小。

$$\begin{cases} Ex=(Ex_1+Ex_2+\cdots+Ex_n) \\ En=[\max(Ex_1,Ex_2,\cdots,Ex_n)-\min(Ex_1,Ex_2,\cdots,Ex_n)]/6 \\ He=K \end{cases} \quad (9\text{-}7)$$

式中，K 为常数，可根据相应指标的不确定性和实际情况进行调整。

（2）云模型的语言值描述方法。采用云模型的表示方法，定义论域为 [0，100]，划分为五个区间，包括低风险[0，20]、较低风险[20，40]、中等风险[40，60]、较高风险[60，80]和高风险[80，100]。在中间区间时，采用双边约束的方式[$C_{\min}$，$C_{\max}$]，此外用半云模型在端点处进行表达。根据式（9-8）~式（9-10）可计算出云模型的评语表（表9-2）。

$$Ex_i = \begin{cases} c_i^{\min} \\ \dfrac{c_i^{\max}+c_i^{\min}}{2} \\ c_i^{\max} \end{cases} \quad (9\text{-}8)$$

$$En_i = \frac{c_i^{\max}-c_i^{\min}}{6} \quad (9\text{-}9)$$

$$He_i=K \quad (9\text{-}10)$$

表 9-2　云模型评语表

评语集	低风险	较低风险	中等风险	较高风险	高风险
区间	[0，20]	[20，40]	[40，60]	[60，80]	[80，100]
期望（Ex）	0	30	50	70	100
熵（En）	1.67	3.33	3.33	3.33	1.67
标准云模型	(0, 1.67, 0.05)	(30, 3.33, 0.05)	(50, 3.33, 0.05)	(70, 3.33, 0.05)	(100, 1.67, 0.05)

通过这种云模型转换形成了由定性到定量的转变，再根据式（9-11）~式（9-13）求得相应的期望、熵与超熵（其中 S^2 为方差）：

$$Ex = \frac{\sum\limits_{i=1}^{n} Ex_i En_i}{\sum\limits_{i=1}^{n} En_i} \quad (9\text{-}11)$$

$$En = \sum_{i=1}^{n} En_i \quad (9\text{-}12)$$

$$He = \sqrt{S^2 - En^2} \quad (9\text{-}13)$$

当存在 n 个相邻云模型时，仍然由公式可以得到综合云模型的三个特征值：

$$Ex_Y = \frac{Ex_1 \times En_1 \times W_1 + Ex_2 \times En_2 \times W_2 + \cdots + Ex_n \times En_n \times W_n}{En_1 \times W_1 + En_2 \times W_2 + \cdots + En_n \times W_n} \quad (9\text{-}14)$$

$$En_Y = En_1 \times W_1 + En_2 \times W_2 + \cdots + En_n \times W_n \quad (9\text{-}15)$$

$$He = \left(\sum_{i=1}^{n} He_i W_i^2\right) \Big/ \sum_{i=1}^{n} W_i^2 \quad (9\text{-}16)$$

9.3.4 MATLAB 云图转换

由表 9-2 可得到关于开放式服务创新风险的标准云图，见图 9-1，从而建立多层云模型，结合上述数据，进行综合风险评价，得出结论。

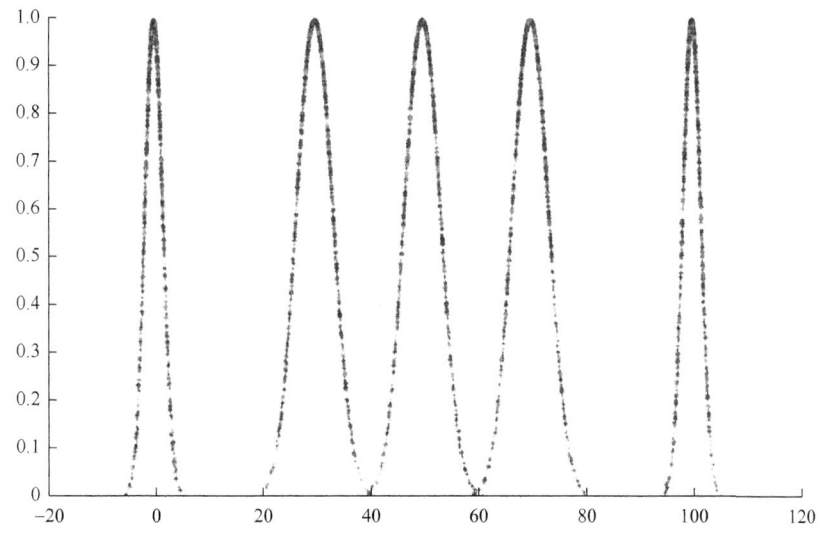

图 9-1　开放式服务创新风险标准云图

9.4　实　证　研　究

A 公司通过大学生创业项目脱颖而出，缔造了"无桩单车共享"模式，解决了城市"最后一公里"问题,打造了慢行交通系统,这种共享模式让随取随用成为现实,A 公司总计连接了 1000 万辆共享单车,总共向 2 亿多用户提供了超过 50 亿次的出行服务。但就是这样一家引领创新的公司,却在 2018 年下半年开始出现各种问题,用户押金难退,逐渐走向下坡路。

9.4.1 数据处理过程

(1)标准化处理。基于表 9-1 所示的指标体系,根据收集来的数据,按表 9-2 的评价等级进行标准化处理,得到表 9-3(由低风险到高风险按顺序分别由字母 e、d、c、b、a 表示)。

表 9-3 A 公司开放式服务创新风险评语表

目标层	准则层	因素层	评分等级				
开放式服务创新风险 A	商业环境风险 B1(0.25)	市场环境风险 C1(0.122 0)	c	c	e	e	a
		行业模式风险 C2(0.558 4)	e	b	b	a	a
		政策环境风险 C3(0.319 6)	c	e	a	e	c
	平台战略风险 B2(0.25)	商业模式风险 C4(0.166 7)	d	d	a	c	e
		平台生态风险 C5(0.666 7)	a	a	a	d	e
		创新网络风险 C6(0.166 7)	e	d	d	d	a
	内部管理风险 B3(0.25)	组织架构风险 C7(0.683 3)	e	a	a	a	e
		财务风险 C8(0.116 8)	c	e	a	e	c
		人事风险 C9(0.199 8)	c	e	a	e	a
	外部管理风险 B4(0.25)	利益相关者管理风险 C10(1)	e	a	b	a	b

根据表 9-2,可将定性的评语语言值转换成定量的数据,得出决策矩阵 D:

$$D = \begin{bmatrix} 50 & 0 & 50 & 30 & 100 & 0 & 0 & 50 & 50 & 30 \\ 50 & 70 & 0 & 30 & 100 & 30 & 100 & 0 & 0 & 30 \\ 0 & 70 & 100 & 100 & 100 & 30 & 100 & 100 & 100 & 100 \\ 0 & 100 & 100 & 50 & 30 & 30 & 100 & 0 & 0 & 50 \\ 100 & 100 & 50 & 0 & 0 & 100 & 0 & 50 & 100 & 0 \end{bmatrix}$$

（2）各项指标权重的确定。根据层次分析法确定各指标的权重，下面以 B1 为例，首先列出 A1 各个指标的判断矩阵如下：

$$A1 = \begin{bmatrix} 1 & 1/4 & 1/3 \\ 4 & 1 & 2 \\ 3 & 1/2 & 1 \end{bmatrix}$$

经过层次分析法运算后的最大特征值为 3.018 3，各指标进行归一后可得到的权重，B1 = （C1，C2，C3）=（0.122 0，0.558 4，0.319 6），CI_1 = 0.009 1，RI_1 = 0.58，所以 $CR_1 = CI_1/RI_1$ = 0.015 7＜0.1，通过了一致性检验。同理可以求出 B2 的指标权重，B2 =（C4，C5，C6）=（0.166 7，0.666 7，0.166 7），CI_2 = 0，RI_2 = 0.58，所以 $CR_2 = CI_2/RI_2$ = 0＜0.1，通过了一致性检验。B3 =（C7，C8，C9）=（0.683 3，0.116 8，0.199 8），CI_3 = 0.012 3，RI_3 = 0.58，所以 $CR_3 = CI_3/RI_3$ = 0.021 2＜0.1，同样通过了一致性检验。

（3）指标云模型转换。根据式（9-11）~式（9-13）可以求出 A 公司开放式服务创新风险评价指标对应的云模型的三个特征值，以 C1 为例，其具体计算过程如下：

$$ExC1 = \frac{50 \times 3.33 + 50 \times 3.33 + 0 \times 1.67 + 0 \times 1.67 + 100 \times 1.67}{3.33 \times 2 + 1.67 \times 3} = 42.7$$

$$EnC1 = 3.33 \times 2 + 1.67 \times 3 = 11.7$$

$$HeC1 = \sqrt{S^2 - 11.7^2} = 3.6$$

同理可求出其他指标的三大特征值（期望、熵、超熵），如表 9-4 所示。

表 9-4　A 公司开放式服务创新云模型转换 Ci 级指标特征值

特征值	C1	C2	C3	C4	C5	C6	C7	C8	C9	C10
Ex	42.7	68.4	57.0	40.1	60.1	35.1	80.0	42.7	50.1	68.4
En	11.7	11.7	11.7	13.3	10.0	13.3	8.4	11.7	10.0	11.7
He	0.36	0.37	0.41	0.35	0.43	0.35	0.41	0.38	0.42	0.37

由此进行多层次综合云模型指标分析，求出高层次的父云，这里以 B1 为例，其三大特征值计算过程为

$$ExB1 = \frac{42.7 \times 11.7 \times 0.122\,0 + 68.4 \times 11.7 \times 0.558\,4 + 57.0 \times 11.7 \times 0.319\,6}{11.7 \times 0.122\,0 + 11.7 \times 0.558\,4 + 11.7 \times 0.319\,6} = 61.6$$

$$EnB1 = 11.7 \times 0.122\,0 + 11.7 \times 0.558\,4 + 11.7 \times 0.319\,6 = 11.7$$

$$HeB1 = \frac{0.36 \times 0.122\,0^2 + 0.37 \times 0.558\,4^2 + 0.41 \times 0.319\,6^2}{0.122\,0^2 + 0.558\,4^2 + 0.319\,6^2} = 0.38$$

同理可求出 ExB2 = 51.1，EnB2 = 11.1，HeB2 = 0.42；ExB3 = 67.8，EnB3 = 9.1，HeB3 = 0.41；ExB4 = 68.4，EnB4 = 11.7，HeB4 = 0.37。

基于云模型对 A 公司开放式服务创新进行风险评价时，认为 Bi 级指标的权重是相同的，即（B1，B2，B3，B4）=（0.25，0.25，0.25，0.25），因此经过运算可以得出 Ex = 62.0，En = 25，He = 0.26。

（4）MATLAB 云图转换。根据以上分析得出特征值，用 MATLAB 生成相对应的风险云图，如图 9-2～图 9-6 所示。

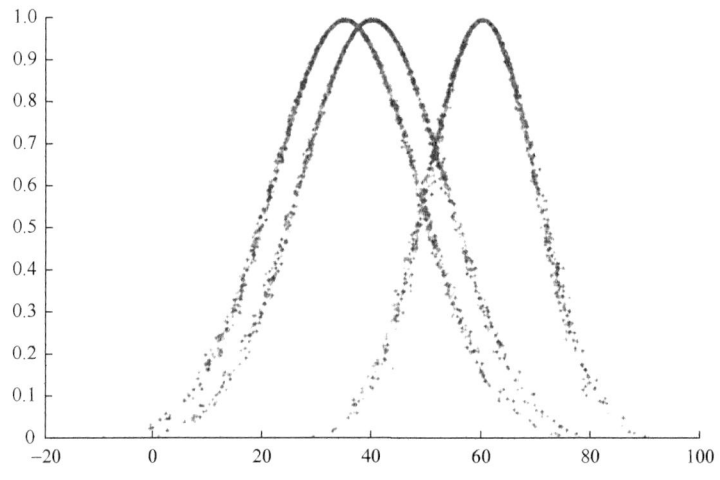

图 9-2　商业环境风险云图（从左至右依次为 C1，C3，C2）

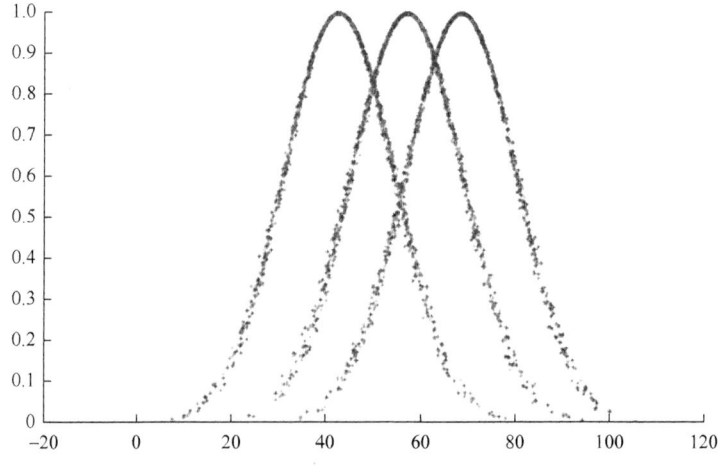

图 9-3　平台战略风险云图（从左至右依次为 C6，C4，C5）

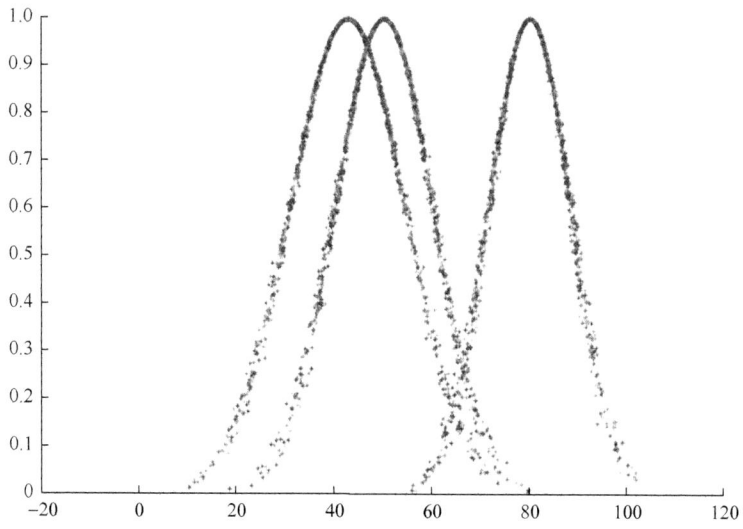

图 9-4　内部管理风险云图(从左至右依次为 C8,C9,C7)

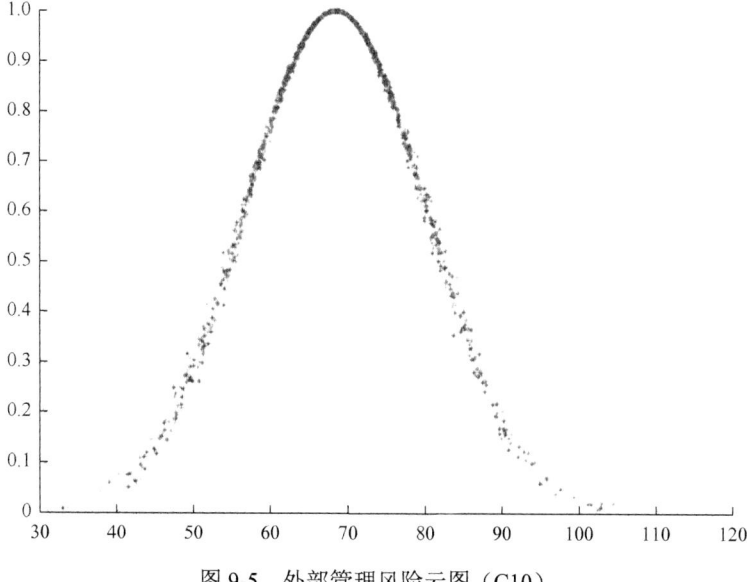

图 9-5　外部管理风险云图(C10)

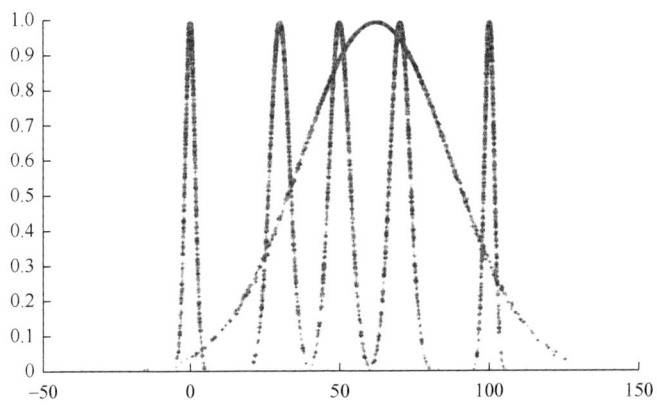

图 9-6　A 公司开放式服务创新风险评价综合云图

9.4.2　结果分析与讨论

（1）商业环境风险分析。从图 9-2 来看，A 公司的商业环境风险均很明显。尤其是 A 公司的行业模式风险，其云滴已经集中处于较高风险位置；A 公司不但面临恶意用户"私藏"单车、损坏单车的行业固有风险，还面临竞争对手不正当竞争的风险。政策环境风险的云滴也多分布在较高风险区域，结合实际不难发现，许多城市的限令、规范和竞争对手上诉取得的临时禁令等，对平台企业的开放式服务创新存在不利影响。受平台企业自身的开放性及外部市场、政策环境风险的影响，自然便会产生较高的商业环境风险。

（2）平台战略风险分析。A 公司率先在共享单车领域进行开放式的服务创新，使得共享单车快速普及，建立了以健康生活、绿色出行为理念的商业生态系统。但是，共享单车行业门槛低、融资快，出现了许多同质服务的共享单车平台企业，同时由于监管不力、市场恶意竞争和盲目扩张等，A 公司存在极大的平台生态风险。A 公司借共享经济的东风，模仿"滴滴打车"的商业模式，吸引投资者入局，烧钱盲目扩张，但共享单车并不是真正意义上的共享经济，据实际测算，A 公司每辆车的管理成本与日收入几乎持平，资金需求量大、盈利模式单一、资金回笼慢，并且商业模式容易被模仿和复制，可见 A 公司的商业模式存在较大风险。此外 A 公司作为平台企业，其开放式服务创新过程中创新网络节点的流动性和战略资源的开放性也导致其存在一定风险，这也与图 9-3 云滴分布相符合。开放式服务创新是一个动态的演进过程，进行开放式服务创新的同时，其风险治理也需要同步提升。可见，平台战略面临着许多层次的问题和风险,这些风险不可忽视,需要进行良好的风险治理。

(3) 内部管理风险分析。由图 9-4 可以看出,A 公司的组织架构风险趋向于 100,其运营存在许多漏洞。例如,各大股东均存在一票否决权,显然这种内部管理制度使企业运营变革遇到阻碍,许多创新措施难以有效实施;加上内部自身腐败严重,团队建设与价值观引导也出现问题,而且在财务上的管理也存在许多不足之处,可见,A 企业内部管理风险较大。平台企业由于其自身的脆弱性和复杂性,在组织架构、财务、人事等方面往往比其他企业更易出现问题。因此,针对内部管理风险,平台企业需从各个方面进行内部深层次的优化,积极采取有效措施化解内部管理风险,否则往往会对其开放式服务创新产生不利影响。

(4) 外部管理风险分析。从图 9-5 来看,A 公司外部管理风险的云滴居中偏右,外部管理风险也较高。实际上 A 公司进行开放式服务创新的利益相关者众多,但其盈利模式单一,仅靠单车租金,企业也在积极探索其他盈利渠道,如与商家进行商务合作,或者进行广告宣传,获取广告收益等,效果不明显。也面临着信任风险、沟通风险、信用风险等,如共享单车的"烧钱创新""以高额押金维持现金流"等商业模式,在资金链中断的情况下,为维持正常运营,挪用用户押金,导致信用风险和违约风险。外部参与主体众多,需注重融合管理风险。

最后,通过图 9-6 的综合云图,可以直观清晰地发现,云滴集中在[60, 70],因此 A 公司的开放式服务创新过程具有较高风险,结合 A 公司现状,该结论与实际情况相符。根据上述分析,本书认为 A 公司的开放式服务创新存在一定风险,整体发展态势不容乐观,其内部管理及外部环境均需要进行良好的风险管理,存在较大提升空间。由此上升到平台企业开放式创新的层面,结合众多实际案例,不难看出平台企业在创新过程中确实存在较大风险,在自身内外部管理运营及外部商业环境层面均会面临较大风险,而平台企业由于其参与者众多,并且具有脆弱性、复杂性等特点,因此仅靠平台企业自身进行风险治理显然是不现实的,对风险的治理要站在整体角度,需要从宏观与微观多个层次进行风险治理。

9.5 结论与启示

9.5.1 研究结论

结合已有研究成果,并结合实际案例,对平台企业的开放式服务创新风险来源进行深入剖析，析出了平台企业面临商业环境、战略、外部管理与内部管理四个维度的风险，以此构建了平台企业开放式服务创新风险评价指标体系，利用层次分析法赋予各指标权重，进行云模型转换，利用 MATLAB 绘制出云图，得出以下结论，并据此提出相应的风险治理建议。

（1）平台企业开放式服务创新风险较高。由各因素层的云图和目标层的综合云图可知，平台企业开放式服务创新存在较高风险。开放式服务创新具有显著的不确定性与环境动态性（赵武等，2016），另外加上平台企业自身的复杂性与脆弱性，其风险治理难度较大，但开放式服务创新是平台企业未来发展的趋势，随着信息社会的发展，封闭创新将会走向终结，平台企业要有足够意识和措施进行开放式服务创新的风险治理。

（2）内、外部管理风险是平台企业开放式服务创新的主要风险。采用云模型将每一因素层指标绘出风险云图，使得平台企业四个维度的风险程度大小具体形象，也说明平台企业需要分别采取不同的风险治理措施进行应对，其中内、外部管理风险为平台企业开放式服务创新面临的主要风险。企业的内部架构运营直接影响着整个企业的开放式服务创新，有序的架构运营能促进企业资源合理配置，从而降低开放式服务创新风险（Ikeda，2010），当然如技术的不确定性与人事管理等内部管理因素的影响也是十分重要的（Calia et al.，2007）。同时，在目前互联网开放和创新复杂性增大的背景下，创新能否成功已不单单是个体或者企业自身能够完全决定的，还需要处理好利益相关者组成的网络及治理模式（武柏宇，2017）。因此，平台企业一定要搞好内部架构运营和外部融合管理，打造一个良好的平台生态，从而应对内、外部管理风险。

（3）平台企业要进行多维度的风险治理。从结论分析与讨论中还可以发现平台企业开放式服务创新存在较高风险是多个指标共同作用的结果。因此，平台企业要考虑多方面的风险来源，进行多维度治理，而这也意味着不能仅仅依靠平台企业自身进行风险治理，除了利益相关者之外，平台企业还要积极寻求与政府合作，政府也应该重视平台企业的开放式服务创新活动，从政府规划、行业政策及法律法规三个方面挑起宏观层面风险治理的重任（鲁倩，2018）。

9.5.2 研究启示

本次研究对平台企业开放式服务创新进行了风险评价研究，对我国平台企业的管理者具有一定的借鉴价值。平台企业不能孤立地针对某一方面进行风险治理努力，风险来源的多样化决定了平台企业要综合考虑多方面的风险治理措施。平台企业进行风险治理需站在整体的角度，外部推进高效融合管理且与政府加强合作，内部努力搞好组织架构、人事、财务等管理，不断完善商业模式，打造良好平台生态。针对平台经济，应坚持"包容审慎"的理念，积极塑造和优化平台企业发展的市场生态环境，合理界定平台责任，构建政府、平台企业等多元主体参与的协同治理体系。

从风险来源的多样化的角度对平台企业开放式服务创新的风险进行评价，对平台企业的健康运行和风险规避具有一定的借鉴意义。

（1）平台企业要完善商业模式，推动政府与平台企业协同治理。根据上述分析可以发现，平台企业的商业模式存在较大风险，但由于平台企业进行开放式服务创新，其开放性非常强，从而其商业模式如共享单车模式就十分容易被模仿，但平台企业必须要将普遍的商业模式转化为自己的独特模式，阿里巴巴起初的电子商务模式十分常见，然而它不断探索，打造人与人的电子商务，更是将移动支付做成全球顶尖。因此，平台企业的开放式服务创新一定要有其连续性和深度，至少有一些核心是不能被模仿替代的。此外还可以发现，平台企业深受外部市场、政策环境等风险的影响，而这种风险是跟政府规划与政策是分不开的，时代在不断更新，政府也需要根据具体情况不断变化，及时做好规划，以提高开放式服务创新整体服务水平和竞争力，为目标做好相关工作。此外，更需要出台相关法律法规与行业政策使得平台企业能够更好地进行开放式服务创新，加强国家与企业之间沟通与合作，从而达到高效的风险治理。当然，也需要加强对相关企业开放式服务创新的规范，引导企业降低内外部风险。在当今时代，开放式服务创新已成一种趋势，由于信息时代的到来而创新的技术如人工智能、云数据等又反过来推动开放式服务创新继续发展，政府需要积极应对此方面的风险。

（2）企业需要积极打造平台生态系统，不断完善企业创新网络。打造一个良好的平台生态对于平台企业开放式服务创新显然是十分重要的，腾讯的成功离不开其平台生态，其在开放式服务式创新过程中，呼吁行业从零和博弈向共赢共生转变，从而打造一个数字生态共同体，而这很明显能有效降低企业的平台战略风险，此外腾讯的开放式服务创新网络与时俱进，各创新网络节点互利共赢，合作创新以降低风险。因此，在平台战略层面，平台企业一定要从平台生态自身出发，合作共赢，形成一个完整的商业生态系统。

（3）企业需加强内部管理，搞好企业组织架构运营。平台企业一定要做好内部管理，从组织架构、财务、人事多方面强化风险管理，积极学习国内外先进经验，并结合自身情况灵活运用。组织架构是平台企业至关重要的风险来源。据数据统计，阿里巴巴近十年几乎每年都进行组织架构的调整，只有这方面的调整与时俱进，才能更好地进行开放式服务创新。平台企业还需要自上而下树立风险意识，共同应对风险。

（4）平台企业需提高外部管理风险意识，推动高效融合管理。利益相关者的风险作为一种外部管理风险往往容易被忽视，但平台企业开放式服务创新参与主体众多，做好融合管理显然是十分重要的。"饿了么"积极推进与平台上各个实体餐厅业务活动的融合，从而实现线上的餐饮服务，这正是良好融合管理的成功体现，平台企业必须要重视外部管理架构、组织原则，推动高效的开放式服务创新。

9.5.3 研究展望

在探究平台企业风险来源的基础上，构建了平台企业开放式服务创新风险指标体系，并进行云模型转换，得出风险云图。其中还存在一些不足之处，如构建的指标体系还需进一步完善。未来学者应在对平台企业特殊性和差异性探索的基础上，进一步完善指标体系。

9.6 本章小结

本章在综合考虑平台创新活动的商业环境、战略、内部管理和外部管理等因素的基础上，构建平台企业开放式服务创新的风险评价指标体系，然后利用层次分析法确定指标权重，并引入云模型，根据实际案例计算并绘制出各指标的风险云图与综合云图，进行综合评价。实例评价结果表明：平台企业的开放式服务创新存在较高风险，其中内、外部管理风险为主要风险，进而提出平台企业要有足够意识和措施进行多维度的风险治理，外部推进高效融合管理且与政府加强合作，内部努力搞好组织架构、人事、财务等管理，不断完善商业模式，打造良好平台生态。

第 10 章 网络平台企业开放式服务创新风险仿真

为深入探索各风险因素、风险形成机制互相作用的过程,本章利用系统动力学(system dynamics,SD)对各风险因素构成的系统进行仿真,以盈利模式风险、架构运行风险、融合管理风险和创新网络演变风险为水平变量,并设置相关常量、辅助变量、隐形变量。

系统动力学是将系统科学理论与计算机仿真技术相结合,进行系统内部反馈结构与动态行为研究的一门科学,是系统科学理论与管理科学的一个重要领域。系统动力学最早是由美国麻省理工学院的福瑞斯特(Jay W. Forrester)教授为了分析生产管理、库存管理等工业企业问题而提出的一种系统动力学仿真方法,所以早期的系统动力学被称为"工业动力学"。系统动力学诞生的初期,主要被应用于工业和企业的管理之中。1958~1969 年,福瑞斯特教授陆续发表了很多著作,主要介绍了系统内部产生动态行为的基本原理及系统结构和动态行为的概念,探讨了系统动力学在进行系统分析、决策和预测时的广泛适用性及普遍性。此后,很多学者对福瑞斯特教授提出的理论模型进行了更为深入的探析和扩展。系统动力学的应用也不仅只局限于"工业动力学"的范围内,而是涉及各个领域。我国自 20 世纪 70 年代末引入系统动力学以来,几十年的时间里无论是在应用领域还是在理论领域都取得了飞跃的发展。在应用领域,诸多系统动力学学者和专家人员将系统动力学应用到城市规划、项目开发、工业研究、科技管理,以及可持续发展等领域,并取得了巨大的成绩;在理论领域,一些系统动力学的专家学者则全面地分析了系统动力学方法的基本理论及构成要素、系统动力学的建模方法、规范系统动力学的建模方式、对新模型的开发研究等。未来系统动力学的发展将会得到更加深入的研究和广泛的应用。

10.1 系统动力学的基本概念

(1)因果关系。因果关系是系统动力学中最为重要的一个概念,它确定了各要素之间的基本关系,一个因素导致另一个因素的产生或变化。系统动力学规定两个要素之间的因果关系必须通过矢线来确定，确定因果关系后就形成了因果链。设有 X、Y 两个因素，如果 X 的增加会引起 Y 的增加或者 X 的减少也会引起 Y 的减少，也就是说 X 和 Y 之间的变化是同一个方向，则称 X 和 Y 之间是正因果链；相反，如果 X 的增加引起 Y 的减少或者 X 的减少引起 Y 的增加，它们之间的变化是反方向的，则称 X 和 Y 之间是负因果链。

（2）反馈环。系统动力学认为，系统的行为模式与特性主要取决于内部的结构。反馈是指 X 影响 Y，反过来 Y 通过一系列的因果链来影响 X，不能孤立地分析 X 与 Y 或 Y 与 X 的联系来分析系统的行为。系统的因果关系链串接而成的闭合回路称为反馈环。在反馈环中，如果一个变量的变化使得整个闭合的回路与自身同方向变化的趋势得到增强，这种反馈环称为正反馈环；如果反馈环中的任何一个变量的变化使得其自身同方向变化的趋势减弱，使变化趋于稳定，这种带有自我调节效果的因果反馈环就是负反馈环。对于多个变量可能涉及多个负反馈的反馈环，可以通过判断负反馈的个数来判断反馈环的正负性。如果负反馈个数为奇数，则整个反馈环为负反馈环；如果负反馈环为偶数，则整个反馈环为正反馈环。

（3）状态变量。状态变量反映物质、能量、信息随着时间的积累而增加的变量，它的取值是系统初始时刻的物质流动和信息流动积累的结果。它表述了系统在特定时刻的状态，它的现时值等于原有值加上改变量，某个时间间隔内积累改变量等于这个时间间隔与输入流速和输出流速差的积。状态变量在数学上可以表示为积分。状态变量又可称为流位变量、积累变量或水平变量，用矩形表示。

（4）速率变量。描述系统的积累效应变化快慢的变量称为速率变量。它描述了状态变量的时间变化，反映了系统的变化速度或决策幅度的大小，是数学意义上的导数，可用阀符号表示。

（5）辅助变量。辅助变量就是表达决策过程中的中间变量。辅助变量是指从积累效应变量到变化速度变量及变化速度之间的中间变量。

（6）常量。常量就是在研究期间内变化甚微或者相对不变的量。常量一般为系统中的局部目的或标准，在建模过程中速率变量可以通过常量输入。

10.2　开放式服务创新风险建模

10.2.1　相关假设

假设1：模型模拟的时间间隔为一年；

假设 2：不考虑不可抗力的自然灾害等风险因素；

假设 3：所研究的开放式服务创新风险和创新绩效等均是基于网络平台企业的角度来考虑的；

假设 4：假定由某风险所导致的经济损失的多少来衡量其大小程度。

10.2.2 开放式服务创新风险子系统因果关系图

根据第 8 章中风险辨识的分析并结合以往学者的研究，本部分选取盈利模式风险、架构运行风险、融合管理风险及创新网络演变风险等关键的风险因素进行建模，得出开放式服务创新风险子系统因果关系图，如图 10-1 所示。由图 10-1 可以看出，创新伙伴对网络平台企业创新文化的认同、管理人员素质、沟通与协调对开放式服务创新有着正向的影响；沟通与协调可以降低创新网络的复杂性；开放式服务创新有利于网络平台企业提供优质产品与服务，并对创新伙伴产生积极影响；四大风险的发展促使网络平台企业开放式服务创新风险控制策略的产生，而风险控制策略对四大风险起遏制作用，对其产生负向的影响。

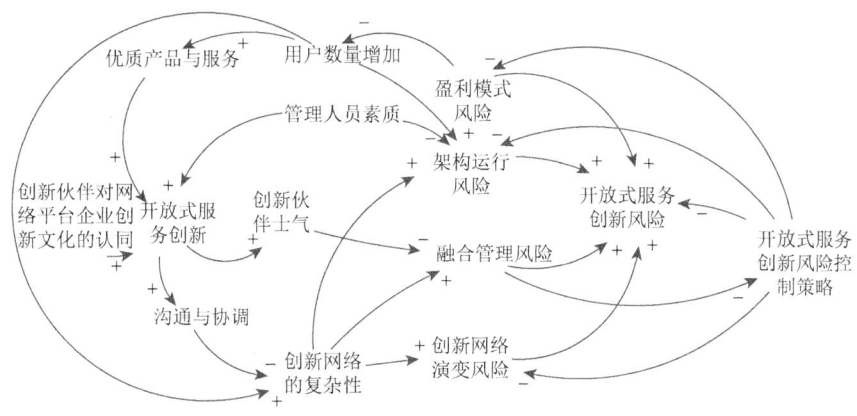

图 10-1　开放式服务创新风险子系统因果关系图

图中"+""-"分别表示相邻变量正相关、负相关（下同）

10.2.3 开放式服务创新绩效子系统因果关系图

在参考游达明和孙理（2016）等部分研究成果的基础上建模，从网络平台企业节约的时间和成本、提高创新质量、增加平台开放程度等方面进行分析，得出开放式服务创新绩效子系统因果关系图，如图 10-2 所示。通过开放式服务创新绩效衡量开放式服务创新的结果，作为开放式服务创新绩效子系统，平台开放程度、机会主义行为、企业创新项目开展时间、创新伙伴的创新质量及企业的创新成本对开放式服务创新绩效有直接影响。平台开放程度和创新伙伴的创新质量对开放式服务创新绩效起正向作用，机会主义行为和企业创新项目开展时间对开放式服务创新绩效起负向影响，企业的创新成本越高，开放式服务创新绩效越低。

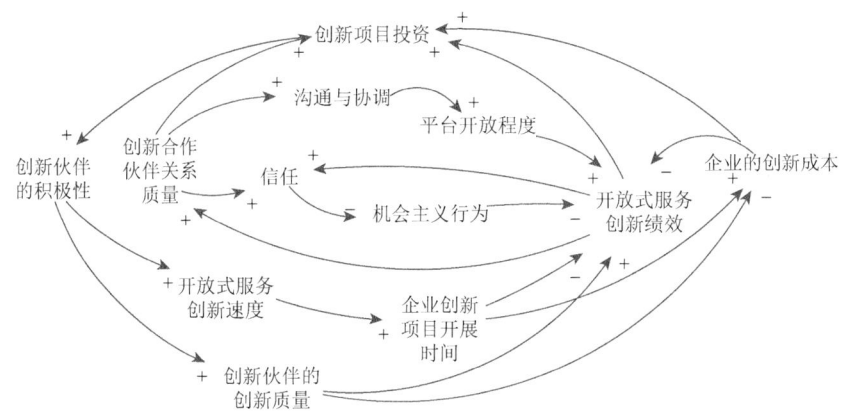

图 10-2　开放式服务创新绩效子系统因果关系图

10.2.4　开放式服务创新风险控制策略子系统因果关系图

选取开放式服务创新风险控制策略、期望绩效、风险控制率等来进行建模，得出开放式服务创新风险控制策略子系统因果关系图，如图 10-3 所示。

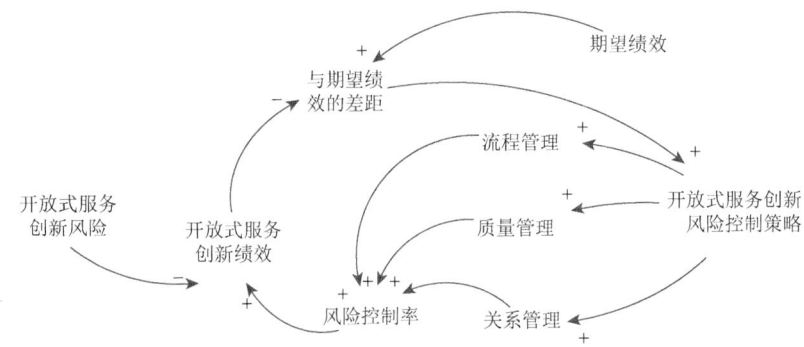

图 10-3　开放式服务创新风险控制策略子系统因果关系图

开放式服务创新风险会对开放式服务创新绩效起负向作用；期望绩效和开放式服务创新绩效之间的差值为与期望绩效的差距，差距会促使开放式服务创新风险控制策略的产生；在控制策略子系统中，有三种控制策略，分别为流程管理、质量管理与关系管理；三种控制策略对应三种风险控制率，从而对开放式服务创新绩效产生影响。

10.3 开放式服务创新风险系统流图与相关方程

10.3.1 系统流图

根据 10.2 节因果关系图和各子系统的作用机制，并选择合适的状态变量、速率变量、辅助变量和常量，构建了如图 10-4 所示的系统流图。

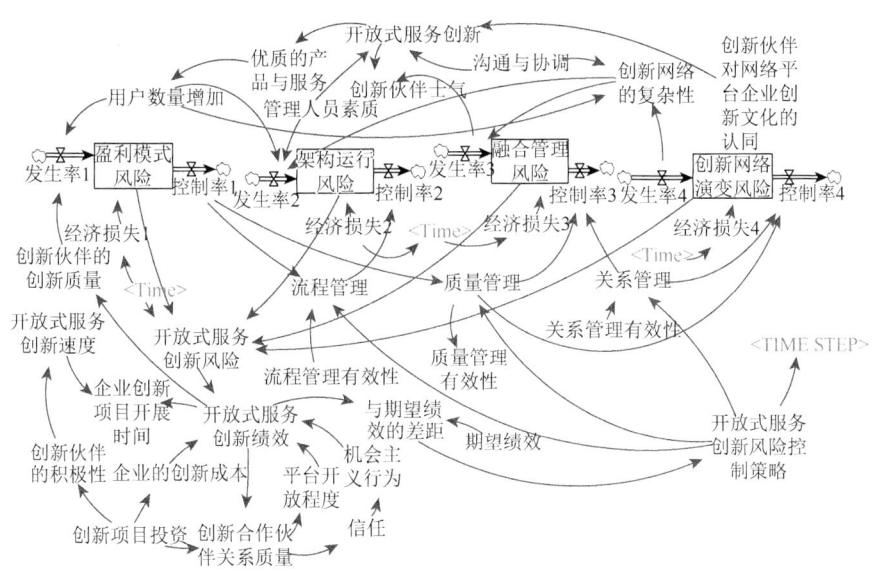

图 10-4 开放式服务创新风险系统流图

10.3.2 模型参数设定及相关方程

本书参照游达明和孙理（2016）、杨扬等（2017）的相关成果，并结合开放式服务创新实践，对模型参数进行了设定，具体参数设定见表 10-1。

表 10-1 系统动力学模型的主要参数方程式

变量	数学公式
盈利模式风险	INTEG [(发生率 1－控制率 1)×经济损失 1, 0]
架构运行风险	INTEG [(发生率 2－控制率 2)×经济损失 2, 0]
融合管理风险	INTEG [(发生率 3－控制率 3)×经济损失 3, 0]
创新网络演变风险	INTEG [(发生率 4－控制率 4)×经济损失 4, 0]
发生率 1	(0.51×用户数量增加+0.49×创新伙伴的创新质量)/2
发生率 2	(0.22×用户数量增加+0.35×管理人员素质+0.43×创新网络的复杂性)/3
发生率 3	(0.37×创新伙伴士气+0.63×创新网络的复杂性)/2
发生率 4	IF THEN ELSE (创新网络复杂性≥0.7, 0.7, 0.3)
控制率 1	1.8×DELAY3I [(流程管理+质量管理)/2, 3, 0]
控制率 2	1.8×DELAY3I (流程管理, 3, 0)
控制率 3	1.8×DELAY3I [(质量管理+关系管理)/2, 3, 0]
控制率 4	1.8×DELAY3I [(质量管理+关系管理)/2, 3, 0]
开放式服务创新绩效	招聘外包绩效＝(企业创新项目开展时间+企业的创新成本+平台开放程度－机会主义行为)/4－IF THEN ELSE (开放式服务创新风险≥25 000, 招聘外包风险/30 000, －0.15)
开放式服务创新风险	ZIDZ (盈利模式风险+架构运行风险+融合管理风险+ 创新网络演变风险, TIME)
开放式服务创新风险控制策略	TIME STEP + WITH LOOK UP{与期望绩效的差距, [(1, 9 296)－(12, 73 360)], (1, 9 296), (2, 14 910), (3, 19 803), (4, 25 550), (5, 31 220), (6, 36 750), (7, 41 720), (8, 46 620), (9, 50 995), (10, 59 535), (11, 64 925), (12, 73 360)}
与期望绩效的差距	期望绩效－开放式服务创新绩效

10.4 模型仿真与结果分析

10.4.1 案例选取与模型检验

本书选取某电商平台与多供应商合作，引入平台用户群体进行服务创新的案例，相关研究数据来源于在该网络平台企业工作的人员，可信度较高。该企业是以销售女性服装、化妆品、鞋包等的特卖网站，是一家实力雄厚的网络平台企业，入驻品牌多样，供应商数量众多，用户数量更是逐年攀升。所以，选择该网络平台企业作为研究对象具有较好的代表性。

通过检验水平变量的稳定性，进而检验开放式服务创新风险系统动力学模型的稳定性。以架构运行风险为例，把模型步长从 0.25 提高到 0.5，之后再提高到 1 来考察风险的变化趋势，如图 10-5 所示，当步长不断提高，架构运行风险虽然有少许的不同,但总体趋势大体一致,趋势同步。所以,模型的稳定性较好,能够在实际运用中较好地普及。

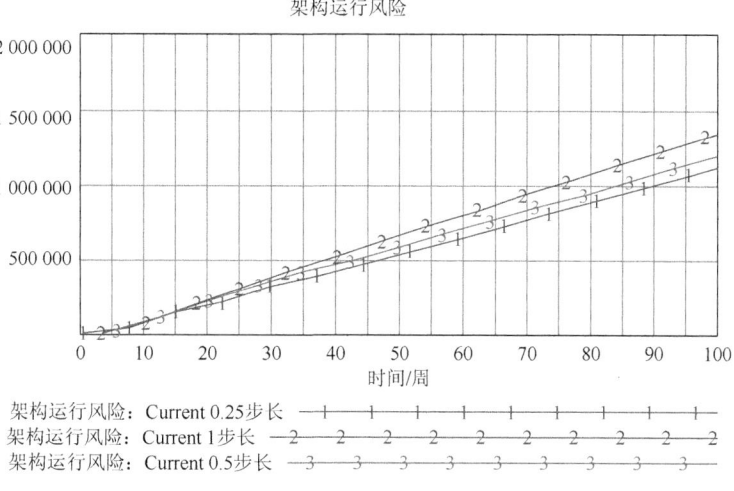

图 10-5 架构运行风险对步长的敏感性

此外,也需要对模型拟合度进行检验。本书中,利用前 12 周的盈利模式风险造成的经济损失的实际值和模拟值,将两者进行对比,见表 10-2。相对误差平均值为-2.21%,误差平均值较为合理,说明模型拟合度较好。

表 10-2 盈利模式风险造成的经济损失拟合检验

时间/周	实际值/元	模拟值/元	相对误差/%
1	3 950	4 080	3.29
2	7 650	7 800	1.96
3	10 990	11 000	0.09
4	15 500	15 800	1.94
5	19 500	19 300	-1.03
6	23 500	23 000	-2.13
7	27 400	27 500	0.36
8	40 400	30 900	-23.51
9	35 800	35 100	-1.96
10	42 600	41 800	-1.88
11	46 600	45 600	-2.15
12	52 800	52 000	-1.52

10.4.2 结果分析

使用 VENSIM 软件，对网络平台企业开放式服务创新风险的系统动力学模型进行仿真模拟。Hutchins 和 Gould（2004）提出观点：确认各种风险控制方法的优先顺序是项目取得成功的重点。在模型中，对风险进行控制的三大风险管理措施的初始值设置为同样的常量，模拟出的开放式服务创新风险趋势为 Current 曲线，曲线上数字标记为 1；在其他条件不变的前提下，将流程管理的初始值提高 0.2，模拟得出的曲线为 Current1，曲线上数字标记为 2；对质量管理和关系管理的初始值做同样处理，并进行模拟，分别得到 Current2 和 Current3，曲线上数字分别标记为 3 和 4。如图 10-6 所示，在其他条件不变的情况下，提高管理措施的初始值，对此操作最为敏感的是质量管理，紧随其后的依次是流程管理和关系管理。通过此仿真结果，企业可以明确在风险控制时，最应该重视哪一种风险管理，对企业更有效且精确地进行风险控制起导向性作用。对于网络平台企业而言，时刻面对风险，需要成立专门的风险控制部门，进行风险的识别与控制。

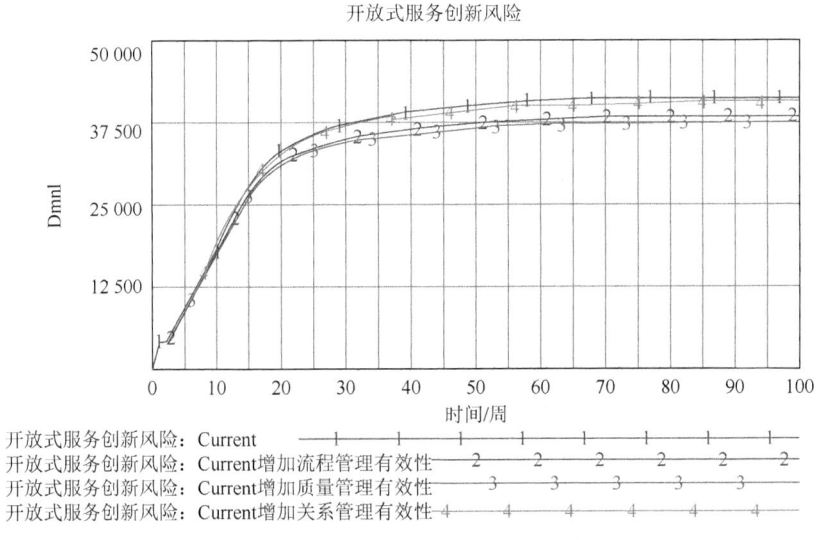

图 10-6 三大管理措施有效性的重要性对比

由以上仿真分析可知，质量管理对开放式服务创新风险的控制最为显著，所以研究质量管理的风险控制措施一旦加强，会对风险产生怎样的影响。由图 10-7 和图 10-8 可知,加强质量管理可以显著降低盈利模式风险。至于融合管理风险,在前 30 周,质量管理的作用不是特别显著,但从 30 周开始,融合管理风险却呈现波浪式上升,所以 30 周之后,质量管理措施的实施一定程度上增加了融合管理风险。不难理解,质量管理包括对平台的产品和服务质量、创新人员的素质,甚至是创新伙伴的创新质量的管理,一定程度上会增加融合管理的难度,从而增加融合管理风险。

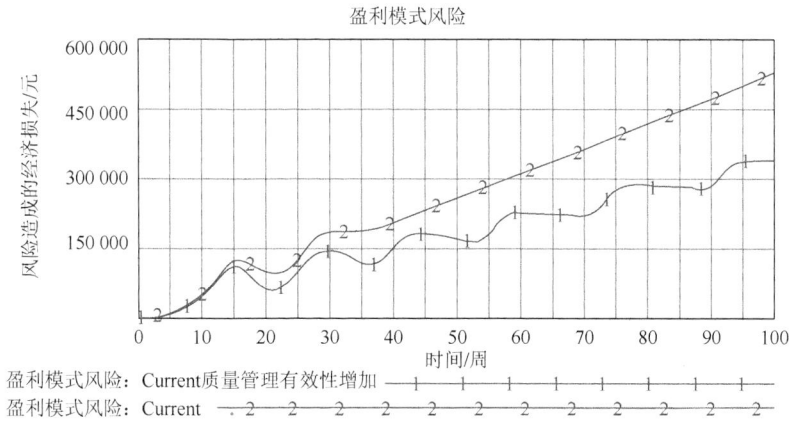

图 10-7　质量管理有效性增加对盈利模式风险的影响

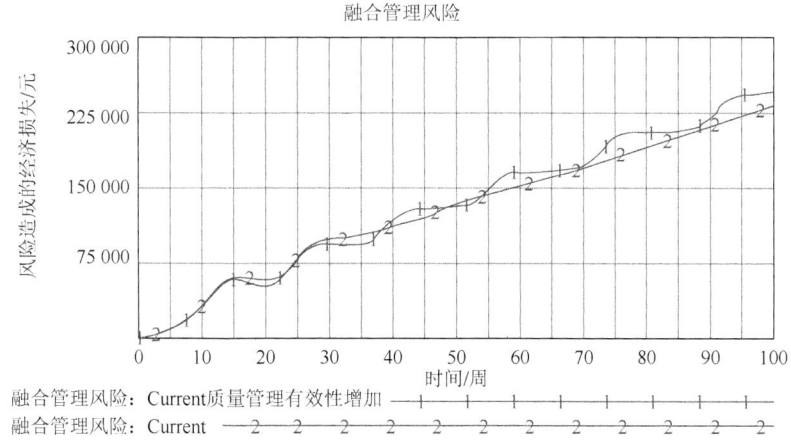

图 10-8　质量管理有效性增加对融合管理风险的影响

再以关系管理为例,如图 10-9 和图 10-10 所示,一旦强化关系管理,将会从第 15 周开始显著降低融合管理风险及创新网络演变风险。融合管理风险主要产生于网络平台企业的创新合作之间，需要融合管理企业内部、企业外部及企业内外部；而创新网络演变风险主要是创新主体和创新环境的变化。虽然关系管理的风险控制措施对融合管理风险效果更加显著，但是两种风险都可以通过关系管理增加创新参与主体之间的沟通和理解，从而降低风险造成的损失。

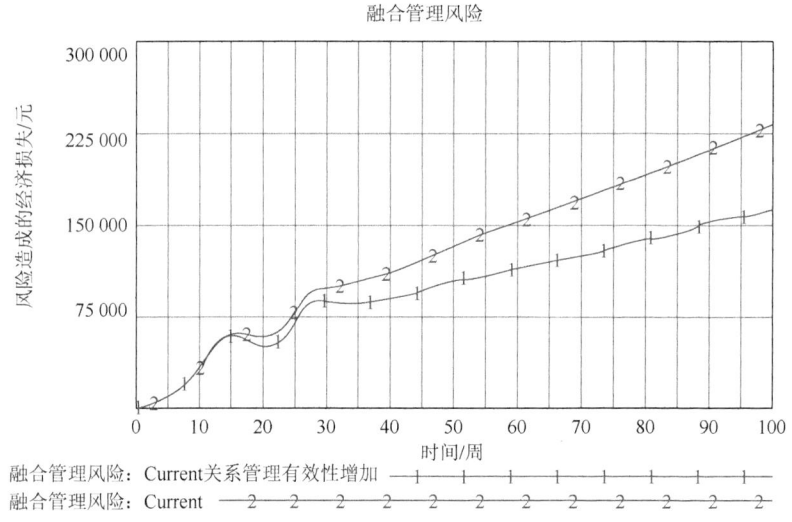

图 10-9　关系管理有效性增加对融合管理风险影响

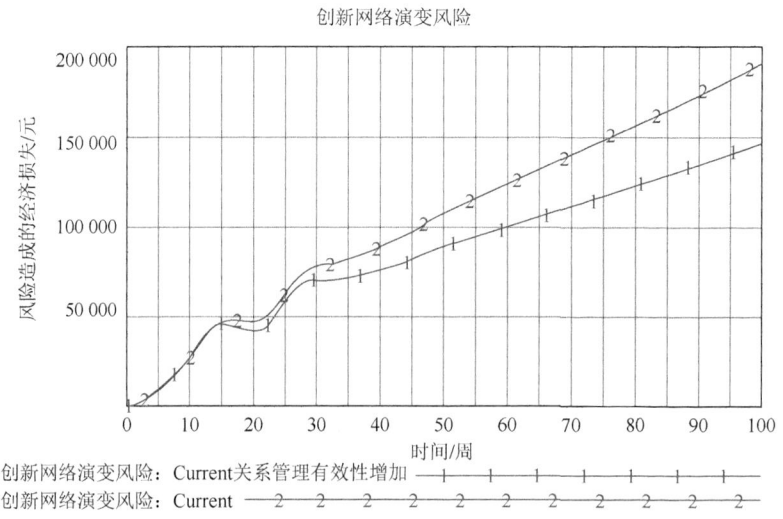

图 10-10　关系管理有效性增加对创新网络演变风险影响

10.5 本章小结

本章运用系统动力学原理构建了网络平台企业开放式服务创新风险的系统动力学模型，从系统和整体的层面分析了开放式服务创新的各种风险因素与风险控制措施的相互作用。通过系统动力学模型，得出以下结论：在对网络平台企业的开放式服务创新风险的控制措施中，质量管理的风险控制措施最为显著，其次分别为流程管理和关系管理的风险控制措施；该系统中的每一个因素稍微变化都会引起其他因素的变化，不仅是各风险因素之间，风险控制措施之间也有着复杂的联系，所以在风险管理的过程中，不可忽视任何一个细节，不然将导致开放式服务创新活动的失败。

第 11 章　网络平台企业开放式服务创新风险治理能力

开放式服务创新作为近年来商业管理领域极为重要和流行的理念之一，各式企业都在进行着尝试与实践。然而由于不同阶段开放式创新活动的内外部环境存在关系非线性、创新价值不确定性及结构不平衡性（余维新等，2016）、技术超前性等特征，开放式服务创新活动存在明显的不确定性。因此开放式服务创新在企业加速资源嵌入吸收，提高企业创新质量，增强企业核心竞争力的同时（Myhren et al.，2018），多变多样的风险也随之而来。在商业环境风险、平台战略风险、管理风险等风险（彭本红和鲁倩，2018）冲击着现有风险治理体系的同时，新兴风险（潘顿，2018）也给传统风险治理体系带来了巨大挑战。对平台企业来说更是如此，如商业模式不成熟（宋立丰等，2019）、行业环境脆弱（张新红，2018）、同质化严重、缺乏对开放式创新风险治理的科学认识等因素致使平台企业创新风险治理难度更大、治理过程更加复杂。一旦开放式服务创新失败，不仅平台企业自身会承受风险侵蚀，还有可能给整个行业环境带来严重的负面效应，如何规避和化解这些风险就成了亟待解决的棘手问题。

针对创新风险治理问题，国内外许多研究者对此做出了许多研究。在企业风险的治理过程和内容方面，有的学者重点关注风险治理过程中的风险识别环节（Griffin，2013），有的学者关注企业创新风险分析过程（Choi et al.，2016），而有的学者则侧重于风险治理的控制策略、评价绩效机制等（Croitoru，2016）。在企业风险的治理有效性和绩效方面，有的学者重点分析了风险识别、风险评估、风险控制、资源投入、风险政策等因素对风险治理有效性的影响（Lundqvist，2014）。在风险治理手段方面，有学者的研究指出如何在可持续的基础上管理创新活动，使得管理人员在创新的需要和管理风险的需要之间取得平衡（Gozman and Willcocks，2018）。另外有学者指出面对不同类别的风险，仅仅依靠正式治理手段并不能得到很好的解决，还需要采用非正式治理方式，从交易惯例和道德规范出发，防范创新各个环节中的风险，提高创新资源的流动和共享效率（王欢，2018）。

对创新风险进行有效的治理能够为企业带来巨大的价值（Chen 等，2019），能够为互联网平台孵化出更多高质的创新，使其走向理性的繁荣（Wang，2018）。然而现有研究大多停留在一般性企业的创新风险成因、风险识别、风险分析、风险控制手段，以及风险治理成果的绩效评价机制等内容，对平台企业开放式创新风险治理能力的实证分析有待进一步扩充。因此，本章以平台企业为切入点，将平台企业开放式服务创新风险治理能力的影响因素归为组织层面与网络层面，据此构建多层次概念模型，通过运用多层次分析法，深入探索平台企业开放式服务创新风险治理能力影响因素的深层作用机理，验证组织层面上企业家特质对网络层面上网络风险治理能力之间的深层影响效应，同时验证组织层面上战略创新系统与组织动态能力在企业家特质与网络风险治理能力之间起到的中介效应，以期为平台企业突破风险牵制、提高创新质量提供一定的指导和借鉴意义。

11.1 理论基础

11.1.1 理论分析

平台企业开放式服务创新风险治理的能力不仅取决于企业自身领导力、创新氛围、创新体系、动态能力等内部因素，企业与所处的外部宏观环境中创新资源要素的嵌入互动效果也在一定程度上决定着风险治理能力的提升，因此影响平台企业风险治理能力的因素可能来自组织层面与网络层面，甚至是在两大层面的综合作用下通过动态关系协同对平台企业的风险治理能力产生一定的作用。

在组织层面，不断深化的创新氛围和各种支持创新行为的政策的出台，不断鼓舞着那些试图尝试开放创新转型的平台领导者。这些平台领导者形成了敢于承担不确定环境和应对风险、有较高成就需求的心理倾向，能够给予员工在资源、心理等方面的支持，给组织成员带来一定的正向引导，企业内逐渐形成积极开明的组织创新氛围。领导者通过刺激成员自主创新意愿，在组织成员加快适应无规律变革的基础上，协同各组织成员的学习能力、对环境的反应能力及创新能力，与整个行业网络下流动共享的创新资源要素进行有效的互动和吸收，根据反馈随之调整组织构架与流程，改善运营维护状况。通过平台所在的生态系统的创新循环，平台企业整体开放式服务创新风险治理能力得以不断提升。

从网络层面来看,当企业所处行业的宏观风险治理能力得到稳固与提升时,线下各企业可以随着生态系统中资源的流动,增强与行业中其他企业治理信息、经验与最新创新资源上的互动共享,提升与网络层的匹配度和吸收力,强化放大宏观环境对企业的正向反作用,进而削弱创新不稳定性,补齐风险治理短板,提高开放创新质量,使平台企业的风险治理能力得到可持续发展。

因此,本章立足于众多平台企业开放式服务创新尝试失败的大背景,借鉴大量参考文献,通过理论分析得出平台企业开放式服务创新风险治理能力的影响因素可能来自组织层面和网络层面,分别为企业家特质、战略创新系统、组织动态能力及网络风险治理能力。同时认为,企业家特质不仅对提升网络风险治理能力有着直接跨层次效应,还可以通过战略创新系统和组织动态能力的调节作用,增强整个宏观网络的风险治理能力,继而通过资源的双向流动,不断对平台企业开放式服务创新风险治理能力产生反向效应(图11-1)。根据以上各要素的动态协同过程分析,本章通过构建"企业家特质——战略创新系统、组织动态能力——网络风险治理能力"多层次线性模型,探索组织层面和网络层面中企业风险治理能力影响因素之间的动态协同效应。

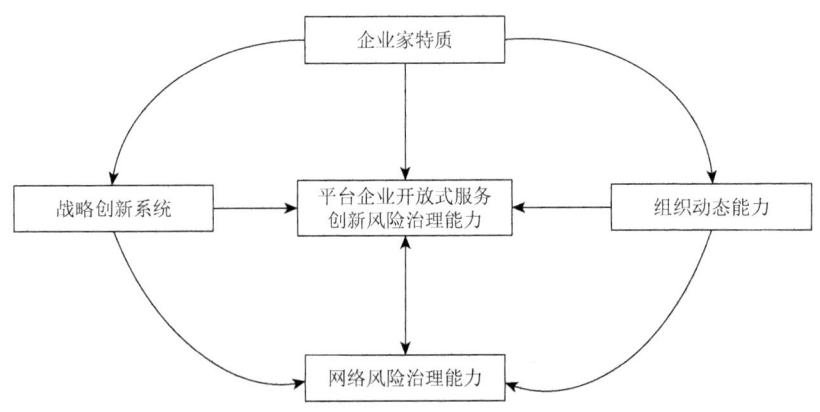

图 11-1　平台企业开放式服务创新风险治理能力四大影响因素之间的动态协同过程

11.1.2　研究假设

(1)企业家特质与网络风险治理能力。企业家特质是企业高层管理者所具有的稳定的内在人格或倾向,能够给组织成员心理感知。近年来,很多研究考察了大量企业家特质的心理倾向，同时也考察了具备哪些特质的人更有可能规避治理风险，使企业避免遭受风险侵蚀。李巍和许晖（2016）指出企业家的知识能力、国际注意力、国际风险偏好有助于企业创新能力的升级，提高应对不确定的承受能力，从而提升企业市场绩效水平。Snyder 等（2018）通过对瑞典几家大型制造业企业的调查研究，指出魅力型领导者能够使企业成员从"脱离"转变为"参与"组织活动，通过新型手段能够识别出企业创新活动的制约因素和风险。若企业家倾向接受挑战、强调开放式互动、鼓励创新行为，整个组织会更有创新活力与风险治理的有效度，创新风险带来的负面效应也能够相应减轻，创新质量得到保障，继而平台企业网络风险治理能力得到有效保障。基于上述分析，提出第一个研究假设：

假设 1：企业家特质与网络风险治理能力呈正相关关系。

（2）企业家特质、战略创新系统与网络风险治理能力。企业领导者是组织实施创新活动的核心决策者，是战略创新系统的初创者、引领者和改革者，通过合理配置资源，优化战略，在创新活动的反馈中不断对创新生态系统、创新网络和商业模式进行调整和迭代。战略创新系统是企业进行创新活动的基本载体与核心，企业的创新活动需要有战略创新系统进行支撑。周叶等（2010）分析了企业创新系统的构成要素及各要素之间的动态关系，根据创新风险的产生及形成机理，立足于创新战略系统，进一步制定了创新风险防控策略。Alfredo（2013）分析研究了与公司的网络结构和创新战略有关的因素对投资风险评估的影响程度，并根据研究结果进一步提出了风险防范治理建议。李哲（2018）认为创新体系对知识技术等资源的供给和配置的质量起到决定性作用，并从根本上影响着创新力和竞争力。苏勇等（2019）研究指出，创新支撑系统能够强化对开放式创新的系统化管理，更好地提升创新的效率，有效防范开放式创新风险等。战略创新系统作为企业进行创新活动及风险治理的硬性条件与重要支撑，在高层领导者的管理下，对开放式服务创新风险的治理起着举足轻重的作用。可见战略创新系统可以作为企业家特质与网络风险治理能力之间重要的中介变量，推动平台网络风险治理能力的持续提升。上述理论分析，提出第二个研究假设：

假设 2：战略创新系统在企业家特质与网络风险治理能力之间存在调节效应。

（3）企业家特质、组织动态能力与网络风险治理能力。企业家掌握着企业资源和战略的最高决策权。组织动态能力的形成和发展与企业家特质密不可分，它们通常在企业家特质催熟的创新氛围下不断强化。Kilubi 和 Rogers（2018）重点探索了技术创新能力、学习开发能力等五种企业动态能力对供应链风险管理的影响作用，认为它们可以促进组织绩效的提升并且帮助控制和管理未来的风险。李京文和袁页（2017）根据不同企业家对风险和不确定性问题的不同处理方式，将企业家能力分为静态能力和动态能力。同时指出动态能力更适合处理不确定性和创新性问题，有利于企业有效适应随时变化的商业环境。Henisz（2016）认为组织人员应当形成良好的动态能力，赢得组织内外部利益相关者的支持，感知外部环境中的风险和机遇，从而制定短期和长期的应对战略。因此本书认为企业风险治理能力与组织对环境的适应力、知识的学习力、创新力及反应能力这些动态能力密切相关，组织人员通过不断适应环境，累积风险治理经验，学习和创新风险治理手段，促使平台企业及平台网络风险治理能力的可持续发展。基于上述理论，提出第三个研究假设：

假设 3：组织动态能力在企业家特质与网络风险治理能力之间存在调节效应。

基于上述三个假设，结合以上各影响因素间的动态协同关系，本章构建平台企业开放式服务创新风险治理能力四大影响因素之间的作用机制概念模型（图 11-2），通过多层次线性统计分析法，运用 SPSS 20.0、HLM 7.0 等软件，探索这四大因素之间的协同作用机制，验证上述假设中企业家特质与网络风险治理能力的直接正相关关系，以及战略创新系统和组织动态能力在企业家特质与网络风险治理能力之间起到的调节作用。

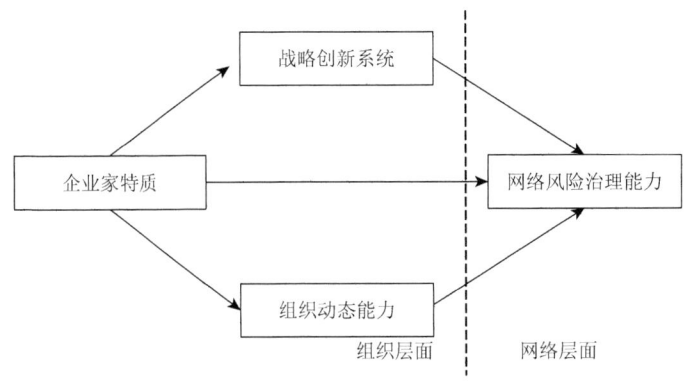

图 11-2　四大因素之间的作用机制概念模型

11.2 研究设计

11.2.1 数据来源

综合考虑数据的时效性与可靠性,2019 年 1~4 月,本章通过问卷星和邮件等方式向平台企业创新活动有关人员发放问卷进行调查。为了更客观地描述各变量,本章将填写对象控制为创新活动直接管理者或企业创新业务人员。结束后总共收回问卷 262 份,有效问卷 220 份,有效率为 84.0%。本章设计的问卷调查针对开放式服务创新风险治理,难以捕捉评判的确切标准,因此本章根据利克特五分量表法来设计问卷内容和选择类别,进行数据的搜集。被调查者根据题项要求,结合所在平台企业创新活动的具体情况,以打分的形式进行回答,其中 1 分表示非常不同意,2 分表示不同意,3 分表示中立,4 分表示同意,5 分表示非常同意。所收集有效样本的特征描述性分析总结如表 11-1 所示。

表 11-1 有效样本数据的特征总结

内容	类别	比重/%	内容	类别	比重/%
性别	男	50.6	平台类型	电子商务平台	20.1
	女	49.4		社交媒体平台	26.5
年龄	25 岁以下	35.6		生活服务平台	17.7
	25~35 岁	30.7		电子支付平台	26.0
	35~45 岁	19.6		其他	9.7
	45 岁以上	14.1	学历	大专及以下	22.8
职务	中高层管理者	54.6		本科	56.1
	创新业务人员	45.4		硕士	18.6
				博士	2.5

11.2.2 变量测量

通过对相关文献查阅梳理及对本章研究主题的界定,本章参考杨琳

（2015）、白丽英等（2016）、肖红新和陈秋华（2019）研究的企业家特质维度，根据研究主题进行了细微整合和修改，将企业家特质划分为风险承担倾向、成就需求及模糊容忍度三个维度，并细分为三个题项；对于战略创新系统，本章将测量的条目与鲁倩（2018）所研究的创新战略风险对应，结合陈朗（2010）的战略创新体系的主要内容，进行了细微整合与修订，最终将生态系统、创新网络和商业模式作为战略创新系统的衡量维度，并细分为三个题项；同时参考Teece（2007）、金昕等（2019）、董保宝和葛宝山（2012）的研究成果，对动态能力的维度内容进行细微的修改与替换，最终将本章中的组织动态能力展开为适应能力、学习能力、反应能力及创新能力，具体划分为四个维度；同时借鉴鲁倩（2018）关于平台企业开放式服务创新风险的研究，认为平台企业在开放式服务创新过程中存在着管理方面关于组织构架、运营维护和组织流程的风险，将管理概念替换为治理概念，将风险类别转换为风险治理能力影响因素类别，再经过细微修改以契合本章研究主题，最终确定将组织架构、运营维护和治理流程三个指标作为网络风险治理能力评价的指标，以系统地测量网络风险治理能力。上述四大量表的具体题项如表11-2所示。

11.2.3 统计分析

（1）量表的信度和效度分析。首先，对数据进行信度和效度分析，运用SPSS 20.0软件，得出企业家特质的Cronbach's α 系数为0.888，战略创新系统的Cronbach's α 系数为0.874，组织动态能力的Cronbach's α 系数为0.910，网络风险治理能力的Cronbach's α 系数为0.885，均处于理想水平。各题项的初始修正题项——总体相关系数（CITC）值最小为0.537≥0.5，表明各变量的内部一致性较好，各题项具有较高的信度。其次，进行探索性因子检验，战略创新系统量表、企业家特质量表、组织动态能力量表和网络风险治理能力量表的KMO值均大于0.75，Bartlett's球形检验也显示各量表的显著性概率均小于等于显著水平，且各分量表中13个题项的因子负荷值最小为0.521，满足>0.5的要求，各分量表题项均可保留。最后，在CFA模型中，对各量表进行验证性因子分析，运算后结果表明GFI>0.9，CFI>0.9，REMSA<0.08，$\chi^2/df<3$，均达到理想水平，各项拟合指标均符合判别标准，模型的拟合水平较理想。从表11-2来看，各变量的测量量表都满足后续验证要求。

表 11-2　各题项的信度和效度检验结果

变量	题项	CITC	KMO	因子负荷	CFA
企业家特质	Q1 倾向承担风险的企业具有应对风险的信心与措施	0.578	0.862	0.622	
	Q2 有较高成就需求的企业家倾向主动创新	0.537		0.618	
	Q3 创新型企业家能够克服并进一步消除不确定因素风险	0.561		0.576	
战略创新系统	Q4 平台企业生态系统有明确的战略定位	0.581	0.763	0.621	
	Q5 平台创新战略有明确的目标用户群体	0.636		0.581	GFI = 0.933
	Q6 平台企业商业模式有科学系统的管理方案	0.571		0.533	CFI = 0.974
组织动态能力	Q7 创新型企业能够及时适应内外部环境变化并做出调整	0.641	0.888	0.561	REMSA = 0.028
	Q8 企业创新管理人员学习能力	0.637		0.582	$\chi^2/df = 2.242$
	Q9 平台企业内部管理团队反应能力	0.564		0.521	
	Q10 平台企业内部成员开放式创新能力	0.618		0.644	
网络风险治理能力	Q11 三大因素的失衡会造成组织架构不定时调整	0.580	0.861	0.566	
	Q12 三大因素的不协调将影响组织治理流程	0.618		0.627	
	Q13 三大因素一旦出现紊乱，给企业运营维护带来挑战	0.611		0.626	

（2）相关性分析。通过正态性检验发现，企业家特质、战略创新系统、组织动态能力及网络风险治理能力四个量表的显著性水平值均小于 0.05，表明企业家特质、战略创新系统、组织动态能力及网络风险治理能力这四个变量均服从正态分布。在此基础上，采用线性相关系数对这四个变量之间的相关程度进行分析，相关性具体度量结果见表 11-3。

表 11-3　统计变量项间相关矩阵

	企业家特质	战略创新系统	组织动态能力	网络风险治理能力
企业家特质	1.000			
战略创新系统	0.599	1.000		
组织动态能力	0.606	0.703	1.000	
网络风险治理能力	0.594	0.665	0.768	1.000

由表 11-3 可知，在 95%的置信区间，企业家特质与网络风险治理能力

的相关系数为 0.594，与战略创新系统和组织动态能力的相关系数分别为 0.599、0.606，战略创新系统与组织动态能力、网络风险治理能力之间的相关系数分别为 0.703、0.665，组织动态能力与网络风险治理能力之间的相关系数为 0.768。由此可知，各变量间均呈显著正相关，且各变量之间相关系数最大为 0.768。若解释变量之间的系数不超过 0.8，则不存在多重共线性问题，因此结果表明各变量间基本不存在多重共线性关系，可以继续进行后续的多层次线性分析。

11.3 结果分析与讨论

根据 11.2 节给出的概念模型，企业家特质为自变量，属于组织层面，战略创新系统和组织动态能力为中介变量，也属于组织层面，网络风险治理能力为因变量，属于网络层面。这四大变量间的动态协同过程包含组织层面对网络层面的直接作用及组织层面中中介变量对网络层面的调节作用，因此利用多层次线性模型进行分析，可以更加精确地检验本章中跨越不同层级的概念模型与假设，更有利于厘清两个不同层级间复杂的变量作用关系。因此运用 HLM 7.0 软件，验证企业家特质对网络风险治理能力的直接作用及战略创新系统和组织动态能力的中介效应。

11.3.1 企业家特质对网络风险治理能力的正相关关系的检验

（1）模型描述。检验企业家特质对网络风险治理能力产生直接影响的模型可以看作一个简单的情境模型。其中，变量是网络风险治理能力，来自网络层面；自变量是企业家特质，来自组织层面。据此构建模型Ⅰ（图 11-3）。

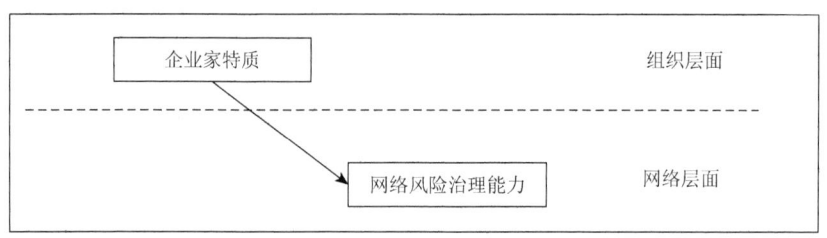

图 11-3　模型Ⅰ：企业家特质对网络风险治理能力的直接效应模型图

(2)模型检验。第一步,从零模型展开分析,根据运算结果计算出组内相关系数(intraclass correlation coefficient,ICC),该值大于 0.07,表明模型适合做多层次分析。

层 1:网络风险治理能力 = $\beta_0 + \gamma$

层 2:$\beta_0 = \gamma_{00} + \mu_0$

第二步,把企业家特质加入零模型的层 2 中,运行模型。

层 1:网络风险治理能力 = $\beta_0 + \gamma$

层 2:$\beta_0 = \gamma_{00} + \gamma_{01}$(企业家特质)$+ \mu_0$

运行结果见表 11-4。

表 11-4 企业家特质对网络风险治理能力的情境效应检验

模型	参数估计			
	γ_{00}	γ_{01}	σ^2	τ_{00}
模型 1:零模型 层 1:网络风险治理能力 = $\beta_0 + \gamma$ 层 2:$\beta_0 = \gamma_{00} + \mu_0$	3.60**		1.45	0.08**
模型 2:企业家特质→网络风险治理能力 层 1:网络风险治理能力 = $\beta_0 + \gamma$ 层 2:$\beta_0 = \gamma_{00} + \gamma_{01}$(企业家特质)$+ \mu_0$	3.29**	0.87**	0.30	0.10**

**表示 $p<0.01$;*表示 $p<0.05$。

注: σ^2 是层 1 的残差;τ_{00} 是层 2 截距残差。

根据表 11-4 中数据可知,企业家特质与网络风险治理能力的回归系数为 0.87,达到显著性水平,表明企业家特质与网络风险治理能力呈正相关关系,假设 1 得到验证。

11.3.2 战略创新系统和组织动态能力在企业家特质与网络风险治理能力之间中介作用效果的检验

(1)模型描述。基于本章的理论模型,战略创新系统和组织动态能力会对企业家特质与网络风险治理能力的关系有中介作用,这一假设中自变量企业家特质和中介变量战略创新系统、组织动态能力都属于组织层面,因变量属于网络层面,据此,构建了多层次中介模型Ⅱ(图 11-4)和模型Ⅲ(图 11-5)。

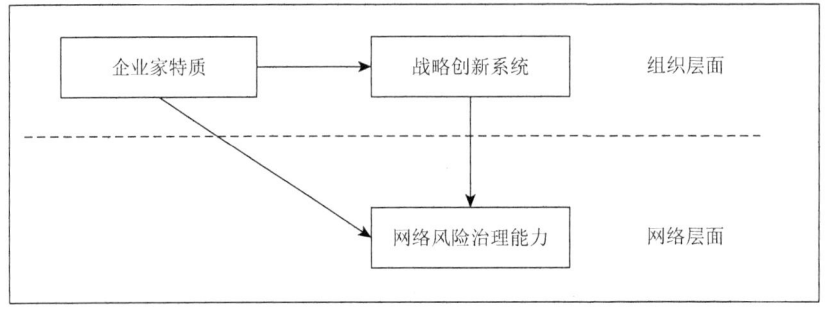

图 11-4 模型Ⅱ：战略创新系统在企业家特质与网络风险治理能力之间中介作用模型图

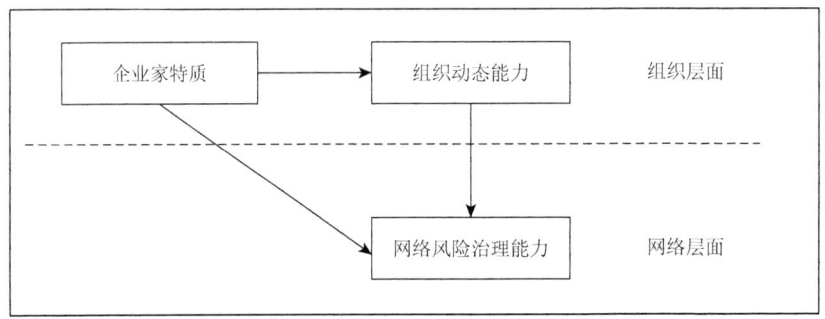

图 11-5 模型Ⅲ：组织动态能力在企业家特质与网络风险治理能力之间的中介作用模型图

（2）模型检验。关于中介作用效果的确认，本部分采取 Baron 和 Kenny（1986）提出的标准，认为中介效果的确认需要满足三大条件，缺一不可。

第一，自变量企业家特质对因变量网络风险治理能力具有显著作用。

首先要验证自变量企业家特质对因变量网络风险治理能力的直接作用，第一步运行零模型，计算 ICC 值，大于 0.06，则确认该模型能运行，接下来进行多层次分析。零模型方程式如下。

模型 1：

层 1：网络风险治理能力 = $\beta_0 + \gamma$

层 2： $\beta_0 = \gamma_{00} + \mu_0$

接下来检验自变量企业家特质对因变量网络风险治理能力的作用，将自变量企业家特质加入层 2 中，运行模型。

模型 2：

层 1：网络风险治理能力 = $\beta_0 + \gamma$

层 2：$\beta_0 = \gamma_{00} + \gamma_{01}$（企业家特质）$+ \mu_0$

其中，回归系数 γ_{01} 表示企业家特质对网络风险治理能力的直接效应。上述方程运行结果见表 11-5，由表中数据可知，$\gamma_{01} = 0.87$，T 检验达到了显著性水平，表明自变量企业家特质对因变量网络风险治理能力有显著影响作用，满足中介效应存在的第一大条件。

第二，自变量对中介变量战略创新系统、组织动态能力具有显著作用。

检验自变量对中介变量战略创新系统、组织动态能力的作用，构建并运行以下方程。

模型 3-1：

层 2：战略创新系统 $= \beta_0 + \beta_1$（企业家特质）$+ \gamma$

模型 3-2：

层 2：组织动态能力 $= \beta_0 + \beta_1$（企业家特质）$+ \gamma$

模型 3-1 中回归系数 β_1 表示企业家特质对战略创新系统的直接效应，模型 3-2 中回归系数 β_1 表示企业家特质对组织动态能力的直接效应。上述方程运行结果见表 11-5，由表中数据可知，模型 3-1 中 $\beta_1 = 0.85$，模型 3-2 中 $\beta_1 = 0.39$，T 检验均达到了显著性水平，说明自变量企业家特质对中介变量战略创新系统和组织动态能力均有显著影响作用，满足中介效应存在的第二大条件。

第三，自变量与中介变量同时进入模型时，如果自变量对因变量作用变为不显著，那么中介变量起完全中介作用；如果自变量对因变量仍然作用显著，但相关性有明显下降，则中介变量起到部分中介作用。

检验自变量企业家特质和中介变量战略创新系统、组织动态能力两者对网络风险治理能力的作用，构建及运行下列方程式。

模型 4-1：

层 1：网络风险治理能力 $= \beta_0 + \gamma$

层 2：$\beta_0 = \gamma_{00} + \gamma_{01}$（企业家特质）$+ \gamma_{02}$（战略创新系统）$+ \mu_0$

模型 4-2：

层 1：网络风险治理能力 $= \beta_0 + \gamma$

层 2：$\beta_0 = \gamma_{00} + \gamma_{01}$（企业家特质）$+ \gamma_{02}$（组织动态能力）$+ \mu_0$

模型 4-1 中回归系数 γ_{01} 表示引入中介变量战略创新系统后，自变量企业家特质对网络风险治理能力的效应，回归系数 γ_{02} 表示中介变量战略创新系统对网络风险治理能力的效应。模型 4-2 中回归系数 γ_{01} 表示引入中介变量组织动态能力后，自变量企业家特质对网络风险治理能力的效应，回归系数 γ_{02} 表示中介变量组织动态能力对网络风险治理能力的效应。

由表 11-5 可知，模型 4-1 中 $\gamma_{02}=0.48$，达到显著性水平，表示中介变量战略创新系统对网络风险治理能力有显著效应；$\gamma_{01}=0.46$，也达到显著性水平，表示引入中介变量战略创新系统后，自变量企业家特质对网络风险治理能力仍存在显著效应，说明战略创新系统存在中介效应。同时，引入战略创新系统后，企业家特质的回归系数从 $0.87(p<0.001)$ 降为 0.46 $(p<0.001)$，企业家特质与网络风险治理能力仍显著相关，但由显著性水平下降可知，战略创新系统在企业家特质与网络风险治理能力之间起到部分中介作用。假设 2 得到验证。

由表 11-5 可知，模型 4-2 中 $\gamma_{02}=0.60$，达到显著性水平，表示中介变量组织动态能力对网络风险治理能力有显著效应；$\gamma_{01}=0.34$，也达到显著性水平，表示引入中介变量组织动态能力后，自变量企业家特质对网络风险治理能力仍存在显著效应，说明组织动态能力存在中介效应。同时，引入组织动态能力后，企业家特质的回归系数从 $0.87(p<0.001)$ 降为 0.34 $(p<0.001)$，企业家特质与网络风险治理能力仍显著相关，但由显著性水平下降可知，组织动态能力在企业家特质与网络风险治理能力之间起到部分中介作用。假设 3 也得到验证。

基于上述分析可知，假设 1、假设 2、假设 3 均得到验证。

表 11-5 战略创新系统与组织动态能力的中介效应检验

模型	参数估计						
	β_0	β_1	γ_{00}	γ_{01}	γ_{02}	σ^2	τ_{00}
模型 1：零模型 层 1：网络风险治理能力 $=\beta_0+\gamma$ 层 2：$\beta_0=\gamma_{00}+\mu_0$			3.60**			1.45	0.08**
模型 2：企业家特质→网络风险治理能力 层 1：网络风险治理能力 $=\beta_0+\gamma$ 层 2：$\beta_0=\gamma_{00}+\gamma_{01}$（企业家特质）$+\mu_0$			3.29**	0.87**		0.30	0.10**
模型 3-1：企业家特质→战略创新系统 层 2：战略创新系统 $=\beta_0+\beta_1$（企业家特质）$+\gamma$	4.02**	0.85**					
模型 4-1：企业家特质、战略创新系统→网络风险治理能力 层 1：网络风险治理能力 $=\beta_0+\gamma$ 层 2：$\beta_0=\gamma_{00}+\gamma_{01}$（企业家特质）$+\gamma_{02}$（战略创新系统）$+\mu_0$			1.39**	0.46**	0.48**	0.23	0.10**

续表

模型	参数估计						
	β_0	β_1	γ_{00}	γ_{01}	γ_{02}	σ^2	τ_{00}
模型 3-2：企业家特质→组织动态能力 层 2：组织动态能力 = $\beta_0 + \beta_1$（企业家特质）+ γ	3.35**	0.39**					
模型 4-2：企业家特质、组织动态能力→网络风险治理能力 层 1：网络风险治理能力 = $\beta_0 + \gamma$ 层 2：$\beta_0 = \gamma_{00} + \gamma_{01}$（企业家特质）+ γ_{02}（组织动态能力）+ μ_0			1.76**	0.34**	0.60**	0.19	0.09**

**表示 $p<0.01$；*表示 $p<0.05$。

注：σ^2 是层 1 的残差；τ_{00} 是层 2 的截距残差。

11.3.3 结果讨论

（1）企业家特质对组织治理能力的影响分析。企业家特质与网络风险治理能力之间具有显著正相关关系。平台企业家的综合特质对风险治理能力有着直接的影响。本章将企业家特质分为风险承担偏向、成就需求及模糊容忍度这三个维度。假设检验结果显示，企业家特质对网络风险治理能力具有显著正向作用。当企业家越敢于承担风险，越渴望高成就感，越能够容忍创新过程中的不确定条件和信息，给组织成员积极正向的创新文化感知，越能在组织成员间创造出浓厚的创新氛围，组织成员越有应对风险的信心和治理风险的有效措施，创新质量得到提高，风险防控能力越强，风险治理绩效就越好，整个网络的风险治理能力就得以不断加强，反之，则会是对整个行业网络的冲击与挑战。例如，起步于 2014 年，于 2017 年爆发的共享单车行业，在大量资金潮水般不断涌入的势头下发展迅猛，其致力于解决城市出行问题，短短数年创造了共享平台企业的神话。然而该行业某个出现最早、崛起最快的行业巨头试图继续进军海外接轨国际、扩展市场、再次开放式创新时却走上了低价被收购无人接盘的没落之路。纵观原因，其高层管理者团队建设和价值观引导不利、管理不当、内部腐败滋生、派系斗争惨烈等问题，为该共享企业面对内部管理风险、外部行业危机时治理成果不佳埋下了伏笔，对整个共享单车行业带来了重大的冲击，行业环境愈发脆弱。

（2）战略创新系统的中介作用分析。战略创新系统在企业家特质与网络风险治理能力的关系中起到部分中介作用。本书将战略创新系统分为生态系统、创新网络、商业模式三个维度，通过构建双层线性模型来检验战略创新网络在企业家特质与网络风险治理能力的关系中起到的中介作用。在开放式服务创新风险治理能力提升过程中，网络风险治理能力是通过企业家特质对战略创新系统的协同作用产生影响的。验证结果表明，在企业的战略创新系统中，生态系统、创新网络和商业模式如果能够拥有明确的目标群体和战略定位以及有效的管理体制，就能够促进企业家特质的深层影响作用，高层管理者从而完善组织的创新风险治理体制，最终对网络中整体风险治理能力产生影响。战略创新系统的高效运转，使得企业家的创新战略决策及组织成员开展实施的创新活动得到有力支撑，保障了企业创新资源与整个网络之间的互动共享，进而提升整个网络层面的开放式创新的风险治理能力。例如，大量资金的不断涌入使得一种创新服务业务——无人货架行业风生水起。随着该行业的兴起，各无人货架企业如小闪科技等不断地扩展业务范围与扩大目标受众群体，企图增强自己的竞争力和市场份额。然而进入2018年后，先是某无人货架企业被曝停运，其他行业大头也多次传出负面消息，无人货架行业开始陷入两难境地。无人货架行业开放式创新的失败很大程度上归因于运营和供应链缺陷、盲目扩张、企业品牌推广主线不清晰、定价过低、为不同利益需求的投资人提供否决权等，其中运营和供应链是致命一击。

（3）组织动态能力的中介作用分析。组织动态能力在企业家特质和网络风险治理能力间起到部分中介作用。本章将组织治理能力划分为学习能力、适应能力、反应能力、创新能力这四个维度，通过构建双层模型来检验组织动态能力在企业家特质与网络风险治理能力之间起到的中介作用。假设检验结果显示，具有风险承担偏好、高成就需求和高模糊容忍度的企业家能够给予组织成员以敢于承担风险、鼓励创新、政策支持等心理感知，组织内部成员创新意愿积极，创新意识增强，创新活动参与度提升，成员更有能力快速地适应持续无规律变化的创新环境。通过适应过程中的经验累积，不断提升自己的学习能力与创新能力，对创新活动反馈更加灵敏，组织动态能力得到了可持续性发展。在组织动态能力的匹配下，内部创新活动的不确定性和模糊性降低，从而在与整个网络层面创新要素的嵌入互动过程中提升信息流动和资源共享的稳定性、有效性，进而增强网络层面上整体的风险治理能力。例如，我国全球B2B（business-to-business，企业对企业）行业领军的数家电商平台，其核心决策层和管理层聚集了在各自领域内专长且侧重点不同、相辅相成的行业精英，他们在十年间培养了近万人，制定了许多能够激发成员创新激情和学习动力的政策。例如，在组织团队合作中强调积极融入团队；通过不断参与团队讨论，学习提升自己的能力；培养成员的主人翁意识；鼓励成员突破自我，敢于创新。通过这种积极正向的组织文化氛围渲染，成员均具有优秀的行业经验与学习能力，能够很大程度上为该平台持续扩展经营业务、多层次跨界融合，从而不断推进开放式服务创新、抵抗多重风险提供了强劲的支持，带领电商平台行业不断地突破。

11.4 结论与启示

立足于平台企业开放式服务创新失败现象，本章深入挖掘平台企业开放式服务创新风险治理机制，提取企业家特质、战略创新系统、组织动态能力和网络风险治理能力这四大影响因素，划分为组织层面与网络层面，通过实证分析验证两个层面中四大影响因素之间存在的跨层次关系与相互作用机制。研究表明，企业家特质对网络风险治理能力不仅有显著直接正向效应，加入战略创新系统和组织动态能力两大中介变量后，仍然对网络风险治理能力具有显著影响作用，战略创新系统和组织动态能力起到部分中介作用。基于此，也得到了一些有利于平台企业开放式服务创新风险治理能力提升的实践启示。

（1）必须注重企业家素质的强化，放大源头感召。企业家特质直接影响到企业层和网络层的创新风险治理能力，因此尝试进行开放式服务创新的平台企业必须更加注重企业家素质的塑造。平台的高层领导者应不断提高承担风险的能力、模糊承受能力和抗风险能力；不断提高其对市场机遇和环境的准确预测识别能力和合理有效配置资源的能力；不断通过有效的创新意识的鼓励和创新行为的支持，给予员工一定的正面引导，通过这种创新意识的源头感召与由上而下的传递，培养创新氛围，提升创新质量，形成抗风险倾向，从而增强对开放式服务创新风险治理的信心与决策力。

（2）加强创新战略体系建设，提升两个层面的作用力和匹配度。平台企业的高层管理者应当明确平台战略创新生态系统的战略定位，及时、准确地定位市场机遇、判断技术发展趋势和市场竞争形势；确定平台创新网络所作用的目标用户群体，为客户带来良好的体验和服务，重视与顾客等利益相关者的紧密联系；科学系统地管理平台的商业模式等。通过对战略创新系统的不断调整升级，不断加强组织层面与网络层面的作用力和匹配度，增强资源吸收能力，稳定创新环境，进而不断强化开放式服务创新风险治理的硬性条件，提升开放式服务创新风险治理的力度与效度。

（3）加强组织内部创新制度建设，促进动态能力协同提升。尽管人们都认同企业家在创新变革中的决定性作用，但平台企业是由企业家、管理者和所有组织成员共同组成的。因此平台企业应尽可能地统筹各个开放式服务创新风险治理能力的影响因素并使其协调发展。通过组织文化、制度政策等多方面手段刺激成员投入意愿和创新动力，促进新知识和新信息的流入，不断加强组织内部创新制度建设，避免组织人员在创新活动中产生知识同质化、惰性创新、对初始路径的过分依赖等问题，打破内部闭合学习效应，促使成员积极进行自主创新，提高企业自主创新能力，稳定与创新伙伴的合作关系，为平台企业开放式服务创新能力的可持续化提供保障。通过动态能力与开放式服务创新能力的持续提升，弱化相对于一般性企业而言平台企业创新风险治理的短板，从而减少平台企业开放式服务创新风险对创新活动的冲击与破坏，提升开放式服务创新质量。

11.5 不足与展望

相较于其他关于企业开放式服务创新风险治理的研究，本章立足于平台企业，利用多层次线性模型这一创新性的方法来研究企业家特质、战略创新系统、组织动态能力与网络风险治理能力这四大因素跨越不同层次的作用机理，在研究视角和研究方法上丰富了相关研究。但是本章研究也存在一些不足之处：多层次线性模型是一种能够处理多层级多角度协同作用关系的有效手段，本章只是将风险治理能力影响因素划分为两个层面，且对两个层面中相对简单的作用关系进行了研究，对其他角度和层面的挖掘还不够深入，今后的研究可以考虑增加变量设计，从其他角度和层面更深入地挖掘平台企业开放式服务创新风险治理其他影响因素的相互关系。同时，仅仅研究风险治理能力影响因素对于风险防控来说还远远不够，因此有必要建立风险识别与治理机制，进一步深化研究。

11.6 本章小结

本章针对网络平台企业开放式服务创新风险治理影响因素的多层次

性，构建了组织层面和网络层面影响网络风险治理能力的分析框架。通过问卷调查，并采用多层次线性模型进行探索，结果表明，企业家特质对网络风险治理能力不仅有显著直接正向效应，加入战略创新系统和组织动态能力两大中介变量后，仍然对网络风险治理能力具有显著影响作用，战略创新系统和组织动态能力起到部分中介作用。可见企业家特质对网络风险治理能力有显著正向作用，这一作用过程通过战略创新系统来实现。组织动态能力也可以促使组织打破闭合学习效应，刺激自主创新意愿，增强开放式创新能力，从而提升网络风险治理能力。因此风险治理必须要注重企业家素质的强化，加强创新战略体系建设，加强组织内部创新制度建设，增强资源互动能力，提升组织层面与网络层面这两个层面的作用力和匹配度，从而增强应对模糊条件与众多风险的硬实力。本章的研究对于平台企业突破风险牵制、提高创新质量具有一定的借鉴意义。

第四篇　网络平台企业开放式服务创新绩效提升

第12章 网络平台企业开放式服务创新风险治理绩效

近年来随着互联网技术等技术的快速发展，催生出互联网平台型公司。平台企业在成长过程中，必定需要适应不同时刻的不同环境，主动积极进行服务创新，尤其是在开放式服务创新领域，利用外部资源，引入外部创新能力提升平台企业创新方式，增强平台公司在市场中的竞争力。许多平台企业在开放式服务创新过程中失败，如"骆驼网""必须的""英大创投""友友用车""优库速购""订房宝""京东酷卖""彼岸网"等，从这些失败的案例中可知，平台企业的开放式服务创新过程并不是一帆风顺，而是面临着很大的风险。因此，平台企业在开放式服务创新过程中需要系统的风险治理机制，有针对性地应对开放式服务创新过程中的风险，避免平台企业开放式服务创新失败。

以平台企业为对象，刘广启（2014）将平台企业定义为利用信息和网络技术，通过某种创新方式来整合多方相关创新主体以实现各方价值交换，目的是获取超额利润的互联网平台组织。在平台企业的基础上，众多研究多是围绕开放式创新或服务创新，结合开放式创新和服务创新的开放式服务创新研究很少。彭本红和武柏宇（2016a）从商业生态系统视角出发，探讨合同治理、关系治理和创新绩效之间的关系。亨利·切萨布鲁夫等（2010）提出"开放式创新"，即企业可以从内外部同时得到有价值的资源和想法，并能将它们商业化。Chesbrough 等（2014）将开放式创新的定义进一步延伸和拓展，指出开放式创新不仅是技术探索与应用方式的创新，也是商业模式的创新，或者说它首先是一种商业模式的创新，其次才是具体的活动或流程的创新。到目前为止，对服务创新的研究比较多，但是主要是从产业、行业等宏观角度进行分析，如 Carlborg 等（2014）和杨广等（2009）缺乏从服务创新的主体进行考察。创新伴随着风险，进行开放式服务创新的平台企业更是面临着巨大的风险。

本章尝试梳理在环境动态性下平台企业开放式服务创新过程中战略柔性、动态能力与风险治理绩效三者之间的关系，提出平台企业开放式服务创新的风险治理机制。为平台企业在开放式服务创新过程中应对风险，以及从环境动态性角度对平台企业开放式服务创新风险治理机制建设提出了建议。

12.1 文献综述

12.1.1 平台企业的开放式服务创新

平台企业是随着互联网技术、计算机技术、信息技术等技术发展而出现的产物。鲁倩（2018）认为平台企业是连接多个用户群体，满足其需求的同时推动用户互动从而创造价值，并设定管理规划和标准的互联网企业。随着对平台企业的研究日渐增长，互联网等信息技术的广泛应用，现有的平台企业向开放性、服务性和创新性方向发展。一是开放性，平台企业拥有来自不同主体的相互影响和识别的开放式服务系统。二是服务性，国内外都有明显的服务创新滞后于产品创新的情况，因此谁能借助开放式平台实现开放式服务创新，谁就能在新一轮的信息技术革命中占据有利地位。三是创新性，创新性结合开放性和服务性，Salter 和 Tether（2006）、Agarwal 和 Selen（2009）都提出在服务经济时代，单方面地依赖生产工艺或者产品的创新不能给企业带来长久的利润，开放式服务创新慢慢成为企业提升竞争力的重要手段。

12.1.2 平台企业创新面临不确定性

平台企业在开放式服务创新过程中，面临着比较多的环境不确定性的影响，同时也面临着很大的风险，这些风险严重影响了平台企业的发展和开放式服务创新的成败。目前国内外对于企业创新风险治理的研究侧重于内部风险治理研究方面。一类如 Griffin（2013）、Choi 等（2016）从风险治理内容和过程方面进行分析，侧重风险识别、分析和处理。另一类如 Lundqvist（2014）从风险治理的效果角度进行分析，侧重风险识别、风险评估、风险控制及风险政策。

12.1.3 开放式服务创新的战略柔性与动态能力分析

不同的学者对战略柔性和动态能力有不同的理解。根据 Sanchez(1995，1997）的研究，将企业战略柔性分为资源柔性和协调柔性两个维度，Teece 等（1997）、Wang 和 Ahmed（2007）将资源柔性解释为企业资源的灵活性、可选择性和适用性。动态能力抽象测度中,具有代表性的是 Wu(2010)从整合能力、学习能力和重构能力三方面来解释动态能力和 Teece(2007)从机会感知、机会利用和重构能力三方面来解释动态能力。由现有的理论研究及相关文献可以得知,动态能力是一种企业应对市场环境变化,根据环境变化不断调整,以适应环境变化的一种能力。这种能力的表现形式有多种,但主要集中于对企业组织结构调整、学习创新、整合内部资源、机会感知利用等方面。

12.1.4 开放式服务创新的环境动态性分析

平台企业面临的市场环境越来越复杂,这些外部环境的不确定性降低了平台企业经营者对风险的识别能力,进而使开放式创新风险更加复杂化,也为企业的绩效带来难以预测的风险。对于环境动态性的维度和表现形式的研究中,Jaworski 和 Kohli(1993)认为环境动态性的表现形式分为三种:技术更新的速度、市场竞争的激烈程度及消费者偏好的变化程度。另外 Baron 和 Tang(2011)指出,环境动态性是一直存在于组织创新活动里,而且可能是个人或者组织发生创新活动的催化剂。环境动态性一般分为高动态环境与低动态环境,在高动态环境中,Hitt 等(1998)认为,企业一般通过依赖战略柔性来获得竞争优势。在高环境动态性的市场环境中,市场用户需求变化快,行业竞争激烈,行业技术更新换代周期短,行业法律法规变化或完善快,这些情况意味着企业面临的环境较难预测,突发意外状况增多。

12.1.5 简要评述

平台企业开放式服务创新过程面临的风险多是外部市场环境变化带来的,由于市场环境变化具有不可预测性,风险和机遇并存,因此从环境动态性角度考虑开放式服务创新风险治理机制尤其重要。关于环境动态性的研究多集中于一般企业,而研究平台企业开放式服务创新和风险治理机制的文献较少。从国内外对企业创新风险治理的研究来看,目前国内外企业风险治理研究主要集中在企业内部风险的研究,对企业创新风险机制的研究还不够。因此,亟待丰富和拓展平台企业开放式服务创新风险治理机制这方面的研究,以帮助平台企业更好地进行开放式服务创新。

12.2 研究假设

12.2.1 战略柔性和动态能力

平台企业更加注重资源的整合运用，开放式服务创新需要企业具备高战略柔性和动态能力。韩晨和高山行（2017）通过实证分析得出企业战略柔性对战略创新及管理创新具有正向的促进作用。战略创新和管理创新属于企业创新能力，企业创新能力是企业动态能力的表现形式之一。研究证明战略柔性对动态能力具有正向的影响。刘力钢等（2009）研究认为企业的战略柔性与动态能力协同发展。因此在平台企业中，战略柔性对动态能力可能存在正向促进作用。根据相关理论研究，提出以下假设。

假设 1：在平台企业开放式服务创新过程中，战略柔性对动态能力具有促进作用。

12.2.2 战略柔性和风险治理绩效

平台企业风险治理绩效与平台企业绩效大同小异，由于风险的治理效果最终都要以企业绩效的形式来呈现，在参考了李卫宁等（2019）和刘井建（2011）对企业绩效的研究后，本书选择客户增长速度、净利润率和市场份额的增长速度三个指标来对平台企业风险治理绩效进行描述。王铁男等（2011）认为不同类型的战略柔性对企业绩效的影响效果差异巨大，但战略柔性对企业绩效起正向作用。马丽和赵蓓（2018）也认为战略柔性对企业绩效具有促进作用。因此，在平台企业中，战略柔性对风险治理绩效可能存在着正向促进作用。根据已有的相关理论研究，提出以下假设。

假设 2：在平台企业开放式服务创新过程中，战略柔性对风险治理绩效具有促进作用。

12.2.3 动态能力和平台企业风险治理绩效

动态能力属于企业内部能力，内部能力对外部的风险绩效存在影响。戴亦兰和张卫国（2018）认为，在创新企业中，企业的动态能力对企业绩效具有促进作用。金昕等（2019）研究得出，企业的组织动态能力在双元创新战略对企业绩效的影响中起部分的中介作用和调节作用。大量理论研究和文献表明,企业的动态能力对于企业绩效具有促进作用(刘刚和刘静,2013)。而平台企业在开放式服务创新中,动态能力是否对风险治理绩效具有促进作用?根据对企业动态能力对于企业绩效影响的研究,在平台企业中,动态能力对企业风险治理绩效可能存在正向促进作用。根据相关的理论研究,提出以下假设。

假设 3:在平台企业开放式服务创新过程中,动态能力对风险治理绩效具有促进作用。

12.2.4 环境动态性的调节作用

环境动态性是指外部环境不断变化且这种变化不可预测的一种状态。Dess 和 Beard(1984)认为环境动态性是顾客、竞争者、市场及行业创新等变化的不可预见性。Jaworski 和 Kohli(1993)从技术更新速度、市场竞争激烈程度及消费者偏好等方面来解释环境动态性。王铁男等(2011)认为环境动态性在企业战略柔性对风险治理绩效的影响中起正向调节作用。刘井建(2011)认为环境动态性在创业学习、动态能力对企业绩效的影响中具有正向调节作用。因此,环境动态性在战略柔性、动态能力对风险治理绩效影响中可能存在正向调节作用。由此提出以下假设。

假设 4:环境动态性在战略柔性、动态能力及风险治理绩效中起正向调节作用;

假设 4a:环境动态性在战略柔性和动态能力中起正向调节作用;

假设 4b:环境动态性在战略柔性和风险治理绩效中起正向调节作用;

假设 4c:环境动态性在动态能力和风险治理绩效中起正向调节作用。

综合以上研究假设,整理出网络平台企业开放式服务创新风险治理绩效的研究框架,具体见图 12-1。

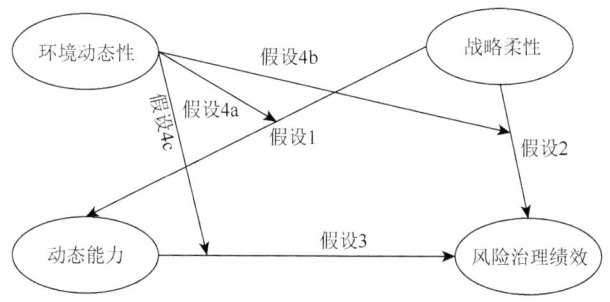

图 12-1 研究概念模型

12.3 研 究 设 计

12.3.1 研究方法及数据来源

（1）研究思路。为了深入探讨战略柔性和动态能力对平台企业开放式服务创新风险治理绩效的影响机制及环境动态性在这三者关系中的调节作用，本章按照"理论研究—构建假设—实证分析—总结与展望"的分析思路，将平台企业作为调研目标，将战略柔性、动态能力、风险治理绩效和环境动态性四者之间的作用关系的相关理论研究和文献进行整理和归纳，形成了本章研究的结构模型。

（2）研究方法。数理统计分析法。将通过调研收集来的样本数据进行整理与统计，主要利用统计软件 SPSS 25.0 和 AMOS 21.0 对样本数据进行描述性统计分析、因子分析和多层次回归分析等。对战略柔性、动态能力和平台企业开放式服务创新风险治理绩效的影响机理及环境动态性的调节作用进行实证分析和假设检验，以便得出相应的平台企业开放式服务创新风险治理机制等结论，并提出相关的建议。

（3）数据来源。本章研究采用了调查问卷的方法来获取真实实证数据，为保证数据来源的真实性，将样本数据调查对象控制在一些对平台企业运营状况比较熟悉的平台企业的管理人员，进行调查问卷数据收集，问卷调查时间为 2018 年 12 月～2019 年 3 月末。通过校友关系、亲友关系和电话访谈联系到相关被调查人员，采用电子邮件、QQ、微信等途径发放问卷的网页链接进行调查。共发放 280 份问卷，回收问卷 249 份，回收率为 88.9%。剔除 7 份无效问卷后，最终有效问卷数量为 242 份，有效问卷率为 86.4%。问卷主要来自以下类型平台企业：电子商务平台 68 份（28.10%），社交媒体平台 42 份（17.36%），内容媒体平台 50 份（20.66%），电子支付平台 32 份（13.22%），移动互联网平台 50 份（20.66%）。

12.3.2 变量测度

本章研究所用的战略柔性、动态能力、风险治理绩效及环境动态性的变量测度，是在参考国内外已有的理论研究和文献后确定的，符合平台企业的实际情况。战略柔性参考了 Sanchez（1995，1997）及王铁男等（2011）对于战略柔性的理论研究，从平台企业资源柔性、适应变化能力和利用变化能力三个维度（英文缩写 SF，三个维度在文中分别为 SF01、SF02、SF03）对战略柔性进行解释。动态能力参考了 Teece 等（2007）和 Wu（2010）关于企业动态能力的理论研究后，从平台企业整合能力、利用机会能力、重构能力三个维度（英文缩写 DC，三个维度在文中分别为 DC01、DC02、DC03）对动态能力进行解释。风险治理绩效参考了刘井建（2011）、马丽和赵蓓等（2018）的关于企业绩效的变量维度，选取平台企业最近三年的客户增长速度、净利润率、市场份额增长速度（英文缩写为 RGP，三个维度在文中分别为 RGP01、RGP02、RGP03）作为平台企业风险治理绩效的测量维度。环境动态性参考了 Jaworski 和 Kohli（1993）与 Dess 和 Beard（1984）的研究，从客户需求变化速度、市场竞争激烈程度、行业技术变化速度三个维度（英文缩写为 ED，三个维度在文中分别为 ED01、ED02、ED03）对环境动态性进行解释。变量测量如表 12-1 所示。

表 12-1 变量测量

潜变量	测量维度	参考来源
战略柔性（SF）	资源柔性（SF01）	Sanchez（1995，1997） 王铁男等（2011）
	适应变化能力（SF02）	
	利用变化能力（SF03）	
动态能力（DC）	整合能力（DC01）	Wu（2010） Teece 等（2007）
	利用机会能力（DC02）	
	重构能力（DC03）	
风险治理绩效（RGP）	客户增长速度（RGP01）	刘井建（2011） 马丽和赵蓓（2018）
	净利润率（RGP02）	
	市场份额增长速度（RGP03）	
环境动态性（ED）	客户需求变化速度（ED01）	Jaworski 和 Kohli（1993） Dess 和 Beard（1984）
	市场竞争激烈程度（ED02）	
	行业技术变化速度（ED03）	

根据利克特五分量表法，被调查者根据自己所在的平台企业真实情况进行打分。1 分表示非常不同意，2 分表示不同意，3 分表示中立，4 分表示同意，5 分表示非常同意。

12.3.3 信度与效度分析

探索分析的结果如表 12-2 所示。各潜变量的 Cronbach's α 值皆大于 0.6，说明各潜变量内部具有较高的一致性，因此通过信度检验。各潜变量的KMO值皆大于0.6，且Bartlett's球形检验显著性水平均为0.000，适合因子分析。结果显示，概念模型所有变量的因子载荷均大于0.5。

表 12-2 探索因子分析结果

潜变量	变量测度	因子载荷	均值	标准差	KMO	累计方差贡献率/%	Cronbach's α
战略柔性（SF）	SF01	0.586	4.14	0.700	0.661	84.86	0.715
	SF02	0.789	4.17	0.742			
	SF03	0.750	4.04	0.736			
动态能力（DC）	DC01	0.709	4.08	0.747	0.682	83.98	0.735
	DC02	0.713	4.05	0.755			
	DC03	0.678	4.13	0.693			
风险治理绩效（RGP）	RGP01	0.565	4.07	0.663	0.630	85.13	0.695
	RGP02	0.768	4.11	0.755			
	RGP03	0.736	3.86	0.736			
环境动态性（ED）	ED01	0.774	3.98	0.546	0.632	82.31	0.686
	ED02	0.789	4.04	0.575			
	ED03	0.744	3.90	0.586			

通过Amos软件进行验证性因子分析，验证因子分析结果如表12-3所示，分析结果表明模型的拟合指标也达到拟合水平。

表 12-3 验证因子分析结果

指标	χ^2/df	NFI	CFI	RFI	IFI	TLI	RMSEA
理想值	<3	>0.9	>0.9	>0.9	>0.9	>0.9	<0.05
模型	1.438	0.948	0.983	0.928	0.984	0.977	0.043

12.4 结果分析与讨论

12.4.1 研究结果

本章使用多层次回归分析的方法研究环境动态性的调节效应，多层次回归分析是研究调节效应的主要方法之一。回归模型如下。

(1) 战略柔性对动态能力的回归模型（α 为常数项）：
$$DC = \beta_1 \cdot SF + \alpha \quad \text{（模型 1）}$$
(2) 环境动态性对战略柔性与动态能力的调节回归模型（α 为常数项）：
$$DC = \beta_1 \cdot SF + \beta_2 \cdot ED + \beta_3 \cdot SF \times ED + \alpha \quad \text{（模型 2）}$$
(3) 战略柔性对风险治理绩效的回归模型（α 为常数项）：
$$RGP = \beta_1 \cdot SF + \alpha \quad \text{（模型 3）}$$
(4) 环境动态性对战略柔性与风险治理绩效的调节回归模型（α 为常数项）：
$$RGP = \beta_1 \cdot SF + \beta_2 \cdot ED + \beta_3 \cdot SF \times ED + \alpha \quad \text{（模型 4）}$$
(5) 动态能力对风险治理绩效的回归模型（α 为常数项）：
$$RGP = \beta_1 \cdot DC + \alpha \quad \text{（模型 5）}$$
(6) 环境动态性对动态能力与风险治理绩效的调节回归模型（α 为常数项）：
$$RGP = \beta_1 \cdot DC + \beta_2 \cdot ED + \beta_3 \cdot DC \times ED + \alpha \quad \text{（模型 6）}$$

为了减少回归方程的多重共线性问题，本章首先对变量数据作标准化和中心化处理。首先验证变量间的相互关系，利用 SPSS 25.0 得出的结果如表 12-4 所示，各变量之间的相关系数小于 0.8，表明变量之间多重共线性较弱。

表 12-4 变量间 Pearson 相关系数矩阵

变量	SF01	SF02	SF03	DC01	DC02	DC03	GRP01	GRP02	GRP03	ED01	ED02	ED03
SF01	1											
SF02	0.361**	1										
SF03	0.401**	0.335**	1									
DC01	0.517**	0.380**	0.383**	1								
DC02	0.425**	0.535**	0.464**	0.393**	1							
DC03	0.515**	0.465**	0.517**	0.425**	0.465**	1						
RGP01	0.497**	0.463**	0.456**	0.500**	0.400**	0.388**	1					
RGP02	0.528**	0.516**	0.455**	0.513**	0.550**	0.465**	0.347**	1				
RGP03	0.424**	0.454**	0.488**	0.387**	0.428**	0.389**	0.351**	0.368**	1			
ED01	0.536**	0.439**	0.430**	0.517**	0.444**	0.505**	0.467**	0.471**	0.450**	1		
ED02	0.484**	0.511**	0.489**	0.453**	0.490**	0.461**	0.467**	0.471**	0.450**	0.356**	1	
ED03	0.476**	0.435**	0.490**	0.529**	0.468**	0.493**	0.459**	0.549**	0.397**	0.486**	0.412**	1

**表示在 0.01 级别（双尾），相关性显著。

本章研究使用分层回归的研究方法分别检验在环境动态性下战略柔性对动态能力的调节作用，战略柔性对风险治理绩效的调节作用，以及动态能力对风险治理绩效的调节作用。如表 12-5 所示，战略柔性与环境动态性的交互系数为 -0.075，不能产生正向的调节作用，且检验结果不显著，因此不能支持假设 4a。

表 12-5　多层次回归结果 1

变量	模型 1	模型 2
战略柔性（SF）	0.809***	0.396***
环境动态性（ED）		0.433***
战略柔性×环境动态性（SF×ED）		-0.075
常数项 α	-1.168×10^{-15}	0.036
R^2	0.611	0.689
调整后 R^2	0.609	0.685
F	376.410***	175.433***
因变量	动态能力（DC）	

***表示 $p<0.001$。

如表 12-6 所示，战略柔性与环境动态性的交互系数为 0.159，表明战略柔性对风险治理绩效在环境动态性下的调节作用显著。动态能力与环境动态性的交互系数为 0.109，表明动态能力对风险治理绩效在环境动态性下的调节作用显著。因此本章的假设 4b 和假设 4c 通过检验。

表 12-6　多层次回归结果 2

变量	模型 3	模型 4	模型 5	模型 6
战略柔性（SF）	0.829***	0.533***		
动态能力（DC）			0.722***	0.294***
环境动态性（ED）		0.299***		0.450***
战略柔性×环境动态性（SF×ED）		0.159***		
动态能力×环境动态性（DC×ED）				0.109***
常数项 α	0	0.028	1.607×10^{-15}	0.053
R^2	0.687	0.729	0.566	0.673
调整后 R^2	0.686	0.725	0.564	0.669
F	526.822***	213.118***	312.665***	163.305***
因变量	风险治理绩效（RGP）			

***表示 $p<0.001$。

战略柔性对风险治理绩效在环境动态性下的调节作用效应图及动态能力对风险治理绩效在环境动态性下的调节作用效应图如图12-2和图12-3所示。当处于高动态环境时，平台企业平台型需要更强的战略柔性，需要更好的动态能力应对环境中的动态风险，企业的风险治理绩效就会更好。

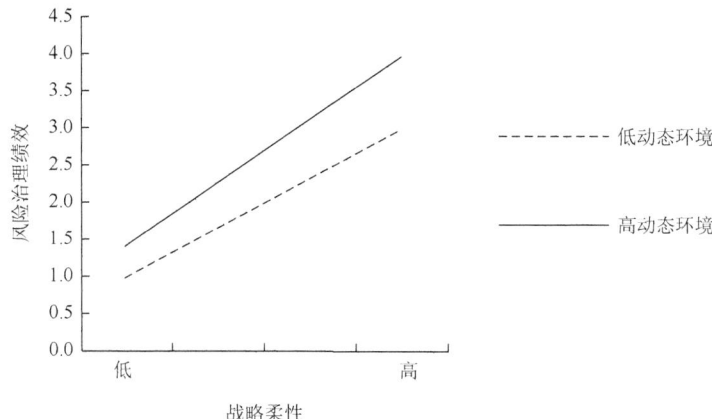

图12-2　战略柔性对风险治理绩效在环境动态性下的调节作用效应图

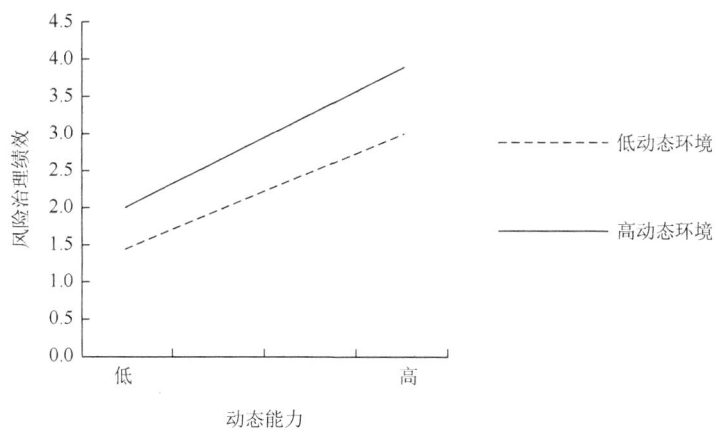

图12-3　动态能力对风险治理绩效在环境动态性下的调节作用效应图

综上所述，假设1、假设2、假设3、假设4b、假设4c通过检验。环境动态性在平台企业战略柔性和动态能力中的调节作用不显著，即假设4a未通过假设检验。市场环境变化属于平台企业外部因素，平台企业战略柔性对动态能力的影响受市场环境变化的影响过小，在其间的影响不明显，所以假设4a未通过检验。假设检验结果见表12-7。

表 12-7 假设检验结果

序号	假设	检验结果
1	假设1：在平台企业开放式服务创新过程中，战略柔性对动态能力具有促进作用	支持
2	假设2：在平台企业开放式服务创新过程中，战略柔性对风险治理绩效具有促进作用	支持
3	假设3：在平台企业开放式服务创新过程中，动态能力对风险治理绩效具有促进作用	支持
4	假设4a：环境动态性在战略柔性和动态能力中起正向调节作用	不支持
5	假设4b：环境动态性在战略柔性和风险治理绩效中起正向调节作用	支持
6	假设4c：环境动态性在动态能力和风险治理绩效中起正向调节作用	支持

12.4.2 讨论

（1）环境动态性对战略柔性与动态能力的调节作用分析。为何环境动态性对平台企业战略柔性于动态能力的调节作用不显著？具体考虑来看是由于平台企业的战略柔性和动态能力属于企业的内部能力，战略柔性的强弱能直接影响动态能力的高低。而市场环境变化属于平台企业外部因素，平台企业战略柔性对动态能力的影响受市场环境变化的影响过小，在其间的影响不明显。平台企业的战略柔性对动态能力的影响受市场环境变化外部影响效果不明显，动态能力高低可能更多地由企业内部决定，平台企业的战略柔性强会导致动态能力也高。例如，搜狐在很多领域（如游戏、社交等）相对于自己的竞争对手行为滞后，企业内部能力较弱，而高动态环境下，搜狐内部战略柔性对动态能力的影响较低，导致搜狐近年来与曾经齐名的竞争对手相比，已经落后。

（2）企业内部能力之间的相互作用分析。平台企业的战略柔性对动态能力具有正向促进作用。战略柔性和动态能力本就是属于企业内部能力，战略柔性越强的平台企业，更能适应及利用市场环境变化，市场环境变化带给平台企业的不一定都是风险，也有可能是机遇。因此，具有较强战略柔性的平台企业，也会拥有更高的动态能力，平台企业拥有越强柔性资源就越容易被整合。阿里巴巴公司一直秉持着共享的价值理念，依托团队精神，具有高质量的人力资源，侧面体现阿里巴巴具有很好的资源调度情况，由此阿里巴巴能够在开放式创新平台中占据领先地位，并且能够建立开放式的生态系统平台。

（3）战略柔性对风险治理绩效的影响分析。企业内部的能力是否会对企业的风险治理绩效有显著的相关性？根据实证研究，平台企业战略柔性对风险治理绩效具有正向促进作用。平台企业拥有较高的战略柔性，意味着平台企业拥有柔性较高的企业资源，在面对开放式服务创新风险时，平台企业能将这部分资源移作他用，尽可能降低损失甚至化风险为机遇。也意味着平台企业更能适应市场环境变化，降低因创新风险带来的损失。ofo 企业的开放式服务创新失败的原因很多，资源缺乏柔性是其中重要原因之一。共享单车是 ofo 企业的重要资源，而共享单车这部分实物资源缺乏柔性，这部分资源不仅占据大量资金、带来高昂的运营维护成本，而且当风险发生时，这部分资源移作他用十分困难。

（4）动态能力对风险治理绩效的作用分析。同为企业内部能力的动态能力对风险治理绩效的作用又是如何体现的？结果显示，平台企业动态能力对风险治理绩效具有正向促进作用。平台企业在开放式服务创新过程中拥有更好的捕捉机会、利用机会的能力，能有效减少风险出现的次数，甚至化风险为机遇，提高平台企业的企业绩效。当平台企业壮大时，及时进行组织架构重组，能让企业进一步发展。当平台企业遭遇风险时，及时进行组织架构重组，能让企业降低由开放式服务创新风险带来的损失。推特在国外取得成功，而当时国内还没有相应的互联网模式出现。新浪模仿这种模式率先推出了新浪微博，领先腾讯微博半年出现。这半年为新浪微博发展抢占了先机，并且之后一直占据国内第一的位置。

（5）环境动态性的中间调节作用分析。环境动态性的调节作用是否有在战略柔性、动态能力与风险治理绩效之间起到实质性的作用？由实证分析结果可知，环境动态性在战略柔性对风险治理绩效以及动态能力对风险治理绩效中起正向调节作用。处于高动态环境的平台企业，为适应市场环境的高动态性，会增加持有柔性强的企业资源，提高平台企业自身适应变化及利用变化的能力，因此能给平台企业产生较好的风险治理效果，提高平台企业开放式服务创新风险治理绩效。处于高动态环境的平台企业，只有拥有较强的整合能力，捕捉机会、利用机会的能力突出，拥有较强的重构企业组织架构的能力，才能产生较好的风险治理效果，提高风险治理绩效。2003 年淘宝与 eBay 易趣的竞争激烈，由于淘宝更能把握用户需求，更能适应本土环境，拥有更强的应变能力和反应能力，因此能根据本土情况快速制定策略，在后来的竞争中，淘宝打败了 eBay 易趣。

12.5 结论与启示

本章探讨了平台企业在环境动态性下,企业的战略柔性、动态能力对风险治理绩效的作用效果,发现平台企业的战略柔性和动态能力对风险治理绩效有重要影响。本章主要结论如下:①强战略柔性能提高平台企业风险治理绩效。平台企业往往处于市场环境变化快的环境中,为应对高动态环境带来的高风险,平台企业必须提高对企业战略柔性的重视,在开放式服务创新中,平台企业应努力提高企业的战略柔性以应对创新风险。②高动态能力能提高平台企业风险治理绩效。为应对市场环境变化快带来的高风险,平台企业在开放式服务创新过程中,应拥有较强的动态能力并且不断提高企业的动态能力。③高动态环境下的平台企业可以拥有更好的风险治理绩效。处于高动态环境下的平台企业,面对快速变化的外部环境,需要强战略柔性和高动态能力去应对、处理市场环境变化所带来的机会与风险。

由此,平台企业进行创新过程中,要重点关注以下几点。

(1)提高平台企业战略柔性,抓住机遇应对风险。平台企业应提高企业战略柔性以应对开放式服务创新风险。从理论上来看,平台企业应选择柔性较好的企业资源,减少持有柔性较差的资源;还要有适应环境变化的能力,平台企业面临的市场环境是不断变化的,因此平台企业在开放式服务创新过程中所面临的风险较多;除此以外,平台企业应该具备较强的利用市场环境变化的能力,市场环境变化虽然带来较高的风险,但是机遇与风险并存。从实践上来看,平台企业是处于环境开放的状态,需要整合平台内外部资源,随着不同用户、商家、平台的联系越来越紧密,新时代背景下就需要提升企业战略柔性来应对现在的大环境,从而能够应对风险。

(2)提升平台企业动态能力,整合资源重组架构。平台企业在开放式服务创新过程中,应拥有较强的动态能力并且不断提高企业的组织重构能力。一开始是学习能力,拥有越强的学习能力,平台企业的创新能力和创新意识就越强。具备了学习能力之后,需要将资源整合,为应对环境市场变化或者企业自身变化,企业必须提高自身的整合能力,整合内外部资源,以提升平台企业开放式服务创新能力。资源整合之后需要捕捉机会、利用机会并能够进行组织重构。平台企业应及时随着企业不断壮大或衰退适时地重构企业的组织架构,这样有利于平台企业内部发展,当平台企业遭遇创新风险时,及时重构企业组织架构有利于止住衰退趋势。腾讯平台企业在组织学习、组织知识、企业战略等方面提升本身的动态能力,来维持作为平台企业的竞争力。

(3)维持平台企业处于高动态环境,适应环境提高绩效。处于高动态环境下的平台企业相对于低动态环境下的平台企业拥有更强的战略柔性和更高的动态能力,能把握更多的开放式服务创新机会,也因此拥有更好的风险治理绩效。对于处于高动态环境的平台企业,战略柔性强和动态能力高能更好地应对市场环境变化带来的创新风险,有效降低创新风险带来的损失甚至能提高企业绩效。2018年末,百度对未来做规划,处于现代的高动态环境下,实行 AI to B(artificial intelligence to business,人工智能服务于企业)及云业务,提升企业风险绩效。

由于风险治理机制的复杂性,仅从企业战略柔性和动态能力角度研究还不够,需要从更多的角度对其进行完善和补充。本章未从不同类型和不同发展阶段的平台企业进行分类研究。在以后的研究中,需要增加样本数据容量,提高研究的信度和效度水平,使研究结论具有更高的普适性。将不同类型和不同发展阶段的平台企业进行分类比较研究,以研究不同类型和不同阶段的平台企业在开放式服务创新风险治理机制方面的差异。

12.6　本章小结

本章分析了战略柔性、动态能力、风险治理绩效之间的关系,并加入环境动态性的调节效应,采用问卷调查和多层次回归方法,探索平台企业开放式服务创新的风险治理机制。研究发现,平台企业的战略柔性对动态能力、战略柔性以及动态能力对风险治理绩效的促进作用得到验证。但是在环境动态性的调节作用下,企业内部能力的战略柔性对动态能力的促进作用未得到支持,说明受市场环境变化的影响,平台企业的战略柔性对动态能力外部影响效果不明显,动态能力高低可能更多地由企业内部决定。另外,由于平台企业的开放性和服务性,在环境动态性下,战略柔性和动态能力对风险治理绩效的促进作用明显。本章研究对于我国平台企业进行开放式服务创新及规避风险具有重要指导意义。

第 13 章　动态能力与网络平台企业价值共创绩效

随着体验经济和服务经济的强势兴起，网络平台企业价值创造从以企业为中心转向以顾客为中心，多方参与共同创造，从单纯追求交换价值转变为以追求使用价值为主并兼顾交换价值，且以满足顾客的体验价值作为"互联网+"背景下服务企业追求的根本。网络平台企业价值共创的产品或服务是由多方参与共同创造完成的，不但发生于网络平台企业的内部，更重要的是网络平台企业将"外部主体"内部化，主动发掘新兴的且难以自主创新实现的新服务或新产品。网络平台企业在价值共创过程中扮演发现者和引荐者，并以合作者的角色将价值创造者的成果推向大众，其实质是将内外部新产生的价值纳入自身的"价值创造网络体系"，作为"价值集成者"通过价值共享来实现自身价值的满足和参与者的共赢。价值共创过程中虽然消费者会分享一部分价值，但更有利于网络平台企业和产品/服务提供者突破能力边界，极大提升产品/服务的内涵和外延，会使其价值创造能力呈几何倍数的提高（罗珉和李亮宇，2015），因此，价值共创是网络平台企业创新生态系统的第三条生命线。"互联网+"背景下网络平台企业更需要价值共创来保持生命力和竞争力。近些年，理论界关于价值共创的研究逐渐兴起，大多学者关注的焦点是价值共创的内在机理和提升对策，以及将其作为前置影响因素来探究对创新等的影响，也有部分学者将其作为因变量来实证分析顾客参与、资源互动对价值共创的影响。但将服务主导逻辑、网络嵌入、动态能力和网络平台价值共创四者之间结合起来，进行实证分析的研究还非常欠缺。

互联网促使价值创造逻辑的改变，以供给为主的商品主导逻辑正走向消亡，以需求为导向的服务主导逻辑正蔚然成风，标志着价值创造从单一的价值链内部产生转变为价值网络间的协同创造，逻辑的变迁使得顾客变为价值创造的来源，顾客的体验和感知是企业成功的关键，网络平台企业开始与利益相关者进行价值互动，不仅共同提升产品/服务的使用价值，还共同提升使用价值被顾客体验感知的程度。互联网时代服务主导逻辑的兴起，使得跨界协作成为商业新常态，互联网为网络嵌入提供了无边界性存在的可能性。网络嵌入通过融合不同的领域、行业乃至文化，很多不曾关联或不兼容的元素产生连接，碰撞出新的价值，网络嵌入使得价值共创获得良好的结构优化、关系改善和认知趋同的社会资本环境。无论是逻辑的变化还是网络的优化都会促使利益相关者进行自我和系统动态能力的调整和提升，动态能力不断促使企业对内外部资源和自我能力进行整合、配置并依据外部环境的变化进行重组，其嵌套于企业或系统之间的互动中，有利于提升价值共创的结果。在网络平台企业价值共创过程中，通过服务主导逻辑的革新和嵌入网络的优化，进而提升动态能力，是网络平台企业实现价值共创满意结果的重要途径。大多数学者强调网络嵌入的结构优化和动态能力的提升有利于价值共创的实现，但缺乏实证分析，也有学者就服务主导逻辑对价值共创的影响进行了实证研究，但没有考虑到动态能力的中介作用。因此，本书还提出并验证了服务主导逻辑和网络嵌入通过动态能力中介传导作用影响网络平台企业价值共创的理论假设，揭示了服务主导逻辑、网络嵌入通过动态能力来进一步影响价值共创的作用机理，有助于弥补服务主导逻辑、网络嵌入与价值共创关系是如何实现的有限认知，突出了动态能力在价值共创中的作用。还着重从动态能力的整体层面和子维度层面检验其在服务主导逻辑与网络嵌入和网络平台企业价值共创之间的中介作用，加深了对动态能力的认识，丰富了相关理论并为企业实践提供现实指导和帮助。

13.1 理 论 基 础

（1）服务主导逻辑的提倡。过去商品主导逻辑认为：企业创造产品，顾客消费产品使产品不再具有交换价值（Vargo and Lusch，2004）；顾客作为价值的毁灭者被动接受且不参与价值的创造过程，企业作为主角单独创造价值，彼此之间无直接互动（Vargo et al.，2008）；在商品主导逻辑下产品处于中心位置而服务被认为是"次优"产出，服务从属于商品（刘林青等，2010）。而服务主导逻辑则提出：一切经济均是服务经济，服务是一切交换活动的基础，企业和顾客一起提升使用价值，价值来源于合作者的体验与感知。互联网时代交换的基础仍然扎根于消费者的需要，将顾客需要的"效用"嵌入产品/服务中，实现价值增值。网络平台企业产生之始都秉承服务主导逻辑理念，依据顾客需要提出价值主张，通过跨界联合,形成虚拟和现实的协作,设计和开发新的服务,转变为优秀的一线"服务人员"以满足顾客需求和提升顾客体验,体现出价值由受益者决定、顾客是价值共创的第一责任人。刘飞和简兆权(2014)对网络环境下基于服务主导逻辑的服务创新理论模型进行了研究,重新构建了服务创新的六维模型并进行了诠释和案例分析;张婧和何勇(2014)基于知识密集型产业研究了服务主导逻辑导向、资源互动与价值共创的关系;Xie等(2016)基于服务主导逻辑探讨了如何通过转化大数据资源形成价值共创的合作资产,为企业大数据时代价值共创和选择竞争策略提供了一个崭新的理论视角。

(2)网络嵌入的结构优化。服务增强趋势、模块化联合、无边界发展等对"互联网+"背景下的企业产生行业冲击,导致价值链发展到价值网以及非线性商业模式(Søilen et al.,2012)等行业结构的变化,同时企业之间的竞争转向以平台企业为中心的生态系统的竞争(Hacklin et al.,2009;Tiwana et al.,2010),使得企业主动或被动地进行网络嵌入。首先,各主体嵌入网络平台企业实现互补共创,模块之间耦合共轭,价值创造活动同步协调,一体化的"价值创造网络体系"在实现价值的共创和提升过程中,也体现出网络的嵌入;其次,资源异质性和功能互补性使得企业之间耦合匹配,避免重叠和减少同质竞争与资源溢出,共创主体也可杠杆化利用其他主体的资源,突破能力界限,扩大价值共创的边界和整个价值创造网络的系统效应,创新源的多样性需要进行网络嵌入;最后,系统嵌合使得各主体在资源、能力和技术上彼此兼容匹配,同步同频使得各主体方向一致、步骤协调,协同共创价值,而系统嵌合和同步同频需要良好网络嵌入的支撑。此外,网络平台企业将各主体及协同融合后新产生的创新资源进行重构和契合,让各共创主体均可利用整合后的资源扩大价值创造,减少资源转换的中间环节,实现系统效应最优化,而平台耦合接口的稳定性还可以节约关系维护的支出,网络平台企业功能的发挥体现了网络嵌入的重要性。可见,系统嵌合与同步同频是价值共创的关键,网络平台企业是引领价值共创网络协同发展的主导力量。查阅文献发现网络嵌入的研究多以集群企业、外资母子公司为载体,主要检验网络嵌入对创新绩效、创新能力、合作绩效、关系绩效和技术创新等的影响。

(3)动态能力的整体提升。网络平台企业的兴起,使得各主体更容易嵌入价值创造网络中,通过网络位置、联结强度和合作互动来获取有价值的互补知识、信息及技术等资源,但最重要的是通过整合、学习和重构等动态能力把获得的资源内化为自己的异质性资源,并应用到企业实际运作之中。Eisenhardt 和 Martin（2000）认为企业间动态能力是可以识别的，具有关键特征的共同性和细节上的异质性；Cepeda 和 Vera（2007）把动态能力定义为扩展、改变和创造常规能力的高阶能力，具有提升企业环境适应性和核心能力更新、重构的优势；Teece（2007）强调动态能力有利于知识的获取、吸收和转化，从而提高企业竞争优势。企业培养核心竞争力的过程其实就是企业追寻、应用新知识的过程。在"互联网+"复杂多变的市场竞争环境中，核心能力"刚性"和路径依赖性问题越来越突出，价值创造者不再有永恒的核心竞争力，甚至原本对企业竞争具有重要贡献的资源也有可能变成阻碍，而自身动态能力的提高被看作新形势下具备核心竞争力的高阶能力。杜健等（2011）构建了"网络嵌入性-动态能力-创新绩效"的理论框架，并提出相关假设命题；罗仲伟等（2014）认为微信"微创新战略"成功的内在机理是在强大的动态能力支撑条件下，抓住了技术范式变化的战略机遇，最终实现颠覆式创新和价值创造；龚丽敏和江诗松（2016）从动态能力视角对平台型商业生态系统文献进行了回顾，认为对平台型商业生态系统中的用户基础这一有价值资源的管理过程就可以被看成是动态能力，动态能力需要重新组合资源来产生新的价值创造战略。

（4）价值共创的集智协同。"产品+服务+体验"的"企业-顾客"互动模式是网络平台企业的典型创新模式，企业服务和顾客体验引领价值创造。首先，用户为价值共创提供了方向，企业为紧跟市场而开发新服务，需进行市场调研，其调研主体为顾客；其次，价值共创存在于用户与企业交互的过程中，交互有利于企业确定服务目标、解决实际问题和提升服务质量；最后，用户将产品和服务的体验反馈给企业并参与企业的创新过程，使企业继续向用户提供更加完美的体验和满足特定需求的内容服务组合。服务主导逻辑下顾客不再是单纯的价值消耗者，其创新热情被点燃并具有参与价值创造的使命，企业需重视与顾客的互动共创，在交互中构建创新资本和塑造核心新能力（Kim and Hwang，2012）。为了在全球范围内实现整体价值创造网络的最优化，突破单一产业的界限，将各主体都纳入生态系统中，充分发挥不同参与主体的比较优势，共同为创造新价值和满足顾客需求而紧密合作，价值共创应运而生，而社交媒体平台的盛行促使企业利用这一新渠道与消费者共创价值。简兆权等（2016）从"顾客体验"到"服务主导逻辑"视角对价值共创的研究与展望进行了梳理，发现价值共创的早期思想萌芽于"共同生产"，正式开始于"顾客体验"，发展于"服务主导逻辑"，服务生态系统视角的价值共创也受到广泛关注。可知，价值共创发展于"服务主导逻辑"，在平台商业生态系统背景下广受关注。

13.2 研究假设与理论框架

13.2.1 研究假设

（1）服务主导逻辑与网络嵌入。服务主导逻辑的倡导使得创新源不断深化、价值网络不断扩展。首先，服务主导逻辑下顾客是价值的共同创造者，通过与企业互动和反馈共创价值可以看出价值创造是交互的，价值创造的交互过程促进了各共创主体间结构、关系和认知等方面的嵌入。其次，服务主导逻辑认为企业只提供价值主张而不能单独创造和传递价值，企业只有在被接受后才能输出自身的应用性资源和交互地创造价值，但企业可对顾客参与价值共创的行为加以引导，因此，企业应当充分整合内外部资源，把合作伙伴和顾客嵌入价值创造网络体系中。最后，服务主导逻辑认为所有经济性和社会性行动者都是资源的整合者，意味着价值创造的情景是网络化的，价值创造所需资源超过了企业或"企业-顾客"界面，还需要将供应商、员工、联盟等其他伙伴卷入价值创造网络。此外，服务主导逻辑还认为服务中心观必然是"顾客导向"和"关系性"的，"关系性"表明不同资源整合者之间存在相互制约和相互影响的关系，这种"关系性"形成一个庞大的网络系统，而"顾客导向"强调了受益人在网络系统中的核心位置，在这个系统中，参与者的最终目的是提高整个价值创造网络的适应性和可持续性，不再局限于实现自身和网络伙伴的利益。因此，服务主导逻辑促进网络嵌入和优化。基于此，提出以下假设。

假设1：服务主导逻辑对网络嵌入具有显著的正向影响。

（2）服务主导逻辑与动态能力。服务主导逻辑根植于核心能力理论和资源优势理论，这两种理论把核心能力作为企业生存和发展的高阶资源（李雷等，2013），而动态能力是组织整合、吸收、创造各种资源的高阶能力。为了充分利用高阶资源，在服务主导逻辑的理念支撑下，各主体都会着重培育自己的动态能力。首先，服务主导逻辑需要动态能力的支持。服务主导逻辑认为知识和技能等操作性资源是竞争优势的根本来源，网络平台企业存在各种各样的使用者，很少存在现成的平台服务提供给所有不同的使用者，使用知识和技能等操作性资源并依据市场需求向使用者提供独特性、定制化的平台服务是网络平台企业获得竞争优势的关键，而对操作性资源的利用需要较高水平的动态能力的支持，因此，网络平台企业会带动使用者共同推动动态能力的培养，一定程度上促进了动态能力的提升。其次，服务主导逻辑会提升动态能力。服务主导逻辑下网络平台企业是整个价值创造网络体系的核心，提供系统动力和共创平台，为了整合、吸收内外部各种对象性资源和操作性资源，共同创造出市场需求的新服务和增强用户模块的功能会促使网络平台企业进行动态能力的培养和提升；网络平台企业的使用者通过互动参与和体验服务，将自己的创意、知识和技能反馈给网络平台企业，为了更好地传递价值和融入价值创造系统，使用者会着重进行整合、吸收和创造等高阶能力的培养，进而提升动态能力。因此，提出以下假设。

假设2：服务主导逻辑对动态能力具有显著的正向影响；
假设2a：服务主导逻辑对整合能力具有显著的正向影响；
假设2b：服务主导逻辑对吸收能力具有显著的正向影响；
假设2c：服务主导逻辑对创造能力具有显著的正向影响。

（3）网络嵌入与动态能力。网络嵌入有利于整合、吸收和创造等动态能力的提升。首先，关系嵌入有利于企业间合作，使企业获取新知识并与原生资源相整合实现价值增值，实现共创联盟间的间接利润的获得；依靠嵌入关系不仅能够实现企业间愿景和目标的一致性，以促进知识的交流和资源的交换配置，还可以提高网络成员间知识分享和整合的广度、深度和有效性。可见，网络嵌入有利于整合能力的提升。其次，网络嵌入有利于企业获取知识和提高学习能力；从资源依赖理论上讲，企业正是通过网络嵌入为自身获取异质性资源，从而为学习、吸收等能力提供必要的养料；认知嵌入使彼此间具有共同的知识基础，利于知识被接受者学习和吸收（Yang et al., 2008）；网络嵌入使网络成员间信任度逐渐提高，彼此更愿意或放心在学习上投入更多资源，不会特别控制知识溢出，从而促进学习、吸收等能力的提高（Koka and Prescott, 2002）。可见，网络嵌入增进吸收能力的提升。最后，网络嵌入有利于企业将网络中获取的有价值的资源整合转化成新的服务（Inkpen and Tsang, 2005），或与原有知识整合创造出新的知识，并以此获得知识优势和竞争优势（Grant and Baden-Fuller, 2004）；Lechner等（2010）研究发现认知维度与创新绩效线性正相关；网络嵌入强化联盟网络伙伴之间的关系，促进合作创新的发展（Li et al., 2010）。可见，网络嵌入有利于创造能力的提升。基于此，本书提出以下假设。

假设3：网络嵌入对动态能力具有显著的正向影响；
假设3a：网络嵌入对整合能力具有显著的正向影响；
假设3b：网络嵌入对吸收能力具有显著的正向影响；
假设3c：网络嵌入对创造能力具有显著的正向影响。

（4）服务主导逻辑与价值共创。在商品主导逻辑中，企业和消费者被人为割裂，消费者不但被排除在价值创造过程之外，更被视作纯粹的"价值销毁者"，价值创造被看作一个离散的过程；而服务主导逻辑则把价值创造看作一个连续的过程，并主张相关主体和顾客一起进行价值共创，且价值共创不会随着提供某一次服务而终止，多方主体会共同维护和升级已有服务，这一过程称为价值创造延续。服务主导逻辑改变商品主导逻辑下人们关注的焦点：由交换价值转向使用价值，且认为顾客在价值创造过程中具有不可或缺的地位；顾客是一种作用于对象性资源的操作性资源，决定使用价值的实现且由他们最终完成整个价值创造过程（李雷等，2013）。网络平台企业使用者作为需求的消费者和资源的合作生产者通过互动参与产品、服务等的生产过程，而网络平台企业则通过一系列的互动参与网络平台使用者的日常活动，与使用者共同创造价值，价值共创离不开互动，互动不仅为网络平台双方提供了进行价值共创的机会，也使双方的活动在互动中得以整合（郭国庆和姚亚男，2013）。网络平台企业紧跟着服务主导逻辑的提倡而兴起，充分整合、共享线上和线下资源，形成一个多方参与的价值共创网络，Vargo和Lusch（2010）称这一价值共创网络为"服务生态系统"。服务主导逻辑下网络平台企业根据顾客需求提出价值主张，整合服务生态系统内外部资源，使参与者尤其是顾客具有价值共创造的体验性，使服务的使用价值和情境价值得以实现。可见，网络平台的价值共创伴随服务主导逻辑而出现，服务主导逻辑有利于网络平台企业价值共创的实现。因此，提出以下假设。

假设4：服务主导逻辑对价值共创具有显著的正向影响。

（5）网络嵌入与价值共创。网络嵌入有利于网络平台企业各主体在结构、关系和认知等方面获得良好的网络合作环境。首先，结构嵌入有利于参与主体拥有较宽的信息接口、更快地获取价值共创所需的资源和优先推荐价值创造的机会，良好的结构嵌入有利于价值共创主体间功能互补、能力匹配、价值创造同步同频及具备良好的动力传导机制。其次，基于信任的关系嵌入具有理解、承诺和互惠性等关系特征，强联结利于共创资源的获取，尤其是隐性知识，同样弱联结避免同质化，利于异质性知识的传递；关系嵌入是一个动态变化的连续统一体，同时具备强弱联结优势，利于价值共创。最后，认知嵌入通过互动诊断帮助各主体觉察问题所在——价值创造的焦点，进而协商趋同达成共创共识，共识使得各主体在意识、意愿等心理层面无距离感，形成协同一致努力的向心力，促进各主体持续主动共同进行跨界知识、资源等搜寻活动，促进单环和双环学习，进而提升价值共创（Sidhu et al., 2004）。通过网络嵌入实现整个网络平台创新生态系统的耦合共轭，各模块通过系统接口，实现相互接触，产生结构的彼此啮合，交织互动的网络嵌入关系促进同步同频的价值共创。因此，提出以下假设。

假设5：网络嵌入对价值共创具有显著的正向影响。

（6）动态能力与价值共创。首先，整合能力被认为是动态能力的理论内核，划分为内部整合和外部整合，内部整合可以帮助企业更新价值创造观念、增强资源柔性和提升协调能力，从而为价值共创提供观念、资源和能力等的内部支撑；外部整合意味着企业从外部搜索知识和信息，有利于企业预测未来变革的趋势、制定适应外部环境的价值共创战略和提高价值共创的成功率，还可以为学习吸收能力提供丰富的知识和信息积累，为价值共创提供内外部的支持。其次，吸收能力指企业将获取的新资源内化为自身的优势，进而转化为商业结果的能力。吸收能力在外部知识转化为创新绩效的过程中起着重要的作用（Fosfuri and Tribó, 2008）；吸收能力将内外整合获得的资源内化，也有利于将自己融入整个价值共创网络中，从而与其他主体一起创造价值，吸收能力为企业参与价值共创提供了资格和条件。最后，创造能力指企业通过创新行为和过程不断调整自身的创新战略定位，进而开发新产品/服务或新市场的能力（Wang and Ahmed, 2007）；价值共创是共创主体间创造能力的集合，创造能力协同匹配，使得价值共创取得良好的成果。"动态"是指更新价值创造的能力及与变化的共创环境保持一致的能力，而"能力"则强调的是战略管理中整合、重构内外部资源来符合价值共创环境变化的要求，因此，提出以下假设。

假设6：动态能力对价值共创具有显著的正向影响；

假设6a：整合能力对价值共创具有显著的正向影响；

假设6b：吸收能力对价值共创具有显著的正向影响；

假设6c：创造能力对价值共创具有显著的正向影响。

13.2.2 理论框架

根据理论推演和分析构建了服务主导逻辑、网络嵌入及动态能力对网络平台价值共创的理论框架，如图13-1所示。重点考察以二阶潜变量动态能力整体及其三个一阶潜变量整合、吸收和创造等能力为中介变量，服务主导逻辑、网络嵌入通过动态能力的递推作用对价值共创的影响机制。

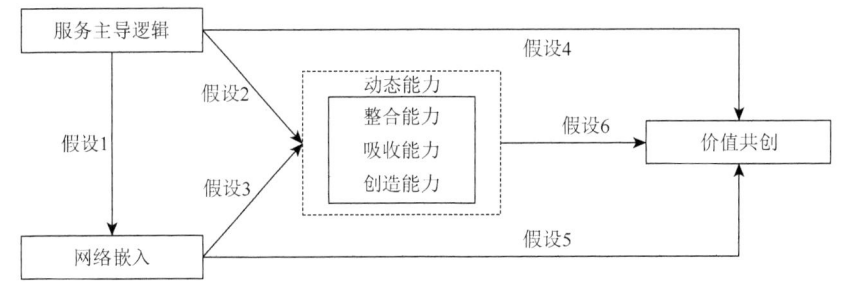

图 13-1 理论框架

13.3 研究设计

13.3.1 样本与数据

通过问卷调查采集研究相关数据,调查对象分别为网络平台企业、产品提供商、服务提供商(渠道商、内容提供商和广告主)、物流企业和消费公司等五类。样本主要来自网络平台发展迅速的北京、上海、广州、深圳、杭州、南京、宁波七个地区的企业。调研活动从 2015 年 6 月持续到 2015 年 12 月,120 家企业参与问卷调查,共发放 427 份问卷,回收 278 份,初筛和复筛之后剔除不合格问卷,共收集 236 份可利用问卷,有效回收率为 55.3%。初步分析后发现南京 49 份、杭州 42 份、上海 41 份、广州 30 份、北京 27 份、宁波 24 份和深圳 23 份,各占总数的 20.8%、17.8%、17.4%、12.7%、11.4%、10.2% 和 9.7%。从被调查者职位来看,54.3% 被调查者为企业运营部门主管,45.7% 为研发部门主管。89.6% 的主管具有本科及以上学历,其中 32% 具有硕士或博士学历。对业务部门和研发部门两个群体的问卷进行独立样本 T 检验,发现在 0.05 显著水平下不存在显著差异。从被调查企业规模来看,50 人以下 17 家(14.2%)、50~100 人 51 家(42.5%)、100~500 人 43 家(35.8%)、500 人以上 9 家(7.5%)。从样本整体而言,调查对象分布较广且对企业价值共创整体情况较熟悉,使数据有效性得到保证,达到研究基本要求。

13.3.2 变量测量

为确保量表的信度和效度,一方面借鉴国内外现有文献已使用过的成熟量表,另一方面再根据网络平台价值共创的特点和实际情况对部分题项进行适当的修改和补充。采用利克特七点计分法，依"非常不同意"至"非常同意"，分别计1~7分，开发形成初始问卷。依据方便抽样原理，选择1家网络平台企业和32家网络平台服务使用企业对初始问卷进行小规模前测，根据Cronbach's α值和分项对总项相关系数两个指标，对问题表达不准确的题项进行重新设计和修正，形成最终调查问卷。各变量的度量分述下。

（1）服务主导逻辑的测量。参考Vargo和Lusch（2008）关于服务主导逻辑基本主张的描述，并结合网络平台各主体价值共创的特点，共包括价值是由受益者决定并共创的、价值创造是交互的、操作性资源是竞争优势的根本来源、所有经济都是服务经济和服务生态系统的形成五个分指标来测量。

（2）网络嵌入的测量。Nahapiet和Ghoshal（1998）认为网络嵌入存在结构、关系和认知三个维度，结构维度描述了网络关系中的非人格化因素，关系维度描述了网络关系中的人格化因素，认知维度描述了不同网络主体对某一事件的认识和理解，以及对所述组织和网络关系的心理认同。因此，结构嵌入借助彭新敏等（2011）的研究，使用共创主体各种关系网络的规模、密度、位置三个分指标进行度量；关系嵌入借助Bonner和Walker（2004）已开发的量表，用共创主体与外部联系的频率、情感强度、亲密程度和共创主体彼此之间的互惠承诺四个分指标来衡量；而认知嵌入借用Bonaccorsi和Rossi（2006）、Oreg和Nov（2008）等的量表，使用共创主体间共同的愿景与规范、文化的认同与融合、默会知识的传播三个分指标来衡量。

（3）动态能力的测量。本书借助Wu（2010）对动态能力概念和维度结构的界定，把动态能力划分为整合能力、吸收能力和创造能力三个维度进行测定。借助Teece等（1997）、Protogerou等（2011）已使用的成熟量表，用跨界重组资源和社会资本的能力、共创主体间沟通协调的能力、保持战略弹性和适应的能力三个分指标来衡量整合能力；吸收能力采用Cohen和Levinthal（1990）提出的原始三维度模型，即通过知识的获取、同化和应用三个维度来描述组织的吸收能力，所用量表参考了Jansen等（2005）的研究；创造能力借助Drnevich和Kriauciunas（2011）使用的量表，用创造新产品和新服务的研发能力、改进旧产品和旧服务的重构能力、推出新产品和新服务的速度与质量三个分指标来测量。

（4）价值共创的测量。价值共创作为因变量，其测量主要从结果层面进行考量，根据Franci（2014）提出的价值共创的五个关键要素：社团、平台、交流、体验和经济价值，以及Prahalad和Ramaswamy（2004）提出的价值共创中的价值主要是体验价值,本书主要从期望一致性、经济价值的满足、资源流动配合程度和良好的互动体验四个分指标对价值共创进行测量。

13.3.3 同源偏差检验

考虑到问卷由同一被试者填答,故需要对同源偏差问题进行检验。按照前人研究惯例,使用单因素检验法进行查验。将服务主导逻辑、网络嵌入、动态能力和价值共创的所有题项一起来做因素分析,共抽取四个特征根大于 1 的公共因子,累计方差贡献率为 62.3%,而第一个公共因子方差贡献率为 21.7%,未占绝大多数,说明同源偏差问题不明显,可用来做数据分析。

13.3.4 整合检验

研究涉及的服务主导逻辑、网络嵌入、动态能力和价值共创等变量均为对组织整体层面现象的考察,但收集的数据来源于个体,须聚合为组织整体层面的数据。根据 Klein 等(1994)的建议,个体层面数据整合为组织整体层面的数据需要对各变量的组间变异和同质性进行检验,分析组织成员评价间的一致性。采用詹姆斯公式计算组织内部一致性系数(Rwg)来进行检验,当 Rwg 大于 0.70 的临界标准时,可将此变量视为具有足够的一致性。计算结果显示 Rwg 在 0.72~0.87,均大于 0.70,说明个体测量数据整合为组织层面的数据是可行的。

13.4 研究结果

13.4.1 问卷的信度与效度检验

为确保研究有效性,使用 SPSS 对数据进行信度和效度检验。常用 Cronbach's α 系数来评估样本的内部一致性,即测量所得结果的信度,变量 Cronbach's α 值均大于最小标准 0.7,可见各变量的测量指标均具有良好的内部一致性。所选题项是否代表要测量的内容,即量表效度检验,采用主成分分析法,结果见表 13-1。KMO 值均大于 0.74 且 Bartlett's 球形检验显著概率为 0.000，表明数据适合进行因子分析；各项测量指标的因子载荷值均大于 0.5，且都在 0.65 以上，说明问卷具有较高聚合效度，且累计方差贡献率均高于 69%，满足通用变量指标需解释研究变量 30% 方差的标准，可见问卷具有较高的结构效度。因此，问卷数据适合进行结构方程模型分析。

表 13-1 信度与效度分析

潜变量		变量度量	描述性统计		因子载荷	累计方差贡献率/%	KMO	Cronbach's α
			均值	标准差				
服务主导逻辑		①价值是由受益人决定并共创的 ②价值创造是交互的 ③操作性资源是竞争优势的根本来源 ④所有经济都是服务经济 ⑤服务生态系统的形成	4.94 4.32 5.23 5.04 5.18	1.23 0.97 1.19 1.33 1.12	0.678 0.744 0.845 0.856 0.795	74.78	0.745	0.846
网络嵌入	结构嵌入	①共创主体各种关系网络的规模 ②共创主体各种关系网络的密度 ③共创主体各种关系网络的位置	4.52 4.56 5.45	1.21 1.02 1.24	0.846 0.798 0.824	80.21	0.768	0.902
	关系嵌入	①共创主体与外部联系的频率 ②共创主体与外部联系的情感强度 ③共创主体与外部联系的亲密程度 ④共创主体彼此之间的互惠承诺	4.96 5.78 4.84 4.90	1.26 1.02 1.16 1.04	0.845 0.799 0.694 0.752	73.58	0.751	0.852
	认知嵌入	①共创主体间共同的愿景与规范 ②共创主体间文化的认同与融合 ③共创主体间默会知识的传播	5.37 4.55 4.81	1.21 1.34 1.13	0.824 0.775 0.812	70.07	0.763	0.865
动态能力	整合能力	①跨界重组资源和社会资本的能力 ②共创主体间沟通协调的能力 ③保持战略弹性和适应的能力	4.63 5.46 5.12	1.24 1.25 1.22	0.762 0.674 0.786	69.65	0.742	0.820
	吸收能力	①共创主体知识获取的能力 ②共创主体知识同化的能力 ③共创主体知识应用的能力	5.07 4.94 5.34	1.48 1.36 1.21	0.656 0.821 0.823	71.88	0.802	0.818
	创造能力	①创造新产品和新服务的研发能力 ②改进旧产品和旧服务的重构能力 ③推出新产品和新服务的速度与质量	4.98 5.25 4.82	1.21 1.02 1.24	0.764 0.758 0.793	78.25	0.791	0.834
价值共创		①期望一致性 ②经济价值的满足 ③资源流动配合程度 ④良好的互动体验	5.01 5.21 5.21 5.78	1.18 1.09 1.32 1.20	0.814 0.831 0.763 0.714	79.08	0.767	0.852

13.4.2 验证性因子分析

阶层验证性因子分析主要用来检验初阶潜变量之间是否可以整合为一个高阶因子。动态能力是一个二阶潜变量,包含整合能力、吸收能力和创造能力三个一阶潜变量,但假设 6 是关于动态能力这个一阶潜变量对价值共创这个内生潜变量的影响,需要进行二阶验证性因子分析(CFA)。首先,利用 AMOS 21.0 对三个一阶潜变量之间的相关性进行分析,结果如图 13-2 所示,e1~e9 为误差变量,动态能力的一阶因子之间具有强相关关系,因此可以统合起来;同时,整合能力、吸收能力和创造能力三个一阶潜变量的 AVE 值在 0.83~092 范围内,超出了 0.50 的可接受水平,可见,动态能力构成的三个潜变量都具有较高的收敛效度。

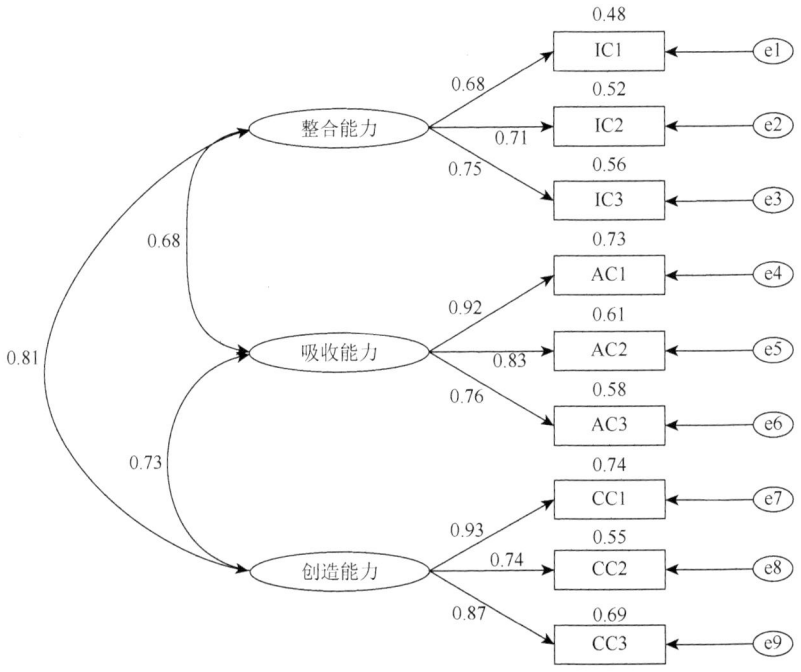

图 13-2 动态能力一阶因子模型

IC(integration capability)为整合能力;AC(absorptive capability)为吸收能力;CC(creative capability)为创造能力

最后,为检验三个强相关的一阶因子普遍受一个高阶因子——动态能力的影响,进行二阶验证性因子分析。图 13-3 是通过验证性因子分析得到的二阶因子模型，表明动态能力的二阶因子模型与实证数据实现了良好的匹配。其中，e1~e9、d1~d3 是误差变量；T 值是用来检验高阶因子模型的存在性，用一阶因子模型和二阶因子模型的 χ^2 比率来表示 T 值，动态能力一阶因子模型与二阶因子模型的 T 值为 0.976，表明通过二阶因子模型几乎能够完美地解释一阶因子方差。可知，整合能力、吸收能力和创造能力这三个一阶潜变量可代表动态能力这个二阶潜变量。

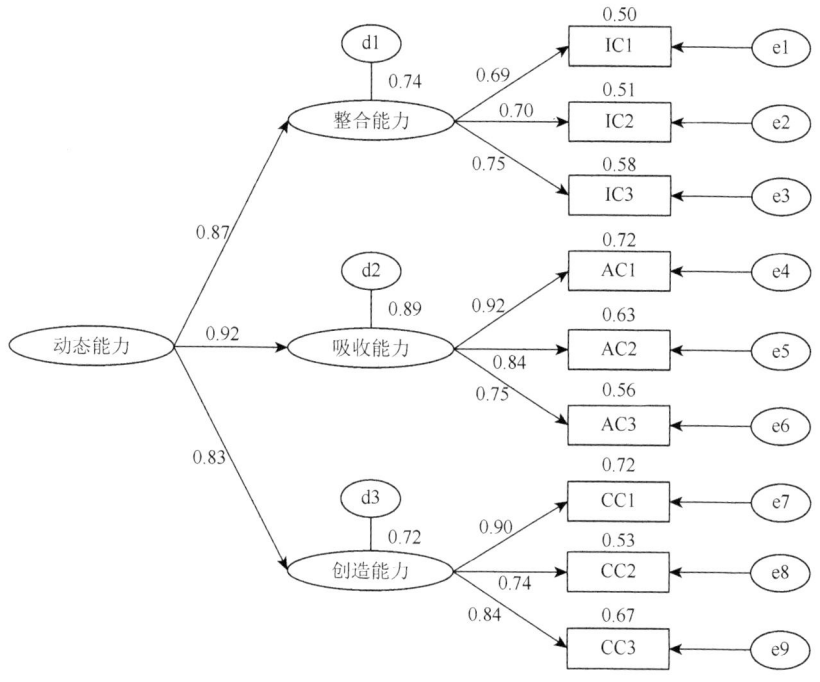

图 13-3 动态能力二阶因子模型

13.4.3 假设检验

（1）整体模型结构方程分析。先使用 AMOS 21.0 对模型整体变量之间的作用关系进行数据分析。模型拟合性即变量间关联的模式是否与实际数据相拟合及拟合程度如何是结构方程模型评价的核心。拟合度越符合要求，模型有效性得到验证，估计的参数才是越有效的。整体模型的拟合指标及其数值见表 13-2，χ^2/df = 1.934、IFI = 0.912、TLI = 0.943、CFI = 0.926、RMSEA = 0.062、PGFI = 0.647、PNFI = 0.728、PCFI = 0.806，拟合指标值均达到统计显著性要求且满足衡量标准，表明拟合度符合要求，整体模型可以接受。整体模型结构方程中的路径系数 B 及假设检验见表 13-3。

表 13-2 整体模型的拟合指标值

拟合指标	χ^2/df	IFI	TLI	CFI	RMSEA	PGFI	PNFI	PCFI
数值	1.934	0.912	0.943	0.926	0.062	0.647	0.728	0.806
衡量标准	<3	>0.9	>0.9	>0.9	<0.08	>0.5	>0.5	>0.5

表 13-3 整体模型结构方程中的路径系数及假设检验

假设路径	路径系数	T 值	假设结果
假设1：服务主导逻辑→网络嵌入	0.523***	10.861	支持
假设2：服务主导逻辑→动态能力	0.476**	2.943	支持
假设3：网络嵌入→动态能力	0.428**	3.068	支持
假设4：服务主导逻辑→价值共创	0.107	1.564	否定
假设5：网络嵌入→价值共创	0.091	1.213	否定
假设6：动态能力→价值共创	0.274**	2.879	支持

*表示 $p<0.05$；**表示 $p<0.01$；***表示 $p<0.001$。

表 13-3 显示，假设 1（$B=0.523^{***}$，$p<0.001$）、假设 2（$B=0.476^{**}$，$p<0.01$）、假设 3（$B=0.428^{**}$，$p<0.01$）、假设 6（$B=0.274^{**}$，$p<0.01$）等假设成立，假设 4（$B=0.107$，$p>0.05$）、假设 5（$B=0.091$，$p>0.05$）两个假设不成立。表明：①服务主导逻辑、网络嵌入都对网络平台企业的价值共创不产生直接显著影响（$p>0.05$）。②服务主导逻辑、网络嵌入都显著影响动态能力，动态能力显著影响网络平台企业的价值共创，相应路径系数均达到显著性水平（$p<0.01$），表明服务主导逻辑、网络嵌入并不直接影响网络平台企业的价值共创，而是二者通过促进动态能力，进而间接改善网络平台企业价值共创的结果。③服务主导逻辑显著影响网络嵌入，网络嵌入显著影响动态能力，相应路径系数均达到显著性水平（$p<0.01$），服务主导逻辑不但直接影响动态能力，还通过网络嵌入间接影响动态能力。

综上可知，服务主导逻辑和网络嵌入都不直接影响网络平台企业的价值共创，而是通过动态能力间接产生影响，说明理念层面的革新和结构层面的优化都需要内部能力层面的支撑，才可以对绩效层面产生影响，因此，动态能力是网络平台企业价值共创成功的关键所在。但二阶潜变量动态能力由三个一阶潜变量构成，服务主导逻辑和网络嵌入是否依然通过三个一阶潜变量对网络平台企业价值共创间接产生影响，需要进行检验。接下来为进一步验证动态能力子维度的间接作用和剩余假设的成立与否,构建了动态能力分维度结构方程模型。

(2) 分维度模型结构方程分析。为了检验动态能力分维度在服务主导逻辑、网络嵌入和价值共创之间的作用,继续使用 AMOS 21.0 对分维度模型变量之间的关系进行数据分析,相应拟合指标及其数值见表 13-4。

表 13-4 分维度模型的拟合指标值

拟合指标	χ^2/df	IFI	TLI	CFI	RMSEA	PGFI	PNFI	PCFI
数值	1.969	0.936	0.937	0.915	0.057	0.726	0.703	0.823
衡量标准	<3	>0.9	>0.9	>0.9	<0.08	>0.5	>0.5	>0.5

分维度模型的各拟合指标值均在可接受水平之内,表明其拟合度符合要求。分维度模型结构方程中的路径系数及假设检验见表 13-5。

表 13-5 分维度模型结构方程中的路径系数及假设检验

假设路径	路径系数	T 值	假设结果
假设 2a:服务主导逻辑→整合能力	0.235***	4.256	支持
假设 2b:服务主导逻辑→吸收能力	0.324**	2.674	支持
假设 2c:服务主导逻辑→创造能力	0.189***	3.826	支持
假设 3a:网络嵌入→整合能力	0.468***	4.215	支持
假设 3b:网络嵌入→吸收能力	0.347**	2.634	支持
假设 3c:网络嵌入→创造能力	0.431**	2.886	支持
假设 6a:整合能力→价值共创	0.523***	12.654	支持
假设 6b:吸收能力→价值共创	0.472***	7.236	支持
假设 6c:创造能力→价值共创	0.428***	8.326	支持

表示 $p<0.01$;*表示 $p<0.001$。

表 13-5 显示,假设 2a($B=0.235^{***}$,$p<0.001$)、假设 2b($B=0.324^{**}$,$p<0.01$)、假设 2c($B=0.189^{***}$,$p<0.001$)、假设 3a($B=0.468^{***}$,$p<0.001$)、假设 3b($B=0.347^{**}$,$p<0.01$)、假设 3c($B=0.431^{**}$,$p<0.01$)、假设 6a($B=0.523^{***}$,$p<0.001$)、假设 6b($B=0.472^{***}$,$p<0.001$)、假设 6c($B=0.428^{***}$,$p<0.001$)等假设均成立,可知:①服务主导逻辑显著影响整合能力、吸收能力和创造能力,而整合能力、吸收能力和创造能力都显著影响网络平台企业价值共创,相应路径系数均达到显著性水平($p<0.01$),表明服务主导逻辑通过促进整合能力、吸收能力和创造能力,进而间接改善网

络平台企业价值共创的结果。②网络嵌入显著影响整合能力、吸收能力和创造能力,而整合能力、吸收能力和创造能力都显著影响网络平台企业价值共创,相应路径系数均达到显著性水平($p<0.01$),表明网络嵌入通过促进整合能力、吸收能力和创造能力,进而间接改善网络平台企业价值共创的结果。

综上可知,服务主导逻辑和网络嵌入都不直接影响网络平台企业的价值共创,而是通过动态能力及其三个分维度间接产生影响。但是,二阶潜变量动态能力及其三个一阶潜变量在服务主导逻辑、网络嵌入和网络平台企业价值共创之间是否起中间传导作用,需要进行中介效应模型分析。

(3) 中介效应分析。采用基于 Bootstrap 的中介效应分析方法。第一步,将二阶潜变量动态能力作为整体的中介变量,服务主导逻辑、网络嵌入作为两个自变量,网络平台企业价值共创作为因变量,用 AMOS 21.0 做两次简单中介效应检验;第二步,将动态能力的三个一阶潜变量作为中介变量,依次检验三者在服务主导逻辑与网络平台企业价值共创之间以及网络嵌入与网络平台企业价值共创之间的中介作用,AMOS 21.0 尚不能分析多重中介效应,故采用 Mplus 7.0,结果见表 13-6。

表 13-6 中介效应分析结果

路径	估计系数	标准差	偏差校正 95% 置信区间 下限	偏差校正 95% 置信区间 上限	P	拟合度检验
$X_1 \to M \to Y$	0.392	0.127	0.260	0.597	0.004	
$X_2 \to M \to Y$	0.357	0.213	0.148	0.934	0.076	
$X_1 \to M_1 \to Y$	0.263	0.116	0.262	0.806	0.000	CMIN/DF = 1.474, GFI = 0.925, TLI = 0.953, RMSEA = 0.027, RMR = 0.034
$X_1 \to M_2 \to Y$	0.387	0.132	0.214	0.591	0.054	CMIN/DF = 1.855, GFI = 0.957, TLI = 0.962, RMSEA = 0.044, RMR = 0.038
$X_1 \to M_3 \to Y$	0.225	0.209	0.074	0.484	0.000	CMIN/DF = 1.297, GFI = 0.941, TLI = 0.934, RMSEA = 0.040, RMR = 0.036
$X_2 \to M_1 \to Y$	0.414	0.211	0.252	0.825	0.000	CMIN/DF = 1.578, GFI = 0.910, TLI = 0.965, RMSEA = 0.039, RMR = 0.042
$X_2 \to M_2 \to Y$	0.394	0.187	0.264	0.757	0.032	
$X_2 \to M_3 \to Y$	0.421	0.239	0.249	0.984	0.042	

注:X_1 表示服务主导逻辑;X_2 表示网络嵌入;M 表示动态能力;M_1 表示整合能力;M_2 表示吸收能力;M_3 表示创造能力;Y 表示价值共创。

各拟合度指标均符合标准，模型拟合度较好。从参数估计值来看，无论是二阶潜变量动态能力整体的简单中介效应估计值，还是三个一阶潜变量整合、吸收和创造等能力的多重中介效应估计值，均在 0.225~0.421 范围内，且95%置信度下的偏差校正 Bootstrap 置信区间上下限均大于 0，不包含 0 值，说明二阶潜变量动态能力及其三个一阶潜变量整合、吸收和创造等能力对于服务主导逻辑、网络嵌入与网络平台企业价值共创之间的中介效应均显著。综上可知，二阶潜变量动态能力整体及其三个一阶潜变量整合、吸收和创造等能力均在服务主导逻辑、网络嵌入和网络平台企业价值共创的关系中起中介作用。说明整合、吸收和创造三种动态能力有效协同共促网络平台的价值共创，三种能力缺一不可。因此，价值共创各参与方要全面培养和协调发展整合、吸收和创造三种动态能力。

13.5 结论与启示

13.5.1 研究结论

以网络平台企业价值共创的参与者为研究样本，考察了服务主导逻辑、网络嵌入通过动态能力对价值共创的作用机制，得到以下结果。

（1）服务主导逻辑不但直接影响动态能力，还通过网络嵌入间接影响动态能力。结构方程模型分析表明假设 1、假设 2 和假设 3 均通过显著性检验。说明服务主导逻辑理念层面不但直接作用于内部能力层面，还通过影响结构层面间接影响内部能力层面。首先，网络平台企业参与者都应将服务主导逻辑作为互联网时代生存的理念，根植于顾客的需要和消费体验，以服务为主导、商品为载体，极力整合各种高阶资源，而资源的转化需要内部自身动态能力的支撑，为了将服务主导逻辑理念更好地付诸实施，不但需要进行网络嵌入和跨界协作，更重要的是将理念层面的革新内化为自身的能力，因此，需要整合、吸收和创造等动态能力的支撑作用。所以，服务主导逻辑对动态能力的需要极大地推动了各价值共创参与者对动态能力的培养。其次，服务主导逻辑的倡导使得各参与方认识到难以凭借一己之力创造出满足顾客需求体验的价值，需要多方互联互补和耦合共轭，将资源和能力整合匹配，在网络化的交互过程中创造价值，推动了跨界融合、模块化联合、无边界发展等网络嵌入发展。所以，服务主导逻辑理念层面的倡导使得创新源不断深化、价值网络不断拓展，促进了网络结构的优化。最后，网络嵌入搜索的资源需要动态能力进行整合、吸收和重构，嵌入网络的系统效应和同步同频需要动态能力的支撑，伴随着网络嵌入行为的发生，对动态能力的水平也提出了更高的要求。因此，服务主导逻辑不但直接作用于动态能力，还通过作用于网络嵌入间接影响网络平台企业的动态能力。

（2）服务主导逻辑不直接影响网络平台企业的价值共创，而是通过动态能力间接影响网络平台企业的价值共创。结构方程模型分析表明假设2和假设6通过显著性检验，但是假设4未通过显著性检验，说明服务主导逻辑理念层面不直接影响网络平台企业的价值共创绩效层面，但服务主导逻辑理念层面通过作用于内部能力层面间接影响网络平台企业的价值共创绩效层面。首先，观念层面的变化难以对具体的行为结果产生直接作用，需要通过影响自身能力的提高进而促进自身行为的改善，因此，价值共创各主体都应该注重内部动态能力的培养。其次，服务主导逻辑的提倡有利于整合生态系统内外部的资源，进而实现价值共创，而资源的整合和有效利用离不开自身的动态能力作支撑。最后，动态能力将获得的异质性资源内化为自己的长处，提供价值共创所具备的协同优势，内外部资源在整合、吸收和创造等动态能力的作用下发生质变，为价值共创的成功提供必备的转化资源。可见，服务主导逻辑通过直接影响动态能力，间接影响网络平台企业的价值共创。

（3）网络嵌入不直接影响网络平台企业的价值共创，但通过动态能力间接影响网络平台企业的价值共创。结构方程模型分析表明假设3和假设6通过显著性检验，但是假设5未通过显著性检验，说明网络嵌入结构层面不直接影响网络平台企业的价值共创绩效层面，但通过作用内部能力层面间接影响网络平台企业的价值共创绩效层面。网络嵌入不直接作用于网络平台企业的价值共创，因为网络嵌入虽然有利于关系的维护、知识的获取和资源的整合，但网络平台企业的价值共创所需的良好关系和内外部资源都需要动态能力的转化机制。网络嵌入使得各主体之间位置嵌合，避免重叠和同质竞争，使得各主体之间关系和谐，促进知识的交流和资源的整合，使得各主体间具备共同的愿景和知识基础，提高网络信任度和达成观念共识，为各主体间营造良好的合作环境，但是多样性的创新源融合、资源与能力的匹配和互动反馈的理解与传达等都需要动态能力的整合、吸收和重构作用，通过这一转化机制将网络嵌入获取的资源经过内部动态能力的消化，才会产生有利于网络平台企业的价值共创的结果。可见，网络结构层面不直接影响网络平台企业的价值共创绩效层面，需要通过动态能力层面转化机制间接产生作用。

（4）动态能力二阶潜变量整体及其三个一阶潜变量整合、吸收和创造等能力均在服务主导逻辑、网络嵌入与网络平台企业价值共创的关系中起中介作用，说明理念层面的革新、网络结构的优化均需要作用于内部动态能力的提升，才可以促进网络平台企业价值共创绩效的提升。可见动态能力不仅是各主体具备持续核心竞争力的关键，还是影响价值共创成功的重要前置因素。整合能力被认为是动态能力的理论内核，通过内部整合更新价值创造观念，内部资源匹配和能力协调，从而为价值共创提供观念、资源和能力等的内部支撑，通过外部跨界嵌入和搜索获取知识和信息，为价值共创提供资源的外部支撑；吸收能力利于将观念层面的革新显化，融入企业的日常运作中去，也利于将网络嵌入获得资源和显性、隐性知识转化为自身的优势，为网络平台企业价值共创发生提供参与的内部资格；而创造能力将外部支撑和内部资格进行结合，将观念的变化和网络的优化进行糅合，从而为网络平台企业的价值共创提供运作的动力。可见，整合、吸收和创造等动态能力在服务主导逻辑、网络嵌入与价值共创的关系中均起中介作用，自身动态能力的培养和提升十分重要。

13.5.2 管理启示

数据检验结果说明理念层面的革新和结构层面的优化都需要内部能力层面的支撑，才可以对绩效层面产生影响。可见，动态能力是网络平台企业价值共创成功的关键所在。因此，要培养平衡动态能力，使得服务主导逻辑理念的革新和网络嵌入的结构优化助力于动态能力的整体提升。

（1）平衡动态能力的培养。在共享经济、互联网开放型的组织模式背景下，服务主导逻辑的提倡、网络嵌入的发生，主动或被动地驱使企业吸收多样化的异质性信息和知识，而理念和结构的影响都需要通过内功的作用——动态能力的提升，才可以对网络平台企业价值共创产生作用。因此，网络平台企业需要扎实自己的内功；"互联网+"下价值创造源大多来自企业外部的连接，从"非本地发明"的抵制态度，转变成"骄傲地在别处发现"的提倡热情，跨界搜索与协作成功与否需要动态能力的支撑和转化，所以组织要加强对内部动态能力的系统培养，使动态能力持续地拥有更新的动力，才可以在网络平台企业价值共创过程中改变组织的资源位势。网络平台企业需要协调自己的内功，动态能力是一系列系统能力的统称，包含多个子维度，企业各子维度能力高低、需求强弱、行业特征等因素不同，所以要协调好子维度之间的平衡关系。网络平台企业需要运用好自己的内功，动态能力最终要落实到运用上，不能空谈，要脚踏实地在运用过程中发现不足、弥补短板。

（2）理念更新熏染动态能力。服务主导逻辑在"互联网+"时代具有新的时代特征：①服务创新轨道和跨界搜索的融合；跨界搜索获取的服务创新引爆点，有利于企业在做好"顺轨"和"融轨"的同时实现"跃轨"。②更加重视价值共创和开放式服务创新；在同质竞争、异质覆盖和多方开放互动的环境中，网络平台企业打破地理界限，以空前的规模覆盖多边用户群体，贴近用户，吸收多方信息，汇集各方创新点，提高彼此黏性，集成进行价值共创和开放式服务创新。③价值创造链条的延伸和商业生态系统的打造；生态圈成长的催化剂——移动互联网，正以前所未有的速度引爆商业领域的网络效应，多边互动和资源整合使得价值链条延伸。为了实现从单边到多边价值链的重组、关系网的增值和发掘新的商业机会，商业生态系统正逐渐兴起。因此，需要把服务主导逻辑理念的时代特征嵌入企业动态能力的培养当中，并以此革新企业文化，熏染动态能力。

（3）网络优化提升动态能力。通过理念的革新汇聚众多的网络参与者，扩大网络规模、增加网络密度和注重网络位置的耦合共轭，实现结构嵌入的优化，有利于跨界搜索获取异质性资源，搜索之后的跨界合作使得需求多样化、异质性资源和优秀的人才相整合，跨界嵌入不仅为动态能力的提升提供了成长的机会，还拓宽了网络资源。通过保持各共创主体彼此之间的联系频率、加深彼此之间的情感关系与亲密程度，使互惠承诺成为彼此之间坚守的生存法则，提升开放共享的协同关系的维护，"超链接"时代的到来，使大规模合作创造成为现实，在共享经济和开放式创新中进行关系嵌入，使得彼此之间接触机会增多，有利于从"偶然性合作"向"常态化合作"转变，良好的开放合作关系会促进整体动态能力的提升。通过建立共同的愿景与规范、增强文化的认同与融合以及促进默会知识在价值创造网络内的传播，加深认知嵌入。而认知嵌入使得价值共创各方在价值观、文化等方面趋于相近和相同，从而为动态能力的相互交流与学习提供了良好的氛围，有利于集众智进行价值共创。

13.6 本章小结

本章从网络平台价值共创参与方的多行动者视角，构建了服务主导逻辑、网络嵌入及动态能力对网络平台企业价值共创的理论框架，清晰地分析了服务主导逻辑、网络嵌入通过动态能力提升网络平台企业价值共创的作用机制，数据检验结果证明服务主导逻辑理念层面的变化和网络嵌入结构层面的优化均不直接对网络平台企业价值共创产生影响，而是通过动态能力的中介作用间接产生影响，说明理念层面的革新和结构层面的优化都需要内部能力层面的支撑，才可以对绩效层面产生影响，因此，动态能力是网络平台企业价值共创成功的关键所在。本章提出了一些对我国网络平台的管理理论和实践具有非常重要意义的结论和启示，但研究中也存在一定的不足之处。一方面，本章只考虑动态能力的中介效应，而没有考虑诸如跨界搜索等其他潜在调节变量和中介变量的影响，因此，在今后的研究中有必要考虑在这些调节变量、中介变量下，服务主导逻辑、网络嵌入对价值共创的影响。另一方面，本章有效样本数量完全满足结构方程模型分析要求，研究方法除了存在同类实证研究难以避免的问题有待改善外，还未针对典型企业进行基于过程的深入案例探讨，因此，在今后的研究中有必要考虑利用案例分析来检验这些重要概念的构成及其之间的关系。

第 14 章 跨界搜索与网络平台企业开放式服务创新绩效

14.1 网络平台企业开放式服务创新跨界搜索模式研究

经济全球化的发展和互联网 Web2.0 时代的开启使得一大批区别于传统单边企业的网络平台企业快速发展和崛起。当前，包括平台企业、用户、开发者、广告主、内容提供商等角色的平台产业链已经形成，百度、阿里巴巴和腾讯开放平台呈现三足鼎立的格局。随着我国网民增长出现疲态，互联网行业竞争格局初定，同质化程度日益加深，各网络平台企业作为行业生力军及时调整思路，从原先重技术、重应用的用户抢夺思路转变为以满足用户多元化需求、提供个性化服务为目标的全新用户经营思路。在此基础上，各平台企业不再局限于运用自身资源的"封闭式创新"，而是加快内外部资源整合，提升异质性知识获取集成能力，开展多方跨界合作的"开放式服务创新"（Chesbrough，2011）。

在平台的概念内涵方面，学术界已经取得了较多的研究成果：Boudreau（2010）将平台企业描述为连接多个群体、以多种机制激发群体间互动，以满足各群体需求为基础实现自身目标的企业。当然，平台企业不仅扮演"中间人"的角色，更是整个平台生态圈的领导者。郑祥龙和梅姝娥（2015）分析了科技服务创新平台的商业模式，认为平台商是价值网络核心构建者。

李雷等（2015）曾依据服务主导逻辑理论，提出平台生态圈的概念：不同社会性和经济性行动主体基于自发感应和响应，以平台企业所构建的机制、技术和共同语言为依托，为资源共享、价值共创而进行互动的一种松散耦合型时空结构。在概念提出的基础上，有学者对平台生态系统进行了案例研究。例如，王千（2014b）对微信平台商业模式创新进行了研究，指出多方合作共赢的平台生态圈是微信持续高效运营的重要保障；彭本红和武柏宇（2016a）基于商业生态系统的视角，研究了网络平台企业合同治理和关系治理两种模式对绩效的影响。由此可见，有关平台是什么的问题的阐释已较为完备，但对平台生态系统背景下各主体之间互动关联、激发创新的运作机理缺乏深入探讨。

对于各领域多主体参与的整个平台生态系统，异质性知识在知识网络中的有效流动存在一定难度；对于单个平台企业，创新活动容易催生"非本地发明""非本地销售"的思维定式，使企业陷入"能力陷阱"（Chesbrough, 2003a）。因此，跨界搜索作为一种打破企业知识边界、提高知识流动效率的手段，为开放式服务创新研究提供了崭新的理论视角。跨界搜索最早由Rosenkopf 和 Nerkar（2001）引入战略管理领域，随后众学者分别选择不同边界研究企业的跨界搜索活动：Rosenkopf 和 Nerkar（2001）选择了组织和技术边界，Katila（2002）重点考察了时间边界，而 Phene 等（2006）则关注技术和地理边界。针对研究初期概念交叉混乱的情况，张文红等（2011）从知识类型和知识距离两个维度，提出了多维跨界搜索的概念和演化式搜索的整合框架；吴增源等（2015）系统梳理了跨界搜索的内涵，根据组织边界和知识边界区分跨界搜索模式。可见，众学者对跨界搜索的模式研究往往选取边界为划分标准，不同边界对应不同搜索模式。在概念建立并完善的基础上，张文红和赵亚普（2013）利用 270 个中国制造业企业数据，研究了技术、市场知识搜寻对产品创新的影响；裴旭东等（2015）构建了跨界搜寻通过技术知识获取和传播影响企业技术差异化能力的理论模型，证明了跨界搜寻对企业技术知识获取有显著的正向影响。宋慧林等（2015）将跨界搜索引入酒店服务创新领域，探索跨界搜索对酒店服务创新的影响，并探讨了酒店星级水平和所有权类型的调节作用。就已有文献来看，跨界搜索多被应用于产品创新、技术创新，而较少学者关注其在服务创新尤其是网络平台企业的开放式服务创新中的作用。

从现有的研究和实践来看，一方面，学术界对网络平台企业及平台生态系统的概念、构成问题研究较多，而对网络平台企业如何与同一生态系统中的其他主体互动、协同的问题关注较少；另一方面，现有研究大多分析不同边界下的跨界搜索模式对产品创新的绩效影响机制，但事实上，跨界搜索模式会因创新合作伙伴类型的不同而有所区别，其影响开放式服务创新的原理也区别于一般产品创新。鉴于此，本章以网络平台企业的开放式服务创新为研究背景，深入分析了平台生态系统中网络平台企业与不同类型的创新参与者之间不同的跨界搜索模式，并以百度平台为例，重点探讨百度平台与开发者、用户、广告主和内容提供商的跨界合作机制，旨在为中国网络平台企业的健康发展提供参考。

14.1.1　网络平台企业开放式服务创新分析

（1）网络平台企业开放式服务创新的必然性。开放式服务创新既具有创新资源整合、流动的本质特征，又响应了以用户为核心的根本要求，符合网络平台企业在平台生态圈中的角色需要。同时，发展网络平台企业和发展开放式服务创新存在明显的定律共振效应，网络平台企业的特征触发了开放式服务创新进程，网络平台发展与开放式服务创新发展保持一致的步调。因此，近年来网络平台企业日益频繁的开放式服务创新活动具有其必然性。

借助 Hertog 和 Bilderbeek（1999）提出的服务创新四维度模型（包括概念创新、界面创新、技术创新、组织创新）进行阐释：第一，网络平台企业能够直接连接多个参与主体，且凭借现代通信技术的发展，能最大限度地发挥全球智力资本的作用，因此有效促进了概念创新。第二，网络平台企业具有交叉网络外部性。选择网络平台企业的用户越多，开发者、内容提供商提供的服务产品质量就越高，越有助于开放式服务创新的价值创造，继而推动界面创新进程。第三，网络平台企业对以大数据为驱动的精准广告、精准用户需求定位的要求，促使技术创新进程向前迈进。第四，网络平台企业的多主体参与性和平台生态圈的复杂性趋势，再加上服务产品生命周期的日益缩短，都使得网络平台企业必须克服原有集权化、层级化的组织架构，建立扁平化、互动性强的新组织，即深化了组织创新的发展，使得创新资源在组织间加快传播和流动。

（2）网络平台企业开放式服务创新主体。在网络平台企业的开放式服务创新活动中，利益相关者包括：网络平台企业本身，处在创新网络的中心位置，领导生态圈各主体的沟通、协调过程，是连接供需双方的桥梁和纽带；开发者，开发海量应用资源，是创意、知识的提供者和技术的需求者；用户，是创新生态存在的前提，其日趋多元化的需求为网络平台企业开放服务创新指明了方向；广告主，将流量转化成经济价值，是互联网开放平台的主要盈利来源之一；内容提供商，提供多种形式的互联网信息资源，是创意与服务的传播主体。以网络平台企业为主导的平台生态系统具体形态如图 14-1 所示。

在该生态系统中，开发者、广告主、内容提供商、用户等创新参与主体不再是外生变量，而是平台生态系统内部的关键种群。创新知识在系统内部的快速扩散和创新资源的共享机制使得组织成员创新能力和长期合作意愿双双提高，进一步对创新系统产生正面影响，形成可持续的良性循环。这一生态系统充分发挥了各成员知识互补性的优势，完成了创新成果供给和需求的准确对接，本质上是一个以用户为核心的价值创造和知识转移体系。

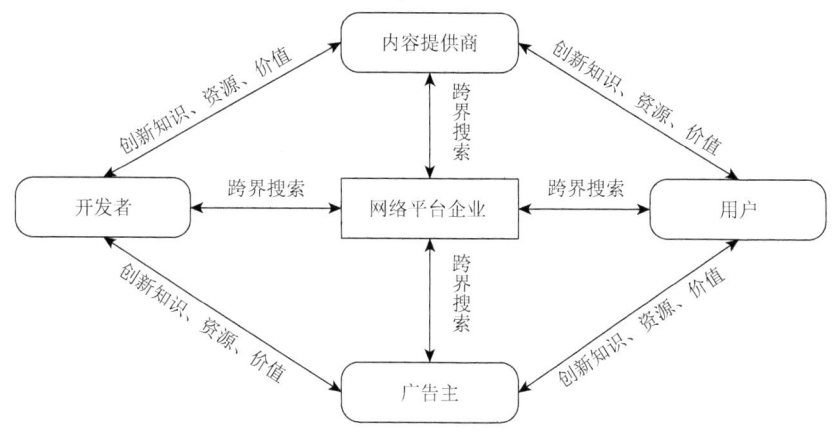

图 14-1　以网络平台企业为主导的平台生态系统

然而,在平台生态概念在中国互联网行业大行其道的今天,即使生态系统内部各参与企业跨界合作的主观意愿有所提高,但由企业类型、商业模式等客观差异导致的知识不匹配是亟待解决的现实难题。因此,跨界搜索作为一种提升知识资源整合效率的手段,成为网络平台企业走出这一困境的必然选择。

14.1.2　网络平台企业的跨界搜索

(1) 网络平台企业跨界搜索的原因。一般而言,企业跨界搜索活动旨在打破自身创新资源的藩篱,凭借自身的吸收能力和解吸能力将异质性知识化为己用,这仅是一种单向的、片面的跨界搜索。相比之下,网络平台企业跨界搜索的原因复杂得多:在开放式服务创新背景下,各创新主体交流愈发密切、合作的深度和广度均不断提升,网络平台企业基于组织共赢的目标,不能仅仅单向吸收其他企业的信息而忽略了自身创新知识向外部的扩散和流动。如果创新网络中各主体之间的知识流动无法达到平衡状态,跨界合作意愿便会有所降低,长期有效合作机制更会成为无稽之谈。也就是说,网络平台企业更需要双向的、分享型的创新知识传递行为。总体上,跨界搜索是组织基于现有知识基,在外部竞争、行业增长的动态环境和情境因素的影响下,跨越各种边界,搜索和提供有助于提高组织创新绩效知识的过程。它为组织的开放式服务创新和新竞争优势的获取提供了崭新的理论视角。

(2) 网络平台企业跨界搜索的边界。边界界定是跨界搜索的逻辑起点,但是目前学术界对此并没有统一的划分标准。吴增源等（2015）仔细梳理了近年来跨界搜索的边界研究，并将其概括为两类：组织边界和认知边界。其中，组织边界可分为企业和产业边界，而知识边界可分为知识距离和知识类型边界，而知识距离边界又可进一步被细分为认知、地理和时间边界。由于发达的互联网技术，网络平台企业跨越地理边界进行知识搜寻已经易如反掌，因此本书选择知识类型边界，将跨界搜索分为技术和市场知识跨界搜索两大部分。

技术知识跨界搜索是指用于产品和服务开发的技能和经验知识的搜索。在开发者一端，网络平台企业需要搜索开放应用程序的编程接口（application programming interface，API）、开放数据源的技术知识，以保证平台的易用性和开发者创新的可复制性；在用户一端，平台需要在搜索的基础上挖掘用户需求、改善界面效果和维护用户数据安全的技术知识，以保证平台的智能性、友好性和安全性；在广告主一端，平台更需要关注如何利用大数据技术形成一股精准广告势力，以进一步提高平台的盈利能力。尽管技术知识跨界搜索是网络平台企业各职能环节价值创造的有力支撑，但是在其开放式服务创新中，市场知识跨界搜索被认为扮演着更重要的角色。

市场知识跨界搜索是指用于市场细分、产品设计、商业模式开发知识的搜索。市场知识跨界搜索之所以受到重视有以下几个原因：第一，中国互联网开放平台直接连接多个参与主体，有着获取第一手市场信息的得天独厚的优势，且已经步入了注重用户体验、着力提升用户服务水平的新阶段；第二，互联网时代的"长尾理论"代替了"二八定律"，冷门服务产品也有了自己的一席之地，小众市场得以和大众市场共同繁荣；第三，互联网环境下的领先用户既拥有一定参与创新的意愿，又拥有充分的碎片化时间，企业充分利用这一人群的认知盈余来实现自身的创新活动。

近年来，我国互联网企业竞争格局日趋稳定，各网络平台企业服务产品内容丰富，体系完整，同质化现象普遍存在。这使得网络平台企业在产业边界内的合作意愿降低，转而倾向跨越该边界，与外部创新参与主体共同构建跨界合作组织，努力孵化和培育可信任的成长型合作伙伴。跨界搜索使得知识无法匹配的局面被打破，异质性知识在创新网络中快速流向其需求企业，通过多边群体合作共赢机制激发服务创新活动。然而，在日益庞大的平台生态系统中，开发者、用户、广告主和内容提供商在规模、运营方式、盈利模式等方面存在显著差异。因此要想成功建立这种多边群体合作共赢机制，网络平台企业应当对症下药，对于不同的参与主体类型施以不同的跨界搜索模式。

（3）网络平台企业开放式服务创新的跨界搜索模式。跨界搜索包含跨越知识类型边界的技术知识搜索和市场知识搜索两个维度，服务创新包括概念、界面、技术和组织创新四个维度。跨界搜索作为前因变量，在外部环境、竞争强度等权变因素的影响下作用于服务创新，两者互融共通，共同影响最终的开放式服务创新绩效。其中，跨界搜索的外部知识源是平台开放式服务创新的主体，如用户、开发者、内容提供者等；跨界搜索的能力基础是创新的吸收能力和解吸能力；跨界搜索的权变因素是创新的客观环境和外在动力；跨界搜索的成果决定了平台开放式服务创新的效率和效果。

模式是解决问题的方法论，商业模式是企业创造价值的运行系统，而跨界搜索模式是针对搜索对象及其与网络平台企业知识交流的特点开展相应搜索活动的方式。结合互联网平台生态特征及张青（2013）提出的创新参与者中存在的社会网络、知识网络、价值网络之间互动产生协同机理，提出三种跨界搜索模式，分别适用于生态系统中不同类型的创新参与企业，如表14-1所示。

表14-1 网络平台企业开放式服务创新的跨界搜索模式

跨界搜索模式	适用对象	创新知识分享	价值创造	社会关系
技术型	开发者	技术知识	有形的收益	利益为导向
商业型	用户	市场知识	无形的用户体验	认同感为导向
技术-商业整合型	广告主、内容提供商	技术、市场知识	有形的收益、无形的用户忠诚度	利益为导向

（1）技术型。这种跨界搜索模式的适用对象为开发者。当前开放平台的应用资源提供者已经不再是小众精英而是大众群体，他们了解市场，拥有源源不断的创意灵感，但却缺乏开发界面、流量统计等技术力量。因此，在技术型跨界搜索模式中，网络平台企业充分发挥其规模效应，跨越技术边界，向合作对象提供强大的技术支持，在技术层面的跨界合作中开发新的服务。当前我国各互联网平台向开发者开放的技术资源主要分为三类：一是公开应用程序的编程接口，使得开发者应用能接入平台；二是规模经济的云服务，帮助开发者以更高效的方式进行数据存储和管理；三是用户数据分析技术，引导开发者更深入地了解用户需求和偏好。

《2014中国互联网开放平台白皮书》中指出，在众多的开发者团队中，中小开发者是主力，其中1个人自己开发的开发者超40%，10人以下小团队超过 70%。因此，在价值创造和社会关系上，以中小型团队为主流的开发者群体以获取短期盈利为导向，相应地建立一套合理的收益分成机制是技术型模式价值分配和创新主体激励策略的核心。《2014 中国互联网开放平台白皮书》还指出，至 2014 年 6 月向开发者分成收益比去年同期相比增长了 104%，且略高于平台流水增速。由此可见，针对开发者的技术型搜索模式下，显性创新激励即经济回报是维系网络平台企业与合作伙伴之间跨界合作关系的重中之重。

（2）商业型。这种跨界搜索模式的适用对象为用户。与技术型跨界搜索模式不同的是，用户作为平台最基础的服务对象，与网络平台企业之间更多的是市场知识跨界搜索，这种搜索行为对开发界面创新的作用尤其明显。除了用户表达出的服务需求，用户未表达出的潜在需求也在网络平台企业的搜索范围内。网络平台企业需充分利用自身的吸收和解吸能力，在识别真实和潜在的服务需求的基础上，将其转化成有助于获取竞争优势的市场信息，指导网络平台企业开放式服务创新的战略决策。

对于用户而言，服务创新是增长能力、丰富知识、积累经验的过程，是实现个人成长、提升自我认知与能力的过程。用户向平台传递需求信息，贡献认知盈余，是在对平台文化产生认同感的前提下的自发行为，其回报往往是无形的心理激励和满足感。因此，商业型跨界搜索下与用户的交流与互动，网络平台企业应注意增强双方信任，营造良好的创新文化氛围，促成从商业型跨界搜索模式到提升用户体验的良性循环。

（3）技术-商业整合型。这种跨界搜索模式的适用对象为广告主和内容提供商。其跨界搜索内容既包括技术知识也包括市场知识，其与网络平台企业知识交流共享的双向性更加显著。广告主和内容提供商将自身的优势内容接入网络平台企业，网络平台企业通过提供平台曝光量、推广技术支持等帮助广告主、内容提供商提升品牌价值和商业价值。企业显性知识的吸收程度和隐性知识的外化程度需要平衡，以达到知识分享效率的优化。

系统的匹配度是影响绩效的重要因素。网络平台企业、广告主和内容提供商的利益诉求和出发点客观上存在差异，三者间如不能识别其共同价值，则可能出现互动行为分歧，甚至影响跨界合作关系的持续。技术-商业整合型跨界搜索模式在价值创造方面可以看作技术型和商业型的综合，内容不仅包括有形的流量变现收益，还包括无形的用户忠诚度。双方基于这两方面的共同认可，将有效促进知识的无障碍流动和新知识的挖掘，形成规模效应和范围效应。在社会关系上，该模式与技术型跨界搜索模式比较类似，是以利益为导向来建立跨界合作关系。

14.1.3 研究设计

（1）研究方法。作为管理理论创新的重要工具，案例研究通过对典型个例的细致观察、深入剖析和归纳总结，一方面可以有效挖掘、提炼出研究对象的复杂性特征，详细回答"是什么"和"为什么"的问题，进而启发新理论的提出；另一方面可以捕捉到管理实践中涌现出来的新现象和新问题，有助于不断丰富现有的理论体系，探索提炼出对研究问题的普遍共识。

基于研究主题在现象上的典型性，本书采用单案例分析方法，选取百度平台作为案例研究对象，从技术型、商业型和技术-商业整合型三种跨界搜索模式入手，分别探索百度平台与开发者、用户、广告主和内容提供商之间的开放式服务创新合作机制，从而解答为什么网络平台企业能够通过跨界搜寻活动有效地进行价值创造，促进服务创新，提高自身竞争力。

（2）案例概况。百度是全球最大的中文搜索引擎、最大的中文网站，致力于向人们提供"简单、可依赖"的信息获取方式。近年来，百度与各界伙伴精诚合作，在概念、技术、界面创新等服务创新领域全面开花。2009 年，百度推出全新的框计算技术概念，并基于此概念推出百度开放平台。2012 年 9 月，百度面向开发者全面开放其技术创新资源——包括云存储、大数据智能和云计算在内的核心云能力，为开发者提供更强大的技术运营支持与推广变现保障，以帮助他们在移动云时代获得更好的收益和成长。2013 年，百度联盟荣获"金手掌 2012 年度中国互联网十佳服务创新奖"。截至 2015 年 5 月，百度联盟合作伙伴已多达 80 万家，移动端 APP 数量超过 5 万款，2015 年百度向合作伙伴分享收益共计 112 亿元（http://www.techweb.com.cn/internet/2016-06-08/2344526.shtml）。由此可见，一个集合各方合作伙伴优势、致力于开放式服务创新的生态型合作组织正在形成。

选择百度平台作为案例研究的理由如下：①百度平台是中国互联网企业中的主流平台，具有一定代表性，可充分体现中国情境，所得研究结论对我国网络平台企业的健康发展具有一定的参考价值；②该平台提供的服务内容广泛，跨界合作形式多样，平台生态圈初步形成，能提供有力的事实依据，有助于研究内容的系统性和研究结论的严谨性。

14.1.4 案例分析

通过分析百度平台与各创新主体之间的合作机制，归纳总结出该平台的三种开放式服务创新跨界搜索模式。

（1）与开发者跨界合作的技术型搜索。百度与开发者跨界合作的技术型搜索主要表现为百度应用开发知识向开发者方向的转移和扩散，从而推动百度在技术、界面层面的服务创新。百度清晰地认识到，技术既是其区别于腾讯等网络平台企业的基因优势，又是开发者最渴求的支持。在2012年百度世界大会期间，百度云首次发布面向开发者的"七种武器"，包括个人云存储（PCS）、百度移动云应用生成服务（Site App）、百度移动云测试中心（MTC）等。除了强大的云技术以外，百度平台还为开发者提供了百度统计、百度移动统计、API代理等全方位运营服务。

在平台开发者中个人开发者占多数，他们加入知识网络贡献创意和灵感的主要目的是获得经济回报。百度开放平台有一套独有的基于开发者的收益模式，即将开发者分成普通等级、银牌、金牌、紫金合作伙伴四个等级，分别对应40%、50%、60%、70%的分成比例，采用百度应用成长基金、免费应用捐赠收入、收费应用收入和应用增值服务收入的方式进行收益分成，以满足开发者尽快盈利的目的。此外，开发者与开放平台的服务创新活动还必须建立在双方参与者个人与个人、个人与组织的社会互动的基础上，而技术型跨界搜索模式的社会关系与价值创造的方向一致，因此百度平台应当更加注重维护开发者的利益，避免出现开发者利益损失、平台应用资源流失的现象。

（2）与用户跨界合作的商业型搜索。百度知道开放平台是百度平台与用户开展商业型搜索的典例。互联网具有天然的"不严肃"属性，舆论场表现为高度娱乐化。通过高效的市场知识搜索，百度知道了解到：依靠用户创造内容的弊端之一就是大量低质量甚至虚假的垃圾信息充斥平台，用户在筛选和辨别信息的工作中不堪重负。目前用户最需要高质量的专业回答。由此，百度凭借其出色的吸收能力成功捕获了市场信息，并开始对平台展开一系列的组织创新：2014年底，百度知道"高质量问答项目"启动。首先聚焦"内容"，将内容标准、线上分拣回答认证运营机制与百度大数据技术优势相融合，依靠机器挖掘高质量内容，并辅以认证管理员支持。然后聚焦"留人"，在原先金字塔式的用户管理体系的基础上进行了再分层的细分管理手段，对核心用户群体逐个突破。

与用户跨界合作的商业型搜索与技术型搜索的最大区别在于价值创造的异质性，前者更关注心理满足感和成就感。为了用户能够持续贡献高质量内容，百度采取了"四轮驱动"的激励策略，促进用户知识生产和共享行为，包括：扩大答题入口，利用大数据技术带来的用户画像及问题画像,对问题和回答者高效匹配;提升用户荣誉感,对经过专业认证后的内容及认证者在百度知道站内、百度搜索中进行特型展示等。这些策略显然为百度与用户跨界合作打开了全新局面,《量变到质变:百度知道亿级平台运营法则升级》(https://tech.huanqiu.com/article/9CaKrnJRVUG)这篇报道指出,截至2015年年底,百度高质量问答已经突破800万大关。

百度平台与用户之间的跨界知识搜索活动,发生在基于相互信任和共同认知构成的社会网络内。根据商业型搜索在价值创造中的特点,百度与用户良好社会关系的建立以用户对百度创新文化的认同为前提。作为一家以"让人们最平等便捷地获取信息,找到所求"为使命的高科技公司,百度开放的平台文化正在受到越来越多用户的青睐,促使网络平台企业与用户联合创造更多的价值。

(3)与广告主、内容提供商跨界合作的技术-商业整合型搜索。百度联盟是平台与广告主、内容提供商开展技术-商业整合型搜索的工具。它将上游广告主和下游网站纳入跨界搜索范围,整合推广资源,实现合作创新。对于广告主的营销需求和APP媒体对广告填充率、变现率的要求,百度基于其日趋成熟的程序化交易技术,将二者精确匹配,充分竞价,并先后推出了百度流量交易服务(BES)、百度SSP媒体服务等多种创新服务,成功解决了广告变现的难题。例如,驾考宝典APP在购买了移动SSP媒体服务后,广告填充率从不到60%迅速飙升至95%以上,盈利能力也获得稳步提升。又如,《从平台到生态百度联盟通过"服务需求"加速移动转型》(http://mi.techweb.com.cn/tmt/2015-11-11/2224880.shtml)这篇报道指出,专业的长途汽车票服务供应商——畅途网在与百度平台建立跨界合作关系之后,日均展现量14万,增长6倍,高峰期展现量40万,增长9倍。同时,畅途网通过网络平台企业完善了对市场知识的跨界搜索,得到了更多用户对于汽车票信息查询服务的反馈,其相继产生的界面创新创造出了一大批的忠实用户,推动了长途汽车行业的信息化建设。

这些开放式服务创新成果,都是百度联盟对合作伙伴需求的捕捉,并融合百度强大的技术实力得来的,是技术知识输出和市场知识输入的共同结果。与广告主、内容提供商的跨界合作是技术型和商业型跨界搜索的有机结合,异质性知识以用户需求为核心在平台与合作者之间双向流动,有形的流量变现收益和无形的品牌传播价值、用户忠诚度共同组成了跨界合作价值创造的重点。

14.1.5 主要结论与启示

1. 结论

跨界搜索、开放式服务创新是当前战略管理、创新管理等领域学者关注的热点问题，二者之间存在着特征上的共性和逻辑上的联系，但是少有研究将跨界搜索纳入开放式服务创新的研究内容之中。我国网络平台企业的发展恰好为这一层面的学术研究提供了契机。本节针对平台生态系统中不同类型合作者，提炼出技术型、商业型和技术-商业整合型三种跨界搜索模式，并以百度平台为例，重点关注百度平台与各创新参与主体的跨界合作机制，并得到如下结论：①网络平台企业通过跨界搜索活动获得的异质性知识经过吸收、整合和重构，促进了平台的开放式服务创新，继而影响创新绩效；②创新网络中的网络平台企业与各利益相关者互利共赢的跨界合作是跨界搜索和协同创新的必要途径；③网络平台企业与不同类型创新参与者的跨界搜索活动存在不同类型的搜索模式，其在知识分享、价值创造、社会关系等方面呈现显著区别。

2. 启示

本节的研究为我国网络平台企业的健康发展提供了一些启示。

第一，网络平台企业应当意识到开放式服务创新离不开异质性知识的跨界搜索。百度等网络平台企业需要跨越各种边界，寻找外部知识源，通过获取异质性知识完成内外部创新资源的互补和耦合，从而改善服务创新绩效，占领竞争市场的制高点。

第二，网络平台企业与各主体应当推动跨界合作上升到新的战略高度，明确共同目标，建立完整的信息沟通机制，在创新网络中营造良好的跨组织的创新合作氛围，携手打造开放共赢局面。制定相关激励和扶持政策，深拓合作领域，通过信息交流寻找共同利益支点，是平台发展的基本任务。

第三，网络平台企业在发挥建设平台生态系统的领导作用时，有必要结合其合作伙伴在现有知识基、价值追求上的特征，在技术型、商业型和技术-商业整合型三种搜索模式中做出抉择，与各方建立富有特色的跨界合作机制，推动服务创新的跨越式发展。

当然，本节研究也存在一些局限：第一，仅对百度开放平台的单案例进行研究，没有涉及其他网络平台企业尤其是中小型企业开放式服务创新的跨界搜索模式；第二，对于跨界搜索模式如何影响开放式服务创新的问题仅采取了定性研究，缺乏深入的定量分析，希望在以后的研究中进一步完善。

14.2 跨界搜索与开放式服务创新绩效研究

"互联网+"背景下，跨界融合兴起，网络平台企业作为"互联网+"的基础，构建了连接一切的新业态，弯曲了原本垂直的价值链条，通过多方参与互动匹配将多元化供给和多样化需求对接起来，支撑起整个商业生态系统的良好运作。网络平台企业生态系统最重要的特征是动态性、交互性和创新性，这一点与跨界搜索和开放式服务创新不谋而合。一个健康的商业生态系统必定会吸引类别众多、作用各异的物种参与到系统的运作当中，这为跨界搜索和开放式服务创新提供成长的温床。跨界搜索作为开放式服务创新的一种手段或方式，为开放式服务创新提供科学、技术和市场等方面的知识；开放式服务创新不仅能提高生态系统的竞争力，稳固物种关系，还能提高生态系统内良好的可预见性和行为一致性，保持系统均衡，为共同演进蓄能和供能（陈健聪和杨旭，2016），而跨界搜索不仅为开放式服务创新提供了成长的养料，还为动态能力提供"消化的食物"。因此，生态企业需要跨界搜索，集智进行开放式服务创新，防止弱化网络平台企业商业生态系统的稳健性。

但学术界就跨界搜索如何影响绩效的机制尚未达成一致意见，出现分歧的原因可能是当前缺乏对已有研究成果的传承和对最新研究建议的整合。开放式服务创新活动不仅需要跨界搜索获得异质性知识，还须具备能够有效整合利用新知识的动态能力，跨界搜索作为供给行为，为内部消化系统提供运作的物料，动态能力行使消化作用，把输入内化为自己的营养，然后产出理想的结果，提高开放式服务创新绩效。将创新搜索理论与动态能力理论结合起来，有助于解决现有文献中跨界搜索与企业创新关系的争议。鉴于此，本书构建"跨界搜索-动态能力-开放式服务创新"的理论模型，与"供给-消化-产出"这一生态反应相吻合，并利用158家网络平台生态企业数据，使用结构方程模型验证了跨界搜索"双模式"与内部高阶能力相结合有利于促进开放式服务创新绩效的提升。

14.2.1 理论回顾与研究假设

1. 理论回顾

（1）网络平台企业商业生态系统跨界搜索。网络平台企业商业生态系统具有双边市场特征，两边或多边用户之间存在较强的交叉或间接网络外部性，并通过平台实现内部化（傅瑜等，2014），网络平台企业依据买方和卖方的情况制定价格策略和竞争策略，而买卖双方依据对方市场的规模和数量，选择进入某一网络平台系统，所以，网络平台企业生态系统中各群体都存在跨界搜索行为，并以此做出决策。从生物链嵌入视角可知，每个物种不但要与协作链条内上下游同伴协作，还要关注链条内同种物种和跨界搜索其他链条的机会，任何组织都是通过各种社会关系嵌入不同网络之中，网络嵌入特征对组织跨界搜索产生重要影响（Koka and Prescott，2008）；依据外部信息搜索视角的不同，Sidhu 等（2007）认为必须从供给、需求和市场三个方面细分跨界搜寻，并分别涉及供应商知识、客户知识和竞争对手知识；依据嵌入视角和组织边界不同，把跨界搜索嵌入模式分为搜寻与技术或组织输入与输出转换相关的新知识的供应端跨界搜索，搜索外部市场结构和细分市场、产品使用和替代方式、顾客偏好与需求等知识的需求端跨界搜索，以及关注不同区域内的技能与运营知识的空间跨界搜索（熊伟等，2011）。因此，跨界搜索存在供应端跨界搜索、需求端跨界搜索和空间跨界搜索三种嵌入模式。

在同质竞争、异质覆盖环境下，网络平台企业商业生态系统打破地理界限，以开放式服务创新连接多方参与，覆盖多边用户群体，提高彼此之间的黏性，让栖息在生态圈中的物种方在开放互信的环境中获得壮大的机会。彼此之间跨界搜索、网络嵌入，具有高度的关联性和互补性，同时网络平台企业商业生态系统的协同进化特征，使得生态系统中各主体产生了差异化的反应行为，或主动或被动地进行跨界搜索。环境动态性、资源冗余性、组织愿景和前瞻性均会驱动组织主动开展跨界搜索（Sidhu et al.，2004）。而生态位的不同也会导致各生态主体跨界搜索路径模式的差异。因此，跨界搜索路径模式存在主动跨界搜索和被动跨界搜索两种模式。

（2）动态能力。不少战略管理学者认为企业必须大力培育自己的动态能力，对现有的资源、技能和能力进行整合、学习和重构以应对全球化、技术进步和创新速度加快等对企业发展所带来的挑战。Cepeda 和 Vera（2007）把动态能力定义为扩展、改变和创造常规能力的高阶能力，有助于提高企业环境适应性和核心能力的更新、重构和再造。本书采用 Wang 和 Ahmed（2007）的研究成果，将动态能力划分为整合能力、吸收能力和创造能力三个维度。其中，整合能力聚焦企业整合、重组自身资源以应对环境的变化；吸收能力侧重于学习外部知识，并将它转化为自身的新能力；创造能力强调自身能力与新产品、服务/市场间的创新路径或过程。

（3）开放式服务创新绩效。Chesbrough（2011）在探索产品化陷阱和以产品为核心的创新阻碍问题时，提出了开放式服务创新的解决之道。万事皆服务，进行开放式服务创新，可以充分利用各种资源，获取客户的隐性知识进行整合，迅速推出市场需要的新服务，抢占市场；让利益相关者参与创新，打造良好的创新生态系统，追求价值活动的内在一致性，其开放、合作等特性有利于提升服务品质；开放式服务创新需要多方共同参与、协同合作，这有助于加强彼此之间的协作水平。以访谈信息和相关文献为基础，认为开放式服务创新绩效包括市场扩展情况（即市场绩效）、服务水平情况（即服务绩效）和多方合作效率（即协作绩效）。

2. 研究假设

（1）跨界搜索嵌入模式与动态能力。组织可通过跨界搜索整合内外部知识来提升自身跨界认知和理解知识的能力；组织搜索经验有助于巩固自己的技术知识基，提高搜索、消化与转化跨界知识的效率和能力，促进动态能力提升。罗珉和刘永俊（2009）实证研究表明聚焦于技术、产出转换效率和供应商知识的跨组织边界搜索会引发更多的跨技术边界搜索，通过整合跨界知识能提升组织创造新知识的能力。需求端跨界搜索所获得的市场或顾客知识，会刺激组织的整合能力，进而激发组织的吸收能力和创造能力。有学者站在资源异质性角度认为，进行跨区域或跨国市场的空间跨界搜索有利于弥补组织现有技术与市场知识的不足，从而克服"非本地发明"和"非本地销售"的思维定式（Chesbrough，2003a），提高企业整合外部知识的能力。根据以上分析，本书提出以下假设。

假设 1：跨界搜索嵌入模式对网络平台生态主体动态能力有显著正向影响；

假设 1a：供应端跨界搜索对网络平台生态主体动态能力有显著正向影响；

假设 1b：需求端跨界搜索对网络平台生态主体动态能力有显著正向影响；

假设 1c：空间跨界搜索对网络平台生态主体动态能力有显著正向影响。

（2）跨界搜索路径模式与动态能力。跨界搜索路径模式存在主动和被动之分，会对动态能力产生不同作用的影响。共同愿景有助于组织在理解外部知识方面达成共识，激发组织持续主动开展跨界搜寻与知识获取活动，进而加紧单环与双环学习（Sidhu et al., 2004）。组织在长期的被动跨界搜索中会不断加大研发投入、积累搜寻经验，利于巩固自己的知识基，提高组织搜寻、消化与转化知识的效率和能力（Chesbrough，2003a）；被动跨界搜索有利于组织平衡与外部知识开发状况，筑起各主体间彼此信任的外部社会关系，并在这一过程中逐渐提升自身跨界认知和理解知识的能力（熊伟等，2011）。基于此，提出以下假设。

假设2：跨界搜索路径模式对网络平台生态主体动态能力有显著正向影响；

假设2a：主动跨界搜索对网络平台生态主体动态能力有显著正向影响；

假设2b：被动跨界搜索对网络平台生态主体动态能力有显著正向影响。

（3）跨界搜索嵌入模式与开放式服务创新绩效。组织跨界搜索能不断从外部吸收新知识，更新现有知识基，适应环境动态变化（Laursen and Salter，2006）。Sidhu等（2004）研究发现在动态环境下，供应端跨界搜索与创新绩效呈正相关；供应端跨界搜索除影响技术研发以外，还影响组织搜索新颖、新兴和首创技术知识，利于组织实现突破性发明，需求端跨界搜索有利于获取开放式服务创新所需要的资源。本地搜寻很可能导致组织面临技术、资源等枯竭的状况，技术枯竭也会像技术超前性那样，促使组织突破地理界限，跨越科学、技术和组织研发边界开展远程空间跨界搜索，有利于获得组织、行业和全球性新知识，促进突破性创新（Ahuja and Katila，2004）；探索性搜寻不同地区的技能和知识有利于克服过度本地搜索的倾向或能力刚性（Rosenkopf and Nerkar，2001），促进创新能力提高。Sidhu等（2004）研究发现在稳定条件下，空间跨界搜索对创新具有促进作用。因此，提出以下假设。

假设3：跨界搜索嵌入模式对网络平台生态主体开放式服务创新绩效有显著正向影响；

假设3a：供应端跨界搜索对网络平台生态主体开放式服务创新绩效有显著正向影响；

假设3b：需求端跨界搜索对网络平台生态主体开放式服务创新绩效有显著正向影响；

假设3c：空间跨界搜索对网络平台生态主体开放式服务创新绩效有显著正向影响。

（4）跨界搜索路径模式与开放式服务创新绩效。跨界搜索成为组织内部研发和外部收购之后的第三条提高竞争优势的途径，通过搜索不同的知识基和利用外部知识获取新的创意和知识，进而提高开放式服务创新绩效。前瞻性组织倾向主动跨界搜索来实现持续创新（Sidhu et al., 2004）。生物链过度嵌入导致交易关系人格化和各主体认知趋同，一部分企业在进行主动跨界搜索的时候，另一部分企业就被迫进行"灌输式"的跨界搜索，被动跨界搜索致使企业处于追赶位置或被动跨界搜索转变为主动跨界搜索的时间滞后性，导致企业开放式服务创新处于从属的不利地位，过度嵌入加大被动跨界搜索企业整合异质性知识的难度，对创新绩效产生负面影响（Kim and Kogut, 1996）；但同时，被动跨界搜索使得企业不被网络平台企业商业生态系统所遗忘，也存在被动进步。因此，本书提出以下假设。

假设 4：跨界搜索路径模式对网络平台生态主体开放式服务创新绩效有显著正向影响；

假设 4a：主动跨界搜索对网络平台生态主体开放式服务创新绩效有显著正向影响；

假设 4b：被动跨界搜索对网络平台生态主体开放式服务创新绩效有显著正向影响。

（5）动态能力与开放式服务创新绩效。动态能力是企业整合、重构、获取和释放资源的流程。研究表明深度跨界搜索通过重组和深度利用知识，可以提高创新绩效，企业动态能力决定知识的获取、转化和有效利用（张韬，2009）。不断跨界搜索获取外部知识并对其进行有效的吸收和创造，有助于创新绩效的提高。宋志红和范黎波（2010）等实证发现吸收能力对创造能力有正向影响。杜建华等（2009）将企业动态能力划分为吸收整合能力和创造能力进行研究，得出这两个维度均对创新绩效有显著影响。因此，提出以下假设。

假设 5：动态能力对网络平台生态主体开放式服务创新绩效有显著正向影响；

假设 5a：整合能力对网络平台生态主体开放式服务创新绩效有显著正向影响；

假设 5b：吸收能力对网络平台生态主体开放式服务创新绩效有显著正向影响；

假设 5c：创造能力对网络平台生态主体开放式服务创新绩效有显著正向影响。

根据以上理论假设分析，提出本书的框架图，如图 14-2 所示。

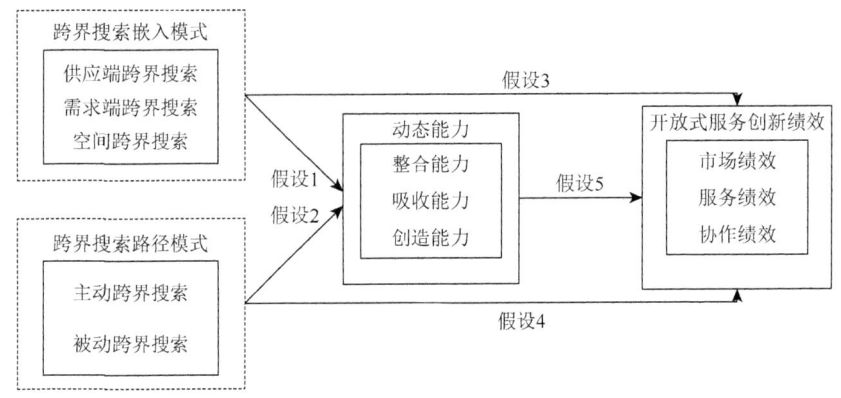

图 14-2 研究框架

14.2.2 研究设计

(1) 问卷设计。采用利克特五分量表法测量被试者对指标的认可程度。关于跨界搜索嵌入模式的测量,在参考 Sidhu 等(2007)、Laursen 和 Salter (2006) 等相关量表基础上从供应端跨界搜索、需求端跨界搜索和空间跨界搜索三方面进行测度;跨界搜索路径模式的测量,在参考 Sidhu 等(2004) 相关量表和相关文献的基础上,从主动跨界搜索和被动跨界搜索两方面进行测度;动态能力的测量借鉴 Wu (2010)、Wang 和 Ahmed (2007) 的研究成果主要从整合能力、吸收能力和创造能力三个层面展开;对开放式服务创新绩效的测量,参考 Storey 和 Kelly (2001) 的研究成果从市场绩效、服务绩效和协作绩效三个维度进行测定。首先在 12 家公司进行预调研,基于收集的反馈,修改、添加和删除一些问题,使得问卷更容易理解和切合中国企业实际情况,然后进行大规模发放。

(2) 样本采集及分析。挑选核心生态系统中的网络平台企业、服务提供商(广告主、内容提供商和渠道商等)、产品提供商、物流公司和消费企业五个关键物种进行问卷调查。考虑到问卷中跨界搜索、动态能力和开放式服务创新绩效等具有一定理解难度,选择较高学历(本科以上)的中高层管理人员进行问卷填答。通过面对面填答、电子邮件、网站问卷等渠道对 158 家企业进行问卷调查,最终收回问卷 1349 份,剔除错误数据和未准确填写企业规模和所在地域的问卷,最终得到有效个案 642 份;83%左右的答卷者在现有职位上已工作满三年及以上,整体上来说,所有有效问卷具有较好代表性,保证了研究结果的可靠性。样本收集整理后,运用频数分配法对试验样本进行基本特性分析,主要包括企业规模大小和所在地域,样本基本信息见表 14-2。

表 14-2 样本基本信息

企业特征	类别	企业数（百分比）	问卷数（百分比）
关键物种	网络平台企业	4（2.5%）	32（5.0%）
	服务提供商	35（22.2%）	146（22.7%）
	产品提供商	59（37.3%）	181（28.2%）
	物流公司	6（3.8%）	54（8.4%）
	消费企业	54（34.2%）	229（35.7%）
	合计	158（100%）	642（100%）
企业规模	大规模	18（11.4%）	72（11.2%）
	中等规模	44（27.8%）	209（32.6%）
	小规模	96（60.8%）	361（56.2%）
	合计	158（100%）	642（100%）
企业所在地域	东部	76（48.1%）	324（50.5%）
	中部	42（26.6%）	167（26.0%）
	西部	40（25.3%）	151（23.5%）
	合计	158（100%）	642（100%）

（3）信度与效度分析。运用 SPSS 21.0 和 AMOS 21.0 检验跨界搜索模式、动态能力和开放式服务创新绩效三个测量量表的信度和效度，结果如表 14-3 所示

表 14-3 量表信度与效度分析

变量	Cronbach's α	累计方差贡献率/%	GFI	CFI	RMR	RMSEA	p
跨界搜索嵌入模式	0.856	74.14	0.903	0.926	0.035	0.047	0.000
跨界搜索路径模式	0.802	75.52	0.932	0.915	0.049	0.064	0.003
动态能力	0.841	71.15	0.918	0.937	0.036	0.059	0.006
开放式服务创新绩效	0.825	69.29	0.922	0.908	0.047	0.064	0.001

关于量表信度的分析，以 Cronbach's α 和因素分析累计方差贡献率为评价指标，一般认为 Cronbach's α 值大于 0.6 及因素分析累计方差贡献率高于 50% 即可认为该量表的信度是可接受的，如表 14-3 所示，均大于界限值，

所以该量表信度可接受。量表效度方面选择 GFI、CFI、RMR 和 RMSEA 为适配度指标,其理想范围值 GFI、CFI 大于 0.9,RMR 小于 0.05,而 RMSEA 小于 0.08 即可,如表 14-3 所示,该量表效度适配指标值均在理想值范围,所以该量表效度满足要求。

(4)研究结果。运用结构方程模型进行假设路径检验。首先,构建整体模型对理论假设进行实证检验;其次,分别以企业规模和企业所在地域为控制变量进行检验,使研究设计更加贴近组织实际运营,提高研究结论的解释力和预测力。不同模型的路径系数和假设检验如表 14-4 所示。

表 14-4　不同模型的路径系数和假设检验

假设	整体模型 模型 1	控制变量(企业规模) 模型 2			控制变量(企业所在地域) 模型 3		
		大规模	中等规模	小规模	东部	中部	西部
假设 1	0.549***	0.389**	0.529***	0.426**	0.485**	0.419***	0.306**
假设 1a	0.405***	0.391***	0.403**	0.396**	0.434***	0.256**	0.381***
假设 1b	0.517***	0.463**	0.443**	0.323**	0.342**	0.514***	0.306***
假设 1c	0.481***	0.279**	0.357**	0.089	0.287**	0.292**	0.102
假设 2	0.286***	0.292**	0.253***	0.319***	0.313**	0.416***	0.309***
假设 2a	0.213**	0.278**	0.228**	0.364**	0.255**	0.410***	0.292***
假设 2b	0.089	0.098	0.077	0.291**	0.069	0.037	0.278**
假设 3	0.527***	0.479***	0.489**	0.345**	0.514***	0.473***	0.384***
假设 3a	0.452***	0.493**	0.442*	0.391**	0.578***	0.406***	0.320**
假设 3b	0.508**	0.491**	0.387**	0.094	0.465**	0.394**	0.438***
假设 3c	0.402**	0.419***	0.103	0.417**	0.423**	0.354**	0.094
假设 4	0.413***	0.437**	0.419**	0.364**	0.424**	0.396**	0.219**
假设 4a	0.427***	0.353***	0.414**	0.306**	0.437***	0.299**	0.267**
假设 4b	0.065	0.214***	0.371**	0.347***	0.197**	0.331*	0.097
假设 5	0.568***	0.476**	0.401**	0.523**	0.329**	0.397**	0.246***
假设 5a	0.412**	0.407**	0.317**	0.293**	0.385*	0.367***	0.225**
假设 5b	0.456***	0.498***	0.308**	0.374**	0.320**	0.297**	0.381***
假设 5c	0.397**	0.383**	0.402**	0.100	0.471***	0.398***	0.081

续表

假设	整体模型 模型1	控制变量（企业规模）模型2			控制变量（企业所在地域）模型3		
		大规模	中等规模	小规模	东部	中部	西部
拟合度指标							
χ^2/df	1.74	1.63			1.51		
GFI	0.927	0.921			0.897		
CFI	0.900	0.913			0.905		
RMSEA	0.048	0.061			0.054		

*表示 $p<0.05$；**表示 $p<0.01$；***表示 $p<0.001$。

（1）模型1是整体模型假设检验结果，其中 $\chi^2/\mathrm{df}=1.74$，GFI = 0.927，CFI = 0.900，RMSEA = 0.048，表明模型对数据进行较好拟合。从模型1中可知除假设2b和假设4b（路径系数分别为0.089和0.065）显著性不显著外，其他假设都得到实证支持。

（2）模型2是企业规模为控制变量的假设检验结果，其中 $\chi^2/\mathrm{df}=1.63$，GFI = 0.921，CFI = 0.913，RMSEA = 0.061，表明模型对数据进行较好拟合。从模型2中可知除假设2b（路径系数为0.098）在大规模企业中没有得到实证支持，假设2b和假设3c（路径系数分别为0.077和0.103）在中等规模企业中没有得到实证支持，假设1c、假设3b和假设5c（路径系数分别为0.089、0.094和0.100）在小规模企业中没有得到实证支持外，其余假设均得到实证支持。

（3）模型3是企业所在地域为控制变量的假设检验结果，其中 $\chi^2/\mathrm{df}=1.51$，GFI = 0.897，CFI = 0.905，RMSEA = 0.054，各拟合指标均接近或达到理论拟合水平要求。从模型3中可知，除了假设2b在东部和中部地区企业中没有得到实证支持（路径系数分别为0.069和0.037），假设1c、假设3c、假设4b和假设5c（路径系数分别为0.102、0.094、0.097和0.081）在西部地区企业中没有得到实证支持外，其他假设均得到实证支持。

14.2.3 讨论与结论

1. 讨论

第一，被动跨界搜索对动态能力和开放式服务创新绩效均不产生显著影响。整体模型研究发现，被动跨界搜索对网络平台生态主体动态能力并不产生显著影响，说明外部刺激而主体未觉醒的被动搜寻行为无法为内部动态能力提供激活、升级的扰动能量，因为被动搜索的企业在生态系统中处于胁从地位，自身实际需求与被动跨界搜索获得的知识不匹配，内生动力不足，且动态能力具有累积性，短时间内无法提升。因此，动态能力的提升受被动跨界搜索的影响非常有限。同时从整体模型中还发现，被动跨界搜索并不对开放式服务创新绩效产生显著影响。首先，被动跨界搜索有悖于开放式服务创新主动自愿、开放共享的特征；其次，所得非所需，故企业不愿过多关注被动跨界搜索；最后，动态能力正向影响开放式服务创新绩效，但被动跨界搜索对动态能力的影响不显著，所以被动跨界搜索对开放式服务创新绩效影响不显著。

第二，企业规模影响跨界搜索、动态能力和开放式服务创新绩效的作用机制。以企业规模为控制变量的模型中，发现被动跨界搜索对大、中等规模企业动态能力的影响不明显，而对小规模企业作用明显，主要因为大、中等规模的企业在生态系统中处于网络核心地位或支配地位，主要进行主动跨界搜索，小规模企业主动跨界搜索所产生的被动搜索对它们的影响是微乎其微的，因此对动态能力无显著影响；而小规模企业是依附于大、中等规模企业的卫星企业，主动跨界搜索所得到知识，往往是大、中企业所灌输的，因此，主动跨界搜索和被动跨界搜索对小规模企业的动态能力都产生同等的作用且显著。空间跨界搜索对中等规模企业开放式服务创新绩效无显著影响，中等规模企业处于成长期，侧重供应端和需求端跨界搜索，若同时进行空间跨界搜索，资源冗余、利用不足限制企业进行供应端和需求端跨界搜索，从而不利于企业的成长，也对开放式服务创新绩效产生不利影响。空间跨界搜索对于小规模企业动态能力的影响不显著，同时需求端跨界搜索及创造能力对小规模企业开放式服务创新均不产生显著影响。首先，小规模企业依附于大、中企业，进行空间跨界搜索主要考虑生存问题，对整合能力有所改善，但因资源、能力限制，无法提高吸收能力和创造能力；其次，小规模企业把人、物、财等十分有限的资源投入无限的市场需求搜索上，成本难以支撑时就会阻碍企业平稳运行，企业绩效也因此难以提高；最后，小企业众多，同质竞争、异质覆盖等环境使得小企业创造能力对开放式服务创新绩效影响甚微。

第三，企业所在地域影响跨界搜索、动态能力和开放式服务创新绩效的作用机制。在以企业所在地域为控制变量的模型中，被动跨界搜索对东部、中部企业动态能力的影响不明显，而对西部企业作用明显。首先，动态能力本身差异，东部、中部企业动态能力本身就较强，而西部较弱，如同处于低位势和高位势的水流，当被动跨界搜索时，处于高位势的水流自然向低位势流动。其次，西部企业被动接受的知识对自身的动态能力有激励效应，而东部、中部企业相当于是知识溢出的主体，知识溢出效应受益的西部企业并没有给予知识提供者以补偿，因而东部、中部企业在被动跨界搜索中并没有获得动态能力的提升。空间跨界搜索对西部企业动态能力和开放式服务创新绩效都不产生显著影响，主要是西部企业跨界搜索经验不足、开放观念不高等导致动态能力偏低，且难以对空间跨界搜索得到的高层次知识进行消化和吸收。还发现创造能力对西部企业开放式服务创新绩效并不产生显著影响。从西部现有的科技发展情况和经济条件来看，西部市场对网络服务的需求仍然停留在最基本的功能需求上，对创新型服务的要求并不高，如果西部企业一味追求服务的创新而不考虑用户的需求，那么企业开发的新服务就得不到用户认可，因此，企业的绩效也不会得到提升。此外，还发现被动跨界搜索对西部企业开放式服务创新绩效影响不显著。根据假设 2b 的结果可知，被动跨界搜索对西部企业动态能力的影响是显著的，而动态能力又包括整合、吸收和创造三种能力，当西部被动接受东部、中部企业的搜索时，就能够感知到东、中部的搜索需求，为适应这种需求，就不得不持续调整自身的整合和吸收能力，但是创造能力属于高阶能力，在较短的时间内难以迅速得到提升，因此可以认为被动跨界搜索对西部企业创造能力的影响是不显著的，同时根据假设 5c 的分析可知，西部企业创造能力对开放式服务创新绩效的影响不显著，因此被动跨界搜索对西部企业开放式服务创新绩效影响是不显著的。

2. 主要结论

第一，被动跨界搜索无法改善生态主体的动态能力，更无法提升其开放式服务创新绩效；主动跨界搜索路径模式和需求端跨界搜索、供应端跨界搜索和空间跨界搜索嵌入模式均对动态能力和开放式服务创新绩效起促进作用，动态能力也显著影响开放式服务创新绩效。

第二，被动跨界搜索无法改善大、中等规模企业的动态能力，但有利于提升小规模企业的动态能力；空间端跨界搜索无法改善小规模企业动态能力和中等规模企业的开放式服务创新绩效；需求端跨界搜索和创造能力对小规模企业开放式服务创新绩效无明显促进作用。

第三，被动跨界搜索无法改善东部和中部企业的动态能力，但有利于提升西部企业的动态能力；空间跨界搜索无法改善西部企业的动态能力；

空间端跨界搜索、被动跨界搜索和创造能力对西部企业开放式服务创新绩效的提高均无显著影响。

本章把跨界搜索划分为嵌入模式和路径模式并拓展至网络平台企业商业生态系统这一新领域，丰富了跨界搜索理论。企业生态位差异和规模大小均对"跨界搜索-动态能力-开放式服务创新"作用机制产生影响，表明不同规模及不同地域的企业在开放式服务创新构建及维系上具有本质区别。虽然将路径模式划分主动和被动两种搜索模式，但没有对具体引起差异的前置影响因素做深入分析。同时，将跨界搜索"双模式"纳入一个模型进行探讨，没有对其交互作用进行实证研究，因此，这也是后续研究中关注的重点。

14.3 本章小结

本章基于创新搜索理论和动态能力理论，对网络平台企业的开放式服务创新绩效进行了分析研究。首先分析了网络平台企业跨界搜索的原因、边界和模式，分析出技术型、商业型和技术-商业整合型三种跨界搜索并结合百度案例加以论证解析，得出一些有意义的结论。最后构建了"跨界搜索-动态能力-开放式服务创新"的理论模型，与"供给-消化-产出"这一生态反应相吻合，并利用 158 家网络平台生态企业数据，使用结构方程模型验证了跨界搜索"双模式"与内部高阶能力相结合有利于促进开放式服务创新绩效的提升。

第15章　治理机制与网络平台企业开放式服务创新绩效

在互联网产业迅速发展的大环境下，创新形式及内容的多样化使得其不确定性和复杂性也在增加，技术和产品的生命周期大大缩短，企业难以长时间保持在某项技术和产品上的领先地位（管艳艳，2015）。传统的封闭式创新已无法适应日益更新的产品要求和用户服务要求，企业必须要提高自身的开放度（Escribano et al.，2009），通过平台创新转型以保持企业自身在市场中的核心竞争力和话语权。平台企业通过紧密联系用户、第三方服务商等利益相关者主体，充分利用企业内外部资源，以满足用户多元化需求，同时实现创新要素在不同主体及整个行业环境之间的流动共享。平台企业的创新既包含了平台基础运作程序创新等产品创新，也包含资源整合能力、方式等服务创新，无论是产品创新还是服务创新，都需要从服务视角进行思考（屠羽和彭本红，2017）。当前阶段，大力发展开放平台已成为传统企业在互联网时代实现价值共创、合作共赢的必然选择。

平台创新需要复杂的知识技能及整合各种资源的能力，单个企业难以拥有众多的核心创新资源，它们存在于一定的关系网络中（Binz and Truffer，2017）。有学者在研究集群企业创新绩效时引入了"网络嵌入"这一概念，结合新经济社会学、新经济地理、组织管理等理论，探讨集群创新过程中的嵌入效应（Hallin et al.，2011）。企业的创新行为嵌入于其与外部主体所建立的各种关系网络中，而网络嵌入性是研究平台企业开放式服务创新的有力工具。网络嵌入的关系强度、关系质量及网络异质性等不同网络结构特征对开放式服务创新绩效将会产生显著的影响。刘雪锋（2009）运用探索性案例研究方法，构建了网络嵌入性通过影响企业战略而作用于企业绩效的理论概念模型，发现网络嵌入性通过作用于企业构思与实施差异化战略，进而影响企业绩效。张方华和左田园（2013）认为企业通过网络嵌入有效利用集群化过程中产生的知识溢出效应可以提高创新绩效。同时，成功的平台企业依赖于有效的治理机制，治理机制是网络组织有序运作的前提和基础，直接关系到网络组织的运行质量和协同效应的发挥，决定着企业创新绩效（韩炜和杨婉毓，2015）。胡雅蓓和霍焱（2017）认为产业集群的创新绩效主要取决于不同企业之间的协调互动关系，依赖集群治理机制的约束与激励，从网络嵌入的视角检验了高科技产业集群网络机制对企业创新绩效的影响。周辉和万颖华（2011）指出了传统治理机制在网络治理中的局限性，强调社会网络嵌入性必须将信任、声誉等纳入可行治理机制中去。申尊焕和龙建成（2017）认为，对于平台企业参与者的机会主义行为，交易成本理论中的正式监察和选择是网络平台企业治理的理论基础，对于提高平台企业的治理水平具有重要的理论价值和现实意义。

当前阶段，平台企业开放式服务创新理论研究方面仍有待深入探析，平台企业开放式服务创新行为嵌入于其与外部主体所建立的各种关系网络中，而关于网络嵌入如何影响开放式服务创新绩效的研究较少，网络嵌入与开放式服务创新绩效的关系有待进一步分析。在网络嵌入条件下，平台治理机制作用于开放式服务创新绩效的功能和前提，值得深入研究。基于此，本章运用网络理论构建模型，根据调查问卷收集得到的数据进行统计、分析，从理论层面理解治理机制、网络嵌入特征对创新绩效的影响机理的同时，运用实证分析的方法检验与创新绩效有关的一系列问题和理论假设，深层次地探讨治理机制、网络嵌入和创新绩效的本质关系，同时为平台企业的开放式服务创新提供更具操作性的对策。

15.1 理论基础与研究假设

15.1.1 网络嵌入

"嵌入性"这一概念最早是由实体主义学派的代表人物卡尔·波兰尼（Karl Polanyi）提出，之后这一概念被广泛运用于经济领域，并且它逐渐演变成当下美国新经济社会学的一个基本概念。Polanyi（2001）认为人类所进行的经济活动嵌入并关联于经济与非经济制度中。网络嵌入性是研究企业中关系网络的重要工具，经济活动嵌入在社会框架之中，而社会框架的精髓就是人们日常生活中的社会网络。社会网络分析指出要根据行为的结构约束来解释行为，而不是行为者的内部驱动。Granovetter（1985）提出了"关系-结构"网络嵌入性经典分析框架，认为嵌入网络不同，企业的绩效会有所差异。结构嵌入性强调网络成员间相互联系的整体结构，并强调网络的整体功能和结构以及社交网络中网络节点的结构位置。结构嵌入性通常用结构洞和中心度这两个指标来进行表征。在结构嵌入研究中，Burt（2003）认为，企业在网络中存在的结构洞数目越多，企业在整个信息传递网络中越占据优势。关系嵌入研究角度侧重于互惠期望产生的双向关联，基于双边交易品质并用交易各方相互的需求和目标水平，以及信用、信任和信息共享中显示的行为来表示。行为者之间的联系程度、信任、合作、对未来价值的期望，以及资源的交换、参与知识创造的动机将直接影响当前的经济表现和未来的合作（兰建平和苗文斌，2009）。关系强度作为社会网络研究中的一个核心变量，反映了特定关系双方经由该关系进行传达的信息量。以关系强度作为标准，可划分为强关系和弱关系。强关系中存在企业间关系成员的相互信任和互惠程度，形成较高的契约情感水平，以达到抑制机会主义行为产生的目的，进而使得在特定关系中产生因交易成本降低带来的经济性。弱关系构成的社会网络中，因其存在结构洞效应，可以在对应的结构洞中建立起其经纪人地位，并通过信息间的联系与获取得到租金（Kogut，2000）。

15.1.2 治理机制

治理机制被看成是一系列活动范畴中的管理机制，在经济市场中，治理机制一直处于核心位置。在创新范式下，作为网络组织治理的重要组成部分，网络平台的治理机制日益受到众学者的关注。由于网络平台生态系统涉及需求用户、供给用户、服务商等多主体，因此处于动态变化中的供给方和需求方可能存在机会主义行为，这给网络平台的正常运作带来一定的破坏性，网络平台企业治理问题也随之凸显。治理机制在网络平台企业治理中发挥着重要作用（Grewal et al.，2010）。有学者提出了网络治理机制可分成信任、契约和协调机制；Larson（1992）在研究治理的网络形式时分析了声誉、信任、互惠与协调等内容，并对治理机制的探究提出了三种途径。途径之一是从经济过程进行审视，这种基于经济层面的治理意味着企业间更依靠沟通、交流、共享价值链活动与管理系统来形成对交易关系的补充，而关系因素的使用使得契约的履约性得到大幅度提升。但是，Greve 和 Salaff（2003）在创业网络研究中指明，使用经济手段治理取决于契约或委托代理机制来限制彼此的行为，而社会手段的使用包括道德层面下的个体自我监管和网络成员共同加入的反馈过程，主要通过信任和互惠机制来达到行为约束的目的。治理机制的实施对平台企业降低伙伴搜索成本具有重要的意义，通过提高资源配置效率，从而更好地完成复杂的任务协调。Jones 等（1997）基于网络组织的特点，结合网络嵌入理论，提出网络治理社会机制：限制性进入、宏观文化、联合制裁和信誉。Lin 等（2011）

实证检验了在关系嵌入、结构嵌入和功能嵌入的不同网络嵌入模式下,治理机制和交易风险之间所蕴含的关系。然而,大量的现象观察和研究表明,针对创新情境下的交易关系没有运用相适应的治理机制,造成了新企业无法借助网络来获得资源以提升绩效。虽然创业者努力去构建与其他企业的交易伙伴关系,但是治理机制匮乏使得这些关系在新企业面前显得很微弱。

综合上述文献可知,国内外学者虽从不同角度对网络嵌入与创新绩效、治理机制与创新绩效、网络嵌入与治理机制之间的关系进行了不同程度的探究,但是将这三者纳入同一框架进行研究的文献数量颇少。对于网络嵌入与创新绩效,多是从差异化战略、交易成本理论等方面进行探析;对于治理机制与创新绩效,多是从双边交易关系治理层面进行探索;而关于网络嵌入与治理机制的研究,多是从嵌入关系强度层面对治理机制进行分析的。治理机制作为网络平台治理的重要组成部分,其在不同网络关系中对平台企业创新绩效的作用机理并没有得到充分的探析。因此,本章基于已有研究,从网络嵌入视角,将治理机制、创新绩效相关理论进行有效整合,深层次地探讨网络嵌入、治理机制与创新绩效三者的本质关系。

15.1.3 治理机制与创新绩效

(1)契约治理机制与创新绩效。契约治理机制被认为是带有法律性质的、比较制度化的控制机制,它能通过监测平台中交易双方对契约条款的履行程度来降低信息不对称性,进而达到抑制机会主义行为的目的(Williamson,1993)。契约治理机制实施水平过低将会使得平台企业中的合作关系不明朗,无法建立彼此间的身份认同感。随着契约治理机制实施水平的逐步提高,契约能够界定、规定合作两方能够行使的权力及必须要履行的义务。契约复杂程度由低到高的转变,将会明显提升开放式服务平台的创新绩效。但是如果契约治理机制过于复杂,反而会使得治理过程中成本不断提高,这也许会造成各个合作方的冲突,不利于提升创新绩效。此外,合作方可能认为过于复杂的契约是对其他公司自身业务的不信任,从而减弱合作的动力,最终导致双方不愿意互相分享知识和技术。Wasko 和 Faraj(2000)认为,如果知识共享被看作一种经济活动,那么开放式服务创新的主要加入者将会受到自身利益的驱使来转移知识,把知识作为他们的私有物品,而不是当成共有财产,这会导致联盟中的其他成员纷纷保留、隐瞒他们所拥有的知识,最终降低服务创新的开放性和合作联盟中的知识流动水平。因此,提出以下假设。

假设 1a：平台企业的契约治理机制与其开放式服务创新绩效呈倒"U"形关系。

（2）信任治理机制与创新绩效。信任治理机制关注的焦点是长期、重复的交易，把持续建立的关系——"质量-信任"，作为合作绩效的根本因素（Kumar et al.，1995）。信任可以让企业相信平台上的交易关系能够为他们带来长期互利互惠的收益及回报，使其愿意承担风险、投入更多的资源到创新平台中去（李瑶等，2014）。信任产生的灵活性还能够提高平台合作双方在互相测试阶段更加有效的交流和沟通，减少利益冲突，在此基础上赢得良好的创新绩效。交易进行的时间越长，合作关系中累积产生的密切感情枢纽驱使企业把关系和人情看得很重，所以可能会更愿意采用非正式治理机制来推动更开放的沟通及重要信息和资源的互换。此外，双方的持续来往和经验积累也会使得对方更加熟悉彼此的运行模式，节省非必要的时间、物力和人力等资源，从而提升开放式服务创新绩效。信任治理机制一旦过度，也不利于创新绩效的提升。适度的信任治理机制可以在一定程度上避免合作中可能出现的机会主义行为。开放式服务创新过程中如果产生了过度信任，合作一方太相信另外一方，致使他们不愿意去监察对方的行为，监控行为程度的降低便会给机会主义留下萌芽的机会，导致另一方为了自身的短期利益而选择了牺牲合作双方的共同利益（Yang et al.，2011）。太过密切的合作会导致网络的封闭性。偏私主义会进一步加重网络闭合性，从而减少创新的多样性，造成创新的新颖性下降。因此，提出以下假设。

假设 1b：平台企业的信任治理机制与其开放式服务创新绩效呈倒"U"形关系。

（3）协调治理机制与创新绩效。协调治理机制是通过建立网络成员间长期、亲密的合作关系及促进成员间知识转移的效率，从而促进创新绩效的提升。在进行平台治理时，要充分协调好所有创新主体间的利益往来关系。各主体在很多方面都可能存在着较大的差异，这就要求区分出不同的治理主体在治理过程中扮演的不同角色。温兴琦和 Brown（2016）提出强化创新过程中治理和创新政策的调整，建立科学评估体系和反馈机制，这样不仅能满足创新发展的需求，也能为创新驱动发展提供有效的支撑。Cohen 和 Levinthal（1990）认为协同合作创新平台治理成功与否很大程度上取决于企业对创新结果的吸收能力，即吸收外部知识并转变成为商业化应用的能力。此外，由于平台治理结果没有直接、及时的反馈，因此公众和组织需要提供必要的物质或虚拟激励才能使平台使用者产生平台治理的积极想法。但是主管部门过多的协调治理与干预，反而有可能使原本正常运营的平台主体之间出现心理不平，认为政府在进行协调治理时必然优先做出对政府自身有利的决策，而不会优先考虑企业的利益。因此，提出以下假设。

假设1c：平台企业的协调治理机制与其开放式服务创新绩效呈倒"U"形关系。

15.1.4 网络嵌入和治理机制的交互效应

（1）网络嵌入与契约治理机制的交互效应。关系嵌入一般常用于探究网络中实体之间相关联的二元关系的特性，如信任、互利和合作，亲密关系和关系质量可通过各种维度如关系强度和关系密度来表征。契约治理机制的完善程度将直接影响到开放式服务创新平台中网络资源的安全性和可靠性，以及平台治理主体所在的网络嵌入环境的安全性。契约治理机制越完善，则意味着治理主体所处的网络嵌入环境越可靠，企业在进行开放式服务创新的过程中，不用担心合作对象会做出机会主义行为，因此降低了创新企业对关系嵌入的要求。企业逐渐对这种安全可靠的嵌入环境产生依赖，接下来就会表现出惰性（徐蕾，2012）。因此为提升企业创新绩效，必须把对企业结构嵌入的要求进一步提高。由此，提出以下假设。

假设2a：平台企业的契约治理机制与关系嵌入对其开放式服务创新绩效有负向交互效应；

假设2b：平台企业的契约治理机制与结构嵌入对其开放式服务创新绩效有正向交互效应。

（2）网络嵌入与信任治理机制的交互效应。处于信任治理机制相对健全的开放式服务创新平台环境中的企业，能够充分信任自己的合作伙伴，在发生危机时，相信合作方在做出决定时也会考虑到自己的利益，并不担心合作方会为了一己私利而做出机会主义行为。因此，信任治理机制为企业进行关系嵌入创造了条件。信任治理机制越完善，企业就越可以降低对关系嵌入的要求。而结构嵌入强度越大，核心企业会处于越中心的位置，会拥有更多创新资源且不需要模仿周围企业，因此倾向使用正式治理机制。由此，提出以下假设。

假设2c：平台企业的信任治理机制与结构嵌入对其开放式服务创新绩效有负向交互效应；

假设 2d：平台企业的信任治理机制与关系嵌入对其开放式服务创新绩效有正向交互效应。

（3）网络嵌入与协调治理机制的交互效应。结构嵌入性用于表现经济社会中网络的内部结构，它侧重于描述创新主体在社会网络中的位置对其经济行为、经济绩效产生的影响，开放式服务创新平台结构嵌入强度越大，核心企业对该网络的控制力度就越大（谭云清，2015）。此时企业使用协调治理机制，可能会使得该类企业创新资源被其他弱势企业获取，并且合作伙伴可能会做出机会主义行为从而造成企业绩效降低。企业间协同合作解决问题，能把网络平台中的多方资源进行有效集聚，使得企业能够借助外部力量进行研发与制造，最终转化形成自身的技术创新资源，这在一定程度上对创新绩效起到了正向促进作用。从协调治理机制与网络嵌入对创新绩效的影响来看，越是处于网络中有利位置的企业，越能在协调治理机制中获得进步的机会（王鹏耀，2011）。因此，协调治理机制平台中的成员更能够降低对关系嵌入的要求，同时需要提高对结构嵌入的要求。由此，提出以下假设。

假设 2e：平台企业的协调治理机制与结构嵌入对其开放式服务创新绩效有负向交互效应；

假设 2f：平台企业的协调治理机制与关系嵌入对其开放式服务创新绩效有正向交互效应。

因此，本章的概念模型如图 15-1 所示。

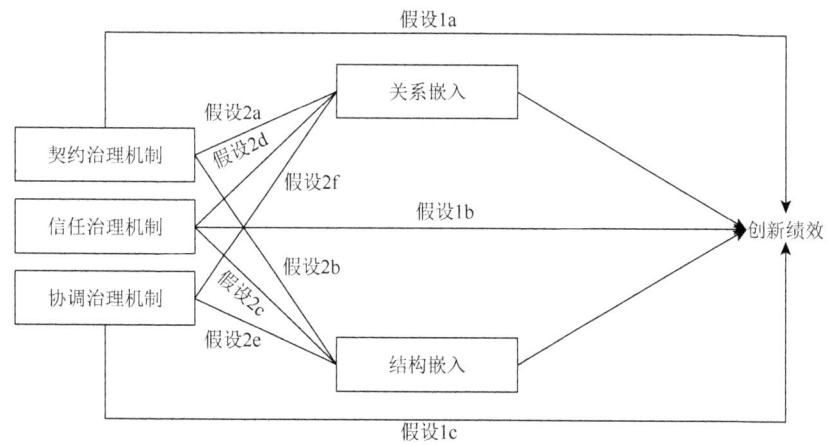

图 15-1 概念模型图

15.2 研究设计

15.2.1 方案设计

本章研究所需的数据采用问卷调查的方法进行收集，调查对象为相关的平台企业，如美的开放式平台、海尔创新平台等，邀请了企业的工作人员进行填写。变量测项借鉴现有研究及所提出的框架中各变量的本质内涵，详见表15-1。

表 15-1 各变量的度量量表及信度、效度检验

变量	测项	因子载荷	KMO 和 Bartlett's 球形检验
契约治理机制 Cronbach's α = 0.796	KG1 与合作方的关系受书面合同的制约	0.781	KMO = 0.730, χ^2 = 42.581 df = 3, Sig = 0.000
	KG2 签订了正式合同，说明了双方职责	0.703	
	KG3 业务中的细节包含在契约中	0.849	
信任治理机制 Cronbach's α = 0.846	KG4 相信合作方是因为其良好的信誉	0.550	KMO = 0.701, χ^2 = 34.327 df = 3, Sig = 0.000
	KG5 即使环境变化，合作方也会帮助我们	0.577	
	KG6 做决策时，合作方会考虑我们的利益	0.629	
协调治理机制 Cronbach's α = 0.806	KG7 主管部门会指导我们的行为	0.640	KMO = 0.706, χ^2 = 36.105 df = 3, Sig = 0.000
	KG8 主管部门在政策扶持上帮助我们的行动	0.631	
	KG9 主管部门对我们予以经济补助	0.629	
结构嵌入 Cronbach's α = 0.892	IP1 我们与合作方经常互相接触、沟通	0.676	KMO = 0.693, χ^2 = 39.349 df = 3, Sig = 0.000
	IP2 我们在产品创新研发、生产和市场知识获取方面对合作方有依赖	0.661	
	IP3 我们与其他企业的联系需要靠其他许多企业牵线	0.689	
关系嵌入 Cronbach's α = 0.804	IP4 我们与开放式服务创新平台合作方经常互相接触、沟通	0.740	KMO = 0.719, χ^2 = 51.786 df = 3, Sig = 0.000
	IP5 我们感谢合作方所做的一切	0.758	
	IP6 我们希望与合作方在未来合作更多	0.694	
财务绩效 Cronbach's α = 0.818	OP1 新产品的开发成本显著降低	0.772	KMO = 0.717, χ^2 = 49.897 df = 3, Sig = 0.000
	OP2 开发的新品的销售量显著提高	0.653	
	OP3 开发的全新产品的数量显著增加	0.731	

续表

变量	测项	因子载荷	KMO 和 Bartlett's 球形检验
创新动态性 Cronbach's α = 0.821	OP4 我们定期举办部门会议,讨论新产品市场与发展	0.886	KMO = 0.704, χ^2 = 40.622 df = 3,Sig = 0.000
	OP5 我们定期评价产品开发的努力方向	0.874	
	OP6 我们技术开发部门人员直接与顾客互动	0.799	
创新氛围 Cronbach's α = 0.804	OP7 我们组织中新的想法受到鼓励	0.785	KMO = 0.622, χ^2 = 56.655 df = 3,Sig = 0.000
	OP8 我们的日常工作需要很多创造力	0.801	
	OP9 我在我目前的工作中表现得很有创造力	0.794	

本章研究参考 Cannon 和 Perreault（1999）、陈钰芬和陈劲（2008）的研究，设计三个评价指标来度量交易双方契约治理机制的履行程度。借鉴了陈钰芬和陈劲（2008）、Kumar 等（1995）的研究，从面临风险时合作方相互信任程度、企业合作环境变化和利益相关度三个维度度量信任治理机制。协调治理机制主要参考王仁文（2014）的研究，从部门指导、政策扶持、经济补助三个方面进行测度。借鉴陈学光等（2010）的研究，从产品研发、市场知识获取、合作关系稳定程度三个维度度量结构嵌入和关系嵌入。本章研究还控制了一些可能对创新绩效产生影响的变量，包括财务绩效、创新动态性、创新氛围。

所有题项均采用了利克特七分量表度量。为了避免同源误差的产生，把问卷分为相互分隔的两个部分：控制变量部分由企业的中高级管理人员完成，创新绩效部分则由企业中高级管理人员的直接上级完成。共发放问卷 280 份，回收了 225 份，问卷回收率为 80.4%。根据问卷填写情况，首先剔除有缺漏项的问卷，然后去除明显没有认真填写的问卷，筛选去除选择分值前后明显逻辑矛盾的问卷。最终，在回收的 225 份问卷中，有效问卷为 218 份，有效问卷率约为 96.9%。

15.2.2 信度、效度分析

从分析结果可以看出，各题项的 Cronbach's α 值均大于 0.7，数据总体信度良好，可以接受。根据效度分析方法，笔者对本次调查问卷的结果数据进行了因子检验分析，从分析结果能够看出，问卷的总体 KMO 在 0.6~0.8，Bartlett's 球形检验的 p 值显著，因子载荷均高于 0.5，可见问卷的效度良好。

15.3 实证结果分析

15.3.1 描述性统计分析

为了探究治理机制的各个维度、网络嵌入与创新绩效之间的相关性,本章在所有因素之间都进行了相关性分析,使用 Pearson 相关分析法,使用 SPSS 19.0 统计软件进行计算操作。本章所有变量的描述性统计信息及 Pearson 相关系数见表 15-2。

表 15-2 变量描述性的统计结果和 Pearson 相关系数（$N=218$）

	1	2	3	4	5	6	7	8	9	10
均值	5.00	4.37	4.33	4.83	5.14	5.34	5.19	5.17	5.13	5.14
标准差	1.24	1.02	1.00	1.00	1.18	1.25	1.00	0.89	1.14	1.18
1	1	0.41***	0.51***	0.43***	0.55***	0.51***	0.51***	0.54***	0.55***	0.24
2		1	0.38***	0.53***	0.50***	0.51***	0.48***	0.55***	0.37***	0.47***
3			1	0.38***	0.51***	0.51***	0.57***	0.48***	0.53***	0.2
4				1	0.34***	0.48***	0.52***	0.57***	0.53***	0.48***
5					1	0.48***	0.53***	0.56***	0.52***	0.13
6						1	0.50***	0.46***	0.59***	0.42***
7							1	0.52***	0.56***	0.42***
8								1	0.59***	0.47***
9									1	0.47***
10										1

注：1.创新绩效；2.契约治理机制；3.信任治理机制；4.协调治理机制；5.关系嵌入；6.结构嵌入；7.企业规模；8.企业年龄；9.网络不确定性；10.环境适应性。

***表示 $p<0.001$。

相关系数绝对值的大小显示了相关性的强弱程度。由表 15-2 中相关数据可见,表中自变量间的 Pearson 相关系数绝大多数处于 0.5~0.6,相关度总体可接受。所有自变量间的 Pearson 相关系数均小于 0.6,表明各变量之间不存在多重共线性问题。契约治理机制、信任治理机制和协调治理机制与创新绩效呈显著正相关。

15.3.2 多元回归分析结果

为了进一步研究治理机制、网络嵌入和创新绩效这三者之间的关系,并且探究三种不同的治理机制与不同网络嵌入类型之间的交互作用对创新绩效的影响,本章还采取多元回归法进行了分析,结果如表 15-3 所示。

表 15-3 标准化系数的回归结果分析表（$N=218$）

变量		创新绩效					
		模型 1	模型 2	模型 3	模型 4	模型 5	模型 6
控制变量	企业规模	−0.08 (−0.127)	−0.029 (−0.167)	−0.005 (−0.083)	−0.025 (−0.347)	−0.031 (−0.459)	−0.014 (−0.179)
	企业年龄	0.162** (1.083)	0.121** (1.511)	0.155** (1.790)	0.156* (1.806)	0.192** (2.061)	0.145** (1.529)
	网络不确定性	0.186* (1.963)	0.162* (1.748)	0.188* (1.981)	0.183* (1.795)	0.116* (1.187)	0.147* (1.635)
	环境适应性	0.176* (1.825)	0.185* (1.957)	0.129* (1.427)	0.201** (2.175)	0.267** (2.408)	0.211** (2.259)
主效应	关系嵌入	0.147* (1.651)	0.108* (1.223)	0.153* (1.842)	0.384** (3.636)	0.162* (1.889)	0.158* (1.714)
	结构嵌入	0.131* (1.358)	0.116* (1.304)	0.146* (1.846)	0.336** (3.559)	0.191* (2.016)	0.256** (2.861)
	契约治理机制	0.633* (1.523)			0.860* (1.546)		
	契约治理机制²	−0.679* (−1.536)			−0.924** (−1.870)		
	信任治理机制		1.705** (7.084)			1.548*** (5.330)	
	信任治理机制²		−1.246** (−4.066)			−1.847*** (−5.038)	
	协调治理机制			0.604* (1.767)			0.742* (1.964)
	协调治理机制²			−0.474 (−1.025)			−0.657 (−1.265)
交互效应	契约治理机制× 关系嵌入				−1.344* (−1.626)		
	契约治理机制× 结构嵌入				1.141* (1.768)		
	信任治理机制× 关系嵌入					2.149*** (4.542)	

续表

变量		创新绩效					
		模型1	模型2	模型3	模型4	模型5	模型6
交互效应	信任治理机制×结构嵌入					−0.953***（−2.389）	
	协调治理机制×关系嵌入						1.433***（2.305）
	协调治理机制×结构嵌入						−0.491（−0.934）
调整后 R^2		0.526	0.668	0.519	0.523	0.731	0.538
F 值		13.59***	38.29***	13.26***	11.69***	38.43***	11.56***

注：括号中数值为 T 检验的值。
*表示 $p<0.05$，**表示 $p<0.01$，***表示 $p<0.001$。

从以上回归结果来看，调整后 R^2 值大于 0.5，这表明模型有比较好的拟合度，也说明回归结果也具有一定的可信性。从 F 检验结果来看，F 值在 0.001 上显著，这说明模型整体上具有一定的线性关系，且模型1~模型6 具有较好的解释力。

15.3.3 结果分析与讨论

1. 检验治理机制对创新绩效的影响

首先，从表 15-3 的模型 1 可以看出，契约治理机制的平方对创新绩效的回归系数为显著负，且契约治理机制对创新绩效的回归系数为显著正，假设 1a 得证。本书认为，使用契约治理机制进行平台治理，应将契约治理的复杂度控制在合理的范围内。如果契约过于详细、繁杂，反而会使得创新成本增加，甚至有可能导致开放式服务创新合作伙伴之间的内在动力减弱。由此可知，契约治理机制与开放式服务创新绩效之间呈倒"U"形关系。

其次，从表 15-3 的模型 2 可以看出，信任治理机制的平方对创新绩效的回归系数为显著负，并且信任治理机制对创新绩效的回归系数为显著正，因此可知，假设 1b 得证。本书认为，信任治理机制的建立可以促进平台各个主体间的信任关系，建立起友好的合作关系，明确其共同的合作目标，共同推进创新的发展以提升创新绩效。

最后，从表 15-3 的模型 3 可以看出，协调治理机制的平方对创新绩效的回归系数是负，协调治理机制对创新绩效的回归系数为显著正，假设 1c 得证。本书认为，在进行平台治理时，必须要统筹协调好各个创新主体在创新平台中的利益关系。通过建立网络成员间长期、亲密的合作关系，以及促进成员间知识转移的效率，从而促进治理绩效的提升。公众和组织需要提供必要的物质或虚拟激励，使平台使用者产生平台治理的积极想法。同时，主管部门不应过多地协调治理与干预，否则可能使平台主体之间出现心理不平的状况，不利于创新绩效的提升。

2. 检验交互效应

首先，由表 15-3 模型 4 可知，"契约治理机制×关系嵌入"的回归系数为显著负，"契约治理机制×结构嵌入"的回归系数为显著正，假设 2a 和假设 2b 通过验证。企业的创新活动通常涉及多个环节，增强关系嵌入，将使的具有特定关系的双方通过该关系传递的信息量加大，企业可获得更多的外部资源及创新所需的知识。但是，随着关系强度的增加及契约治理机制的不断复杂化，成本也会不断增加，加之企业吸收整合外部资源能力有限，可能会降低企业创新绩效。结构嵌入使得网络内除了双边关系外，同时进行第三方的间接桥接，形成系统性的关联结构。企业成员间的行为受到声誉机制的控制，彼此之间不愿意有欺骗性的行为，三方成员间的联系会影响他们的行动，加之彼此间有契约治理机制的约束，可以更好地遏制机会主义行为的发生。因此，增强结构嵌入强度，使得彼此之间建立了更加信任的关系，可以对彼此有更好的了解和评价。

其次，由表 15-3 模型 5 可知，"信任治理机制×结构嵌入"的回归系数为显著负，"信任治理机制×关系嵌入"的回归系数为显著正，假设 2c 和假设 2d 通过验证。本章研究认为，过度的信任治理机制会使得企业对创新平台中的合作伙伴降低警惕，易致使机会主义行为产生，某一方为了自身利益而牺牲了双方共同的利益，使得双方建立起的合作体系遭到破坏。因而需要加强对关系嵌入和结构嵌入环境的要求。而信任治理机制越完善，企业越容易与合作伙伴达成共识，能够调和双方的交易和运营，节省非必要的时间、人力和物力等资源，共同推进创新项目的发展。

最后，由表 15-3 模型 6 可知，"协调治理机制×结构嵌入"的回归系数为显著负，"协调治理机制×关系嵌入"的回归系数为显著正，假设 2e 和假设 2f 通过验证。平台企业内各主体在很多方面都存在较大差异，在平台治理过程中，协调好各利益相关者间的往来关系极为重要，加强关系嵌入强度，促进成员间知识转移效率，从而能够促进创新绩效的提升。而结构嵌入强度越大，对该网络的控制力度就越大，此时处于有利位置的核心企业较容易获得发展机会，而这样可能会造成原本正常运营的平台主体出现心理不平的情形，从而造成绩效降低的情况。处于关系嵌入网络中的企业，相较于结构嵌入网络中的企业而言，会更加偏向于使用协调治理机制。其原因是在协调治理机制越完善的平台中，企业为获得主管部门的指导和帮助，会主动加强对关系嵌入网络的要求，而忽略对结构嵌入网络的要求。

15.4 结论与启示

15.4.1 研究结论

在充满机遇与挑战的互联网时代，企业获得成功的关键就是要大力发展开放平台，积极进行平台创新转型，开展开放式服务创新。通过高效获取外部资源并与企业内部资源加以整合，协调多方利益相关者需求，不断提升服务创新绩效，保持核心竞争力。本章基于对相关平台企业的问卷调查所得数据，运用回归分析对研究假设进行了实证检验，揭示了治理机制、网络嵌入对开放式服务创新绩效的作用机理，并得出下述结论。

（1）治理机制与开放式服务创新绩效两者之间呈倒"U"形关系，治理机制是影响开放式服务创新绩效的重要因素。平台企业的治理是一种网络模式的治理，虽然对于网络化治理的表述各不相同，但是企业间为解决共同问题而进行合作的本质未发生变化。平台企业在开放式服务创新过程中，涉及多方参与主体，如供给方用户、需求方用户，因为开放式服务创新的过程是一个不断变化的动态过程，因此这两方可能会存在机会主义行为。治理机制对于治理平台参与者的机会主义行为具有重要作用。在契约治理机制、信任治理机制及协调治理机制这三种治理机制适当使用的情况下，对开放式服务创新绩效都起到了正向的促进作用。对于平台企业来说，建立契约治理机制有利于对其他参与主体做出约束，以避免其出现机会主义行为，同时可减少由交易双方对未来充满不确定性带来的风险，维系双方的良好合作关系，实现创新知识合作共享，高效提升创新绩效。信任治理机制能使合作双方明确共同目标，愿意承担风险并投入更多的资源到创新平台中。双方长久的交易来往使得彼此都较熟悉对方的运营模式，可以缩短非必要的时间，这大大提升了平台企业的创新绩效。协调治理机制通过建立网络成员间长期的合作关系，提高成员间知识转移效率，同时通过协调所有创新主体的利益往来关系，区分不同主体在平台治理中的角色，提升平台治理能力，促进创新绩效。

（2）关系嵌入与信任治理机制、协调治理机制对开放式服务创新绩效有正向交互效应，而与契约治理机制对开放式服务创新绩效有负向的交互效应。关系嵌入与非正式机制（信任治理机制、协调治理机制）和正式治理机制（契约治理机制）之间的交互效应不同，说明不同的治理机制对创新绩效的作用受到关系嵌入网络的影响效果并不相同。关系嵌入作为网络嵌入的重要部分，能给企业带来巨大的竞争优势。关系嵌入对创新绩效的影响是一种间接作用，通过平台治理机制的传递而产生。企业间建立的信任关系、信息共享以协调配合共同解决问题，有助于创新绩效的提升。企业彼此间建立信任能够深化合作关系，使彼此更坚定地向共同的目标努力，是成功进行合作创新、取得成效的关键因素。企业间的信息共享是企业获取外部信息的重要来源，这能为企业带来外部创意和创新机会，促进创新绩效的提升，从而对企业创新绩效起到正向促进作用。企业间进行协同合作共同解决问题，能把网络平台中的多方资源进行有效集聚，使得企业能够借助外部力量进行研发与制造，最终转化为自身的技术创新资源，这在一定程度上也对企业创新绩效起到了正向促进作用。而契约治理机制是通过监测平台中交易双方对契约条款的履行程度来降低信息不对称性，以达到抑制机会主义行为的目的。在关系嵌入模式下，任何一方过分强调契约治理机制，如在合同中详细注明违约条款，则会向另一方传递不信任的信息，对方也因此会采取一些调整策略，这样会加剧彼此间的不信任，不利于创新绩效的提升。因此，不同治理机制对企业开放式服务创新绩效的影响有所差异。

（3）结构嵌入与信任治理机制、协调治理机制对开放式服务创新绩效有负向交互效应，而与契约治理机制对开放式服务创新绩效有正向交互效应。结构嵌入的衡量指标是结构洞和中心度，处于结构洞位置的企业意味着可以拥有更多的信息资源，并且这些企业可以利用获取的信息优势提高信息的利用效率，将信息进行有效整合来促进创新绩效的提升。同时，处于中心度较高位置的企业在获取外部信息和创新资源方面具有一定的优势，其处于信息资源的交会处，因此获得信息资源更加快速广泛。而且这类企业同时会得到更多合作伙伴的支持，享有很高的声誉，这使得该类企业具有与其他企业明显不对称的位置优势，在获取信息、机会和资源时更加有利。结构嵌入网络的嵌入程度越强、网络规模越庞大、网络越密集，平台企业会越来越趋向于网络中心。处于中心度较高位置的企业由于具有很高的声望和权威，且拥有众多创新资源而不需要模仿周围企业，往往会更多地使用较为规范的正式治理机制即契约治理机制，进行平台的治理。

在结构嵌入模式下，企业若使用非正式治理机制，即信任治理机制和协调治理机制，可能会使得该类企业创新资源被其他弱势企业获取，并且合作伙伴可能会利用这种信任关系做出机会主义行为而造成企业绩效降低。随着平台的逐步完善和实力的不断累积，企业会越来越趋向于网络的中心，此时企业处于强结构嵌入网络中，这时候加大契约治理机制的使用力度会事半功倍，可以最大限度地提高创新绩效。

15.4.2 管理启示

在互联网高速发展的经济时代，企业纷纷抓住机遇进行平台创新转型，专注于提高服务质量和产品的竞争优势。国内诸多企业如制造业企业海尔、美的，流通企业苏宁、京东，互联网企业腾讯、百度等均已发展或完善其开放平台。平台企业要想实现开放式服务创新，必须跨越组织边界，依靠网络平台的开放性与共享性，充分利用外部信息和资源，协调多方利益主体要求进行服务化创新。同时，在平台创新过程中，针对平台各参与方可能出现的机会主义行为，可进行多方参与协同治理，以确保企业开放式服务创新绩效的最大化。由此，得出以下启示。

（1）强化平台需求导向，合理划分平台责任边界。平台企业的核心理念就是对接双边市场，促进双边市场之间的互动。平台企业应该充分吸收外部创意、合理利用外部资源，将企业文化、服务理念与开放式创新相结合，不断开展开放式服务创新，保持平台企业生态活力与市场核心竞争力。同时，平台建设应将用户需求摆在第一位，自觉培养服务意识，借助技术突破和服务理念变革，创造全新的整体服务。平台企业特有的商业模式决定了其具备了市场与企业的双重属性。因此，平台企业既是市场组织者又是市场参与者。在平台治理过程中，涉及的利益相关者数量众多，类型更为复杂，所以要协调好不同类型的利益相关者。合理划分平台企业责任边界，通过制定公平、透明的规则体制，明确平台生态系统内各行为主体的行为底线，利用契约、信用、合同等方式，保证规则体制的正常运行。不断完善内部治理与监督体系，实现平台系统下各主体的价值共创与合作共赢，促进平台企业开放式服务创新绩效的提升。

（2）科学把控平台治理力度，保持合理网络嵌入强度。平台经济在迅速发展且产生巨大影响力的同时，平台上的不规范运营行为、假货充斥市场等违法行为愈演愈烈，平台数据安全、信息优劣混杂难以辨识、垄断行为持续引发社会各界的广泛关注。平台治理已成为知识经济治理的有力工具。良好的治理体系可以提高组织的价值，同时能够确保增长的价值在组织的利益相关者之间进行公平分配。在平台治理过程中，保持合理的治理力度和治理模式至关重要，在合适的关系嵌入强度和结构嵌入强度下，运用激励、约束和协调等机制对创新活动投入、利益分配等进行规范，维持市场正常运行。通过扩展平台网络关系，优化平台生态环境，促进创新驱动高效发展。平台企业应积极加强与网络嵌入主体的联系，通过交流互动和信息资源共享，加强彼此的信任关系，确立共同发展目标。例如，可以指派部门相关人员到与其建立合作的平台企业进行交流互动，分享其经营和创新理念，探讨创新过程中所遇到的瓶颈问题，促进企业间创新知识和资源的共享，提升开放式服务创新绩效，实现合作共赢。

（3）多主体参与协同治理，不断调整平台治理模式。互联网平台是一个生态系统，包含平台、政府还有用户等众多主体。当前由政府直接治理所有主体的传统模式已不再适用。政府和平台等多主体参与进行协同治理已成为大势所趋，应集中各方力量形成治理合力。首先，政府内部应该加强协同，由于平台企业具有跨界融合性和跨区域性，单一地依靠某个部门的力量难以对平台这个庞大的生态系统进行有效管理。因此政府部门应当建立跨区域协同机制，提升平台治理效益。其次，构建"政府-平台"合力治理模式，优化"政府管平台""平台管用户和政府管用户"双重管理模式。当用户存在不合法行为时，政府及时出面对用户进行直接监管。同时，平台应不断完善内部规则体系，对用户行为加以规范约束，为平台与用户等众多主体的行为提供指导。最后，引导社会力量参与平台治理，行业协会可以积极发挥作用，为政府与平台之间架起沟通的桥梁。同时，提倡社会公众积极参与到平台治理中。对于平台治理模式的选择，企业应根据自身实际，借鉴已有的治理经验，创造性地吸收、转化、运用，形成适用于自身的最优治理机制。同时还要对企业未来的发展有着敏锐的观察力，根据发展形势适时调整治理模式。

本章研究尚存在一些局限：一是样本数量的局限性。本章研究仅收集了218份有效调查问卷，数据获取的数量可能不足以验证所研究的结论，未来研究将进一步扩大样本数量，在更广泛的样本范围内验证本书的研究结论。二是本章主要探讨了嵌入网络特点对企业开放式服务创新绩效的影响。事实上，组织外的政策、文化等，以及组织层面的执行特征、组织结构、目标定位等对开放式服务创新绩效也产生影响，但并没有对此深入探讨，未来研究将深入探讨组织外部及组织层面等因素对开放式服务创新绩效的影响。

15.5 本章小结

本章研究了治理机制保障开放式服务创新绩效提升的作用关系。从治理机制和网络嵌入的视角,分析二者对平台企业开放式服务创新绩效的影响。基于问卷调查所得数据,运用回归分析对研究假设进行实证检验。结果表明,治理机制与服务创新绩效之间呈倒"U"形关系;关系嵌入与信任治理机制、协调治理机制对开放式创新绩效有正向的交互效应,而与契约治理机制对开放式服务创新绩效则有负向的交互效应;结构嵌入与信任治理机制、协调治理机制对开放式创新绩效有负向交互效应,而与契约治理机制对开放式创新绩效有正向交互效应。

参 考 文 献

白丽英，高毓馨，李燕，等：《创业型企业家心理特质研究》，《经济问题》2016 年第 12 期。
毕新华，王磊，曹越：《信息化领导力对信息技术参与服务创新影响机理的实证研究》，《情报科学》2015 年第 4 期。
陈灿：《国外关系治理研究最新进展探析》，《外国经济与管理》2012 年第 10 期。
陈国权，郑洪平：《组织学习影响因素、学习能力与绩效关系的实证研究》，《管理科学学报》2005 年第 1 期。
陈健聪，杨旭：《互联网商业生态系统及其内涵研究》，《北京邮电大学学报（社会科学版）》2016 年第 1 期。
陈劲，董富全：《开放式服务创新协同机制研究——以 D 公司阅读基地为例》，《科学学研究》2014 年第 9 期。
陈劲，吴波：《开放式创新下企业开放度与外部关键资源获取》，《科研管理》2012 年第 9 期。
陈朗：《论中小企业市场营销创新战略体系的构建》，《中国商贸》2010 年第 14 期。
陈伟，周文，郎益夫，等：《产学研合作创新网络结构和风险研究——以海洋能产业为例》，《科学学与科学技术管理》2014 年第 9 期。
陈学光，俞红，樊利钧：《研发团队海外嵌入特征、知识搜索与创新绩效——基于浙江高新技术企业的实证研究》，《科学学研究》2010 年第 1 期。
陈衍泰，何流，司春林：《开放式创新文化与企业创新绩效关系的研究：来自江浙沪闽四地的数据实证》，《科学学研究》2007 年第 3 期。
陈艳，范炳全：《中小企业开放式创新能力与创新绩效的关系研究》，《研究与发展管理》2013 年第 1 期。
陈钰芬，陈劲：《开放度对企业技术创新绩效的影响》，《科学学研究》2008 年第 2 期。
褚睿，周赤非，严冬冬，等：《基于 RFRM 的作战风险分析方法研究与应用》，《军事运筹与系统工程》2012 年第 1 期。
戴亦兰，张卫国：《动态能力、商业模式创新与初创企业的成长绩效》，《系统工程》2018 年第 4 期。
丁宏，梁洪基：《互联网平台企业的竞争发展战略——基于双边市场理论》《世界经济与政治论》2014 年第 4 期。
董保宝，葛宝山：《新创企业资源整合过程与动态能力关系研究》，《科研管理》2012 年第 2 期。
董江原：《平台型企业商业模式创新路径及驱动因素研究》，重庆，重庆理工大学，2018。
杜建华，田晓明，蒋勤峰：《基于动态能力的企业社会资本与创业绩效关系研究》，

《中国软科学》2009年第2期。

杜健,姜雁斌,郑素丽,等:《网络嵌入性视角下基于知识的动态能力构建机制》,《管理工程学报》2011年第4期。

杜景姝:《企业开放式创新及其风险研究》,武汉,武汉理工大学,2008。

范志刚,吴晓波:《动态环境下企业战略柔性与创新绩效关系研究》,《科研管理》2014年第1期。

傅瑜,隋广军,赵子乐:《单寡头竞争性垄断:新型市场结构理论构建——基于互联网平台企业的考察》,《中国工业经济》2014年第1期。

傅瑜:《中国互联网平台企业竞争策略与市场结构研究》,广州,暨南大学,2013。

高良谋,马文甲:《开放式创新:内涵,框架与中国情境》,《管理世界》2014年第6期。

(美)亨利·切萨布鲁夫,维姆·范哈佛贝克,乔·韦斯特:《开放创新的新范式》,陈劲等译,北京,科学出版社,2010。

龚丽敏,江诗松:《平台型商业生态系统战略管理研究前沿:视角和对象》,《外国经济与管理》2016年第6期。

古志文:《群落生态学视角下的产业技术创新平台建设与发展》,《科技管理研究》2016年第17期。

顾荃:《高技术服务开放集成创新网络参与主体利益分配研究》,长沙,湖南大学,2014。

顾晓敏,任爱莲:《企业学习能力与开放创新互动对创新绩效的影响研究——基于电子类高新技术企业的数据》,《科技进步与对策》2011年第12期。

管艳艳:《国内开放式服务创新研究述评》,《中小企业管理与科技(上旬刊)》2015年第2期。

郭国庆,姚亚男:《服务主导逻辑下价值共创过程及测量——基于生产率视角的初步分析》,《财贸经济》2013年第5期。

郭睿平:《平台型企业创新发展》,《中国物流与采购》2017年第24期。

郭尉:《创新开放度对企业创新绩效影响的实证研究》,《科研管理》2016年第10期。

郭永辉:《基于社会网络分析的航空制造企业合作创新影响因素分析》,《工业技术经济》2012年第7期。

韩晨,高山行:《战略柔性、战略创新和管理创新之间关系的研究》,《管理科学》2017年第2期。

韩炜,杨婉毓:《创业网络治理机制、网络结构与新企业绩效的作用关系研究》,《管理评论》2015年第12期。

后锐,张毕西:《企业开放式创新:概念、模型及其风险规避》,《科技进步与对策》2006年第3期。

胡雅蓓,霍焱:《网络嵌入、治理机制与创新绩效——以高科技产业集群为例》,《北京理工大学学报(社会科学版)》,2017年第5期。

黄立伟,黄健柏:《通信运营业服务创新驱动因素实证分析》,《系统工程》2011年第7期。

(加拿大)詹姆斯·弗·穆尔:《竞争的衰亡——商业生态系统时代的领导与战略》,梁骏译,北京,北京出版社,1999。

简兆权，令狐克睿，李雷：《价值共创研究的演进与展望——从"顾客体验"到"服务生态系统"视角》，《外国经济与管理》2016 年第 9 期。

江积海：《国外开放式创新研究的十年回顾及其展望》，《经济管理》2014 年第 1 期。

姜翰，杨鑫，金占明：《战略模式选择对企业关系治理行为影响的实证研究——从关系强度角度出发》，《管理世界》2008 年第 3 期。

金昕，陈松，邵俊岗：《双元创新战略、组织动态能力对企业绩效的多维度影响》，《预测》2019 年第 1 期。

金杨华，潘建林：《基于嵌入式开放创新的平台领导与用户创业协同模式——淘宝网案例研究》，《中国工业经济》2014 年第 2 期。

康方：《华为商业模式创新的风险管理研究》，青岛，中国海洋大学，2015。

兰建平，苗文斌：《嵌入性理论研究综述》，《技术经济》2009 年第 1 期。

李德毅，杜鹢：《不确定性人工智能》，北京，国防工业出版社，2014。

李海霞：《服务业占世界经济总量比重为 70%》。http://finance.sina.com.cn/world/20120426/103411930658.shtml [2012-4-26]。

李京文，袁页：《企业家动态能力起源及影响因素研究》，《科技进步与对策》2017 年第 7 期。

李雷，简兆权，张鲁艳：《服务主导逻辑产生原因、核心观点探析与未来研究展望》，《外国经济与管理》2013 年第 4 期。

李雷，赵先德，简兆权：《以开放式网络平台为依托的新服务开发模式——基于中国移动应用商场的案例研究》，《研究与发展管理》2015 年第 1 期。

李泉，陈宏民：《平台企业竞争的有效性及投资策略性效果研究》，《管理工程学报》2009 年第 4 期。

李巍，许晖：《企业家特质、能力升级与国际新创企业成长》，《管理学报》2016 年第 5 期。

李维安，周建：《作为企业竞争优势源泉的网络治理——基本的概念分析框架和研究假设》，《南开管理评论》2004 年第 2 期。

李卫宁，占靖宇，吕源：《变革型领导行为、战略柔性与企业绩效》，《科研管理》2019 年第 3 期。

李小玲，任星耀，郑煦：《电子商务平台企业的卖家竞争管理与平台绩效——基于 VAR 模型的动态分析》，《南开管理评论》2014 年第 5 期。

李瑶，刘益，张钰：《治理机制选择与创新绩效——交易持续时间的调节作用实证研究》，《华东经济管理》2014 年第 1 期。

李哲：《借鉴国家创新体系建设的国际经验》，《中国科技论坛》2018 年第 9 期。

梁永宽：《项目治理中的合同关治理与关系治理》，广州，中山大学，2008。

梁运文，谭力文：《商业生态系统价值结构、企业角色与战略选择》，《南开管理评论》2005 年第 1 期。

林润辉，张红娟，范建红：《基于网络组织的协作创新研究综述》，《管理评论》2013 年第 6 期。

蔺雷，吴贵生：《服务创新》，北京，清华大学出版社，2003。

刘德文，鲁若愚：《多维视角下的服务创新网络初探》，《技术经济》2009年第12期。

刘飞，简兆权：《网络环境下基于服务主导逻辑的服务创新：一个理论模型》，《科学学与科学技术管理》2014年第2期。

刘刚，刘静：《动态能力对企业绩效影响的实证研究——基于环境动态性的视角》，《经济理论与经济管理》2013年第3期。

刘根节：《开放式创新范式多视角研究——模式比较、福利分析、风险防范、案例研究》，天津，南开大学，2013。

刘广启：《平台型企业商业模式创新研究》，上海，东华大学，2014。

刘井建：《创业学习、动态能力与新创企业绩效的关系研究——环境动态性的调节》，《科学学研究》2011年第5期。

刘力钢，李军岩，邹德新，等：《基于动态能力观的企业柔性战略透视》，《软科学》2009年第6期。

刘林青，雷昊，谭力文：《从商品主导逻辑到服务主导逻辑——以苹果公司为例》，《中国工业经济》2010年第9期。

刘鹏程，孙新波，张大鹏，等：《组织边界跨越能力对开放式服务创新的影响研究》，《科学学与科学技术管理》2016年第11期。

刘天用：《创新能力不足中国服务业仍未实现传统产业转型》.http://finance.jrj.com.cn/2010/09/1017178146580.shtml[2010-9-10]。

刘雪锋：《网络嵌入性影响企业绩效的机制案例研究》，《管理世界》2009年第B02期。

刘媛：《跨国公司开放式创新的风险及其规避机制》，《贵州社会科学》2017年第10期。

柳卸林：《对服务创新研究的一些评论》，《科学学研究》2005年第6期。

鲁倩：《平台型企业开放式服务创新风险研究》，南京，南京信息工程大学，2018。

罗珉，李亮宇：《互联网时代的商业模式创新：价值创造视角》，《中国工业经济》2015年第1期。

罗珉，刘永俊：《企业动态能力的理论架构与构成要素》，《中国工业经济》2009年第1期。

罗仲伟，任国良，焦豪，等：《动态能力、技术范式转变与创新战略——基于腾讯微信"整合"与"迭代"微创新的纵向案例分析》，《管理世界》2014年第8期。

（美）马尔科·扬西蒂，罗伊·莱维恩：《共赢：商业生态系统对企业战略、创新和可持续性的影响》，王凤彬，王保伦译，北京，商务印书馆，2006。

马丽，赵蓓：《战略柔性与企业绩效:创业导向和市场竞争强度的作用》，《当代财经》2018年第10期。

马文甲，高良谋：《开放度与创新绩效的关系研究——动态能力的调节作用》，《科研管理》2016年第2期。

潘顗：《新兴风险及其治理》，南京，南京大学，2018。

潘剑英，王重鸣：《商业生态系统理论模型回顾与研究展望》，《外国经济与管理》2012年第9期。

裴旭东，李随成，黄聿周：《跨界搜寻对技术差异化能力的影响研究》，《科技管理研究》2015年第22期。

裴莹，王春艳，孙笑明：《中小企业开放式创新机会与风险分析》，《技术经济与管理研究》2017 年第 8 期。

彭本红，鲁倩：《平台型企业开放式服务创新的风险成因及作用机制》，《科学学研究》2018 年第 1 期。

彭本红，武柏宇：《平台企业的合同治理、关系治理与开放式服务创新绩效——基于商业生态系统视角》，《软科学》2016 年第 5 期 [a]。

彭本红，武柏宇：《制造业企业开放式服务创新生成机理研究——基于探索性案例分析》，《研究与发展管理》2016 年第 6 期 [b]。

彭剑锋：《共创、共治、共享——自组织的核心要素》，《中国人力资源开发》2015 年第 8 期。

彭新敏，吴晓波，吴东：《基于二次创新动态过程的企业网络与组织学习平衡模式演化——海天 1971-2010 年纵向案例研究》，《管理世界》2011 年第 4 期。

乔金杰：《金融危机下的企业技术创新风险预警的实证研究——以船舶企业为例》《科技管理研究》2011 年第 14 期。

冉佳森，谢康，肖静华：《信息技术如何实现契约治理与关系治理的平衡——基于 D 公司供应链治理案例》，《管理学报》2015 年第 3 期。

申尊焕，龙建成：《网络平台企业治理机制探析》，《西安电子科技大学学报（社会科学版）》2017 年第 4 期。

宋浩，李建平，蔡晨，等：《基于 meta-analysis 和等级全息建模的可信软件开发风险识别研究》，《武汉大学学报（理学版）》2012 年第 3 期。

宋慧林，王元地，张晓玥：《酒店跨界搜寻对酒店服务创新的影响》，《经济管理》2015 年第 11 期。

宋立丰，刘莎莎，宋远方：《冗余价值共享视角下企业平台化商业模式分析——以海尔、小米和韩都衣舍为例》，《管理学报》2019 年第 4 期。

宋立丰，宋远方，冯绍雯：《平台-社群商业模式构建及其动态演变路径——基于海尔、小米和猪八戒网平台组织的案例研究》，《经济管理》2020 年第 3 期。

宋志红，范黎波：《模仿、吸收能力和创新能力关系的实证研究》，《华东经济管理》2010 年第 9 期。

苏敬勤，张竟浩，崔淼：《企业家导向、组织能力对服务创新绩效的影响研究——基于我国东北地区大中型制造业企业的实证分析》，《技术经济》2009 年第 11 期。

苏勇，李群，王茂祥：《企业开放式创新的主要模式与支撑体系》，《技术经济与管理研究》2019 年第 1 期。

孙国强，邱玉霞：《网络组织的风险及其治理：风险悖论的视角》，《经济问题》2016 年第 1 期。

孙耀吾，贺石中：《高技术服务创新网络开放式集成模式及演化——研究综述与科学问题》，《科学学与科学技术管理》2013 年第 1 期。

谈毅，慕继丰：《论合同治理和关系治理的互补性与有效性》，《公共管理学报》2008 年第 3 期。

谭云清：《网络嵌入特征、搜索策略对企业开放式创新的影响研究》，《管理学报》

2015 年第 12 期。

唐方成：《新技术商业化的风险要素及其作用机理基于社会技术系统理论的实证研究》，《系统工程理论与实践》2013 年第 33 期。

屠羽，彭本红：《双重社会资本、二元学习与平台企业开放式服务创新绩效》，《科技进步与对策》2017 年第 16 期。

王飞绒，陈文兵：《领导风格与企业创新绩效关系的实证研究——基于组织学习的中介作用》，《科学学研究》2012 年第 6 期。

王欢：《企业创新网络知识流动风险的非正式治理研究》，《决策咨询》2018 年第 4 期。

王雎：《开放式创新下的知识治理：基于认知视角的跨案例研究》，《南开管理评论》2009 年第 3 期。

王军：《现代服务业骨干企业创新生成机理研究》，大连，大连理工大学，2012。

王坤，骆温平：《开放式服务创新联盟：理论架构与概念模型》，《科技管理研究》2016 年第 16 期。

王鹏耀：《网络能力对企业绩效影响的研究》，北京，北京交通大学，2011。

王千：《互联网企业平台生态圈及其金融生态圈研究——基于共同价值的视角》，《国际金融研究》2014 年第 11 期[a]。

王千：《微信平台商业模式创新研究》，《郑州大学学报（哲学社会科学版）》2014 年第 6 期[b]。

王清晓：《契约治理与关系治理耦合的供应链知识协同机理研究》，《中国商论》2015 年第 16 期。

王仁文：《基于绿色经济的区域创新生态系统研究》，合肥，中国科学技术大学，2014。

王铁男，陈涛，贾镕霞：《战略柔性对企业绩效影响的实证研究》《管理学报》2011 年第 3 期。

王圆圆：《开放式创新的风险与评估》，《管理学刊》2010 年第 4 期。

韦铁，鲁若愚：《多主体参与的服务创新研究综述》《技术经济与管理研究》2012 年第 7 期。

韦铁：《多主体参与的服务创新模式管理研究》，成都，电子科技大学，2010。

温兴琦，（英）Brown，D.：《开放式创新模式拓展与治理研究》，《中国科技论坛》2016 年第 4 期。

吴绍波：《新兴产业平台创新生态系统的配套产品合作开发机制研究》，《软科学》2015 年第 2 期。

吴义爽：《平台企业主导的生产性服务业集聚发展研究》，《科研管理》2014 年第 7 期。

吴增源，谌依然，伍蓓：《跨界搜索的内涵、边界与模式研究述评及展望》，《科技进步与对策》2015 年第 19 期。

武柏宇：《网络平台企业开放式服务创新生成机理研究》，南京，南京信息工程大学，2017。

肖迪，刘新华，侯书勤：《互联网背景下基于平台战略的开放式创新模式研究》，《浙商管理评论》2015 年第 2 期。

肖红新，陈秋华：《民营企业家特质与创业绩效研究——基于创业资源新组拼视角》，《福建论坛（人文社会科学版）》2019 年第 2 期。
谢祖墀：《开放式创新的七项原则》，《销售与市场》2010 年第 34 期。
熊伟，奉小斌，陈丽琼：《国外跨界搜寻研究回顾与展望》，《外国经济与管理》2011 年第 33 期。
熊艳：《产业组织的双边市场理论——一个文献综述》，《中南财经政法大学学报》2010 年第 4 期。
徐蕾：《知识网络双重嵌入对集群企业创新能力提升的机理研究》，浙江，浙江大学，2012。
徐亮，张宗益，龙勇：《合作竞争与技术创新：合作是中介变量吗?》，《科学学研究》2008 年第 5 期。
阳银娟，陈劲：《开放式创新中市场导向对创新绩效的影响研究》，《科研管理》2015 年第 3 期。
阳镇：《平台型企业社会责任：边界、治理与评价》，《经济学家》2018 年第 5 期。
杨超：《企业技术创新风险预警系统构建研究》，《科技进步与对策》2010 年第 17 期。
杨广，李关云，李江帆，等：《基于不同视角的服务创新研究述评》《外国经济与管理》2009 年第 7 期。
杨琳：《创业企业家个人特征、心理特质与创业绩效的关系研究》，扬州，扬州大学，2015。
杨扬，杨小佳，喻庆芳：《基于系统动力学的生鲜农产品国际冷链物流运作风险控制研究——以云南省生鲜蔬菜国际冷链物流为例》，《北京交通大学学报（社会科学版）》2017 年第 3 期。
杨智，邓炼金，方二：《市场导向，战略柔性与企业绩效：环境不确定性的调节效应》《中国软科学》2010 年第 9 期。
叶阳娅：《电子商务产业平台型企业商业模式及影响因素研究——基于价值链视角的分析》，浙江，浙江理工大学，2016。
游达明，孙理：《基于系统动力学的企业招聘外包风险仿真研究》，《软科学》2016 年第 8 期。
于淼，林波：《开放式创新环境下的企业知识共享模型与系统仿真》，《辽宁师范大学学报（自然科学版）》2012 年第 1 期。
余维新，顾新，彭双：《企业创新网络：演化、风险及关系治理》，《科技进步与对策》2016 年第 8 期。
张方华，左田园：《FDI 集群化背景下本土企业的网络嵌入与创新绩效研究》，《研究与发展管理》2013 年第 5 期。
张海英：《黑龙江省装备制造企业技术创新风险预警系统研究》，哈尔滨，哈尔滨工程大学，2012。
张婧，何勇：《服务主导逻辑导向与资源互动对价值共创的影响研究》，《科研管理》2014 年第 1 期。
张林，罗乐：《开放式创新风险来源研究》，《科技管理研究》2013 年第 5 期。
张青：《跨界协同创新运营机理及其案例研究》，《研究与发展管理》2013 年第 6 期。

张韬:《基于吸收能力的创新能力与竞争优势关系研究》,《科学学研究》2009 年第 3 期。

张文红,赵亚普,施健军:《创新中的组织搜索:概念的重新架构》,《管理学报》2011 年第 9 期。

张文红,赵亚普:《转型经济下跨界搜索战略与产品创新》,《科研管理》2013 年第 9 期。

张新红:《共享经济正处在加速转型期》,《北京日报》2018 年第 14 期。

张永成,郝冬冬,王希:《国外开放式创新理论研究 11 年:回顾、评述与展望》,《科学学与科学技术管理》2015 年第 3 期。

赵立雨:《基于知识搜寻的开放式创新绩效研究》,《中国科技论坛》2016 年第 3 期。

赵佩华:《中小企业实施开放式创新的益处与风险》,《企业管理》2017 年第 1 期。

赵武,王珂,秦鸿鑫:《开放式服务创新动态演进及协同机制研究》,《科学学研究》2016 年第 8 期。

(美)泽维尔·万斯,(西班牙)亚历克山德烈·特里哥:《服务创新与网络:全球学习与本土学习的模式》,《研究与发展管理》2008 年第 1 期。

郑伯埙,周丽芳,樊景立:《家长式领导量表:三元模式的建构与测量》,《本土心理学研究》2000 年第 14 期。

郑称德:《基于跨案例扎根理论分析的商业模式结构模型研究》,《管理科学》2011 年第 4 期。

郑祥龙,梅姝娥:《基于价值网的科技服务平台商业模式研究》,《科技管理研究》2015 年第 5 期。

周辉,万颖华:《社会网络嵌入性视角的创新网络治理机制研究》,《科技管理研究》2011 年第 15 期。

周键,王庆金,周雪:《国外开放式服务创新研究的学术群类——基于作者共被引分析》,《中国科技论坛》2018 年第 1 期。

周小苑:去年服务业占 GDP 比重首超工业 经济转型加速[EB/OL]. https://finance.qq.com/a/20140303/005004.htm[2014-3-3]。

周璇:《平台生态系统发展及应对战略探究》,《现代商贸工业》2011 年第 16 期。

周叶,张梅青,林侠:《制造型企业创新系统的风险及其形成机理研究》,《软科学》2010 年第 11 期。

朱朝晖:《探索性学习,挖掘性学习和创新绩效》,《科学学研究》2008 年第 4 期。

Abbatea, T., de Luca, D., Gaetab, A., et al., 2015: "Analysis of open innovation intermediaries platforms by considering the smart service system perspective", *Procedia Manufacturing*.

Agarwal, R., Selen, W., 2009: "Dynamic capability building in service value networks for achieving service innovation", *Decision Science*.

Agarwal, R., Selen, W., Roos, G., et al., 2015: *The Handbook of Service Innovation*, Berlin, Springer.

Ahuja, G., Katila, R., 2004: "Where do resources come from? The role of idiosyncratic situations", *Strategic Management Journal*.

Alfredo, J. G. G., 2013: "Efecto de la crisis financiera (2007–2010) en la innovación estratégica y la estructura productiva en el proceso de formación de los precios",

Spanish Journal of Finance and Accounting / Revista Española de Financiación y Contabilidad.

Almirall, E., Lee, M., Majchrzak, A., 2014: "Open innovation requires integrated competition-community ecosystems: Lessons learned from civic open innovation", *Business Horizons.*

Aloui, C., Jebsi, K., 2010: "Optimal pricing of a two-sided monopoly platform with a one-sided congestion effect", *International Review of Economics.*

Amara, N., Landry, R., Traoré, N., 2008: "Managing the protection of innovations in knowledge-intensive business services", *Research Policy.*

Amir, A., Auzair, S., Amiruddin R., 2016: "Cost management, entrepreneurship and competitiveness of strategic priorities for small and medium enterprise", *Procedia-Social and Behavioral Science.*

Amit, R., Zott, C., 2012: "Creating value through business model innovation", *MIT Sloan Management Review.*

Andersen, P. H., Kragh, H., Lettl, C., 2013: "Spanning organizational boundaries to manage creative processes: The case of the LEGO group", *Industrial Marketing Management.*

Armistead, C., Pettigrew P., 2008: "Partnerships in the provision of services by multi-agencies: Four dimensions of service leadership and service quality", *Services Bussiness.*

Armstrong, M., 2006: "Competition in two-sided markets", *The RAND Journal of Economics.*

Arora, A., Ceccagnoli, M., 2006: "Patent protection, complementary assets, and firms' incentives for technology licensing", *Management Science.*

Bah, E. H., Lei, F., 2015: "Impact of the business environment on output and productivity in Africa", *Journal of Dvelopment Economic.*

Baines, T. S., Lightfoot H. W., Benedettini O., et al., 2009: "The servitization of manufacturing: A review of literature and reflection on future challenges", *Journal of Manufacturing Technology Management.*

Baron, R. A., Tang, J. T., 2011: "The role of entrepreneurs in firm-level innovation: Joint effects of positive effect, creativity, and environmental dynamism", *Journal of Business Venturing.*

Baron, R. M., Kenny, D. A., 1986: "The moderator-mediator variable distinction in social psychological research: Conceptual, strategic, and statistical considerations", *Journal of Personality and Social Psychology.*

Benedetto, A. D.,2010: "Comment on 'is open innovation a field of study or a communication barrier to theory development?" *Technovation.*

Beugelsdijk, S., 2008: "Strategic human resource practices and product innovation", *Organization Studies.*

Binz, C., Truffer, B., 2017: "Global Innovation Systems—A conceptual framework for innovation dynamics in transnational contexts", *Research Policy.*

Bonaccorsi, A., Rossi, C., 2006: " Comparing motivations of individual programmers and firms to take part in the open source movement: From community to business",

Knowledge, Technology and Policy.

Bonner, J. M., Walker, O. C., 2004: "Selecting influential business-to-business customers in new product development: Relational embeddedness and knowledge heterogeneity considerations", *Journal of Product Innovation Management.*

Boons, F., Montalvo, C., Quist, J., 2013: "Sustainable innovation, bussiness models and economic performance:An overview", *Journal of Cleaner Production.*

Boubreak, K., 2010: "Open platform strategies and innovation:Granting access VS devolving control", *Management Science.*

Brown, J. S., Hagel, J., 2006: "Creation nets: Getting the most from open innovation", *McKinsey Quarterly.*

Bui, B., de Villiers, C., 2017: "Business strategies and management accounting in response to climate change risk exposure and regulatory uncertainty", *The British Accounting Review.*

Burcharth, A. L. D. A., Knudsen M. P., Søndergaard, H. A., 2014: "Neither invented nor shared here: The impact and management of attitudes for the adoption of open innovation practices", *Technovation.*

Burt, R. S., 1992: *Structural Holes: The Social Structure of Competition*, Cambridge, Harvard University Press.

Burt, R. S., 1997: "The Contingent Value of Social Capital", *Administrative Science Quarterly.*

Burt, R. S., 2003: "The social structure of competition", *Networks in the Knowledge Economy.*

Bygstad, B., Lanestedt, G., 2009: "ICT based service innovation: A challenge for project management", *International Journal of Project Management.*

Calia, R. C., Guerrini, F. M., Moura, G. L., 2007: "Innovation Network: From technological development to bussiness model reconfiguration", *Technovation.*

Cannon, J. P., Perreault W., 1999: "Buyer–seller relationships in business markets", *Journal of Marketing Research.*

Capaldo, A., 2007: "Network structure and innovation: The leveraging of a dual network as a distinctive relational capability", *Strategic Management Journal.*

Carbone, F., Contreras, J., Josefa, Z., 2012: "Open innovation in an enterprise 3.0 framework:Three case studies", *Expert Systems with Application.*

Carlborg, P., Kindström, D., Kowalkowski, C., 2014: "The evolution of service innovation research: a critical review and synthesis", *The Service Industries Journal.*

Carroll, N., Helfert, M., 2015: "Service capabilities within open innovation: Revisiting the applicability of capability maturity models", *Journal of Enterprise Information Management.*

Casadesus-Masanell, R., Halaburda, H., 2014: "When does a platform create value by limiting choice?", *Journal of Economics and Management Strategy.*

Cennamo, C., Santalo, J., 2013: "Platform competition: Strategic trade-offs in platform markets", *Strategic Management Journal.*

Cepeda, G., Vera, D., 2007: "Dynamic capabilities and operational capabilities: A knowledge management perspective", *Journal of Business Research*.

Chang, C. W., Lin, Y. S., Ohta, H., 2013: "Optimal location in two-sided markets", *Economic Modelling*.

Chatenier, E., Verstegen, J. A. A. M., Biemans, H. J. A., et al., 2010: "Identification of competencies for professionals in open innovation teams", *R&D Management*.

Chen S. H., 2016: "The gamma CUSUM chart method for online customer churn prediction", *Electronic Commerce Research and Applications*.

Chen, H., Yan, Y., Liu, Z., et al., 2018: "Effect of risk attitude on outsourcing leadership preferences with demand uncertainty", *Soft Computing*.

Chen, J. S., Tsou, H. T., 2012: "Performance effects of IT capability, service process innovation, and the mediating role of customer service", *Journal of Engineering and Technology Management*.

Chen, Y. L., Chuang Y. W., Huang H. G., et al., 2019: " The value of implementing enterprise risk management: Evidence from Taiwan's financial industry", *The North American Journal of Economics and Finance*.

Chen, Y. S., Lin M. J. J., Chang, C. H., 2009: "The positive effects of relationship learning and absorptive capacity on innovation performance and competitive advantage in industrial markets", *Industrial Marketing Management*.

Cheng, C. C., Krumwiede, D., 2011: "The effects of market orientation on new service performance: the mediating role of innovation", *International Journal of Services Technology and Management*.

Chesbrough, H. W., 2003a: "The era of open innovation", *MIT Sloan Management Review*.

Chesbrough, H. W., 2003b: *Open Innovation: The New Imperative for Creating and Profiting from Technology*, Boston, Harvard Business Press.

Chesbrough, H. W., 2006: "The era of open innovation", *Managing Innovation and Change*.

Chesbrough, H. W., 2010: *Open Service Innovation: Rethinking Your Business to Grow and Compete in a New Era*, New Jersey, John Wiley and Sons.

Chesbrough, H. 2011: "Bring open innovation to services", *MIT Sloan Management Review*.

Chesbrough, H., 2012: "Open innovation: Where we've been and where we're going", *Research-Technology Management*.

Chesbrough, H., 2013: *Open business models: How to thrive in the innovation landscape*, Brighton, Harvard Business Press.

Chesbrough, H., Crowther, A. K., 2006: "Beyond high tech: Early adopters of open innovation in other industries", *R&D Management*.

Chesbrough, H., Vanhaverbeke, W., West, J., 2006: *Open Innovation: Researching a New Paradigm*, New York, Oxford University Press.

Chesbrough, H., Vanhaverbeke, W., West, J., 2014: *New Frontiers in Open Innovation*, New York, Oxford University Press.

Choi, Y., Ye, X., Zhao L., et al., 2016: "Optimizing enterprise risk management:a literature review and critical analysis of the work of Wu and Olson", *Annals of Operations Research*.

Chuang, S. H., Lin, H. N., 2015: "Co-creating e-service innovations: Theory, practice, and impact on firm performance", *International Journal of Information Management*.

Cingöz, A., Akdoğan, A. A., 2013: "Strategic flexibility, environmental dynamism, and innovation performance: An empirical study", *Procedia-Social and Behavioral Sciences*.

Cohen, W. M., Levinthal, D. A., 1990: " Absorptive capacity: A new perspective on learning and innovation", *Administrative Science Quarterly*.

Croitoru, I., 2016: "Organizational culture-factor of effectiveness of risk management process", *Internal Auditing and Risk Management*.

Cui, A. S., O'Connor G., 2012: "Alliance portfolio resource diversity and firm innovation", *Journal of Marketing*.

Dahlander, L., Gann, D., 2007: "Appropriability, proximity, routines and innovation: How open is open innovation", *Paper Presented at the Druid Summer Conference*.

Dahlander, L., Gann, D., 2010: "How open is innovation?", *Research Policy*.

de Vries, E. J., 2006: "Innovation in services in networks of organizations and in the distribution of service", *Research Policy*.

Dess, G. G., Beard, D. W., 1984: "Dimensions of organizational task environments", *Administrative Science Quarterly*.

Dhanaraj, C., Parkhe, A., 2006: "Orchestrating innovation networks", *Academy of Management Review*.

Dittrich, K., Duysters, G., 2007: "Networking as a means to strategy change: The case of open innovation in mobile telephony", *Journal of Product Innovation Management*.

Drnevich, P. L., Kriauciunas, A. P., 2011: "Clarifying the conditions and limits of the contributions of ordinary and dynamic capabilities to relative firm performance", *Strategic Management Journal*.

Du, J., Leten, B., Vanhaverbeke W., 2014: "Managing open innovation projects with science-based and market-based partners", *Research Policy*.

Eisenhardt, K. M., Martin, J. A., 2000: "Dynamic capabilities: What are they?", *Strategic Management Journal*.

Enkel, E., Gassmann, O., Chesbrough, H., 2009: "Open R&D and open innovation: Exploring the phenomenon", *R&D Management*.

Enkel, E., Heil, S., 2014: "Preparing for distant collaboration: Antecedents to potential absorptive capacity in cross-industry innovation", *Technovation*.

Escribano, A., Fosfuri, A., Tribó, J. A., 2009: "Managing external knowledge flows: The moderating role of absorptive capacity", *Research Policy*.

Fassinger, R. E., 2005: "Paradings, praxis, problems and promise: Grounded theory in counseling psychology research", *Journal of Counseling Psychology*.

Fleming, L., Waguespack, D. M., 2007: "Brokerage, boundary spanning, and leadership in open innovation communities", *Organization Science*.

Floricel, S., Miller, R., 2001: "Strategizing for anticipated risks and turbulence in large-scale engineering projects", *International Journal of Project Management*.

Fosfuri, A., Tribó, J. A., 2008: "Exploring the antecedents of potential absorptive capacity and its impact on innovation performance", *Omega*.

Franci, G. J., 2014: "The race to implement co-creation of value with stakeholders: Five approaches to competitive advantage", *Strategy and Leadership*.

Franco, A. M., Filson, D., 2006: "Spin-out: Knowledge diffusion through employee mobility", *The RAND Journal of Economics*.

Garnsey, E., Leong, Y. Y., 2008: "Combining resource-based and evolutionary theory to explain the genesis of bio-networks", *Industry and Innovation*.

Gassmann, O., 2006: "Opening up the innovation process: Towards an agenda", *R&D Management*.

Gawer, A., Cusumano, M. A., 2014: "Industry platforms and ecosystem innovation", *Journal of Product Innovation Management*.

Gazé, P., Vaubourg, A. G., 2011: "Electronic platforms and two-sided markets: A side-switching analysis", *The Journal of High Technology Management Research*.

Ghauri, P. N., Grønhaug, K., 2005: *Research Methods in Business Studies: A Practical Guide (paperback)*, New York, Financial Times/ PrenticeHall.

Ghoshal, S., Moran, P., 1996: "Bad for practice: A critique of the transaction cost theory", *Academy of Management Review*.

Glaser, B. G., 1978: *Theoretical Sensitivity: Advances in the Methodology of Grounded Theory*, Mill Valley, Sociology Press.

Gozman, D., Willcocks, L., 2018: "The emerging cloud dilemma:Balancing innovation with cross-border privacy and outsourcing regulations", *Journal of Business Research*.

Granovetter, M., 1985: "Economic action and social structure: The problem of embeddedness", *American Journal of Sociology*.

Grant, R. M., Baden-Fuller, C., 2004: "A knowledge accessing theory of strategic alliances ", *Journal of Management Studies*.

Greve, A., Salaff, J. W., 2003: "Social networks and entrepreneurship", *Entrepreneurship Theory and Practice*.

Grewal, R., Chakravarty, A., Saini, A., 2010: "Governance mechanisms in business-to-business electronic markets", *Journal of Marketing*.

Griffin, R. W., 2013: "Fundamentals of management", *Cengage Learning*.

Gulshan, S. S., 2011: "Innovation management: Reaping the benefits of open platforms by assimilating internal and external innovations", *Procedia-Social and Behavioral Sciences*.

Hacklin, S. F., Marxt, C., Fahrni, F., 2009: "Coevolutionary cycles of convergence: An extrapolation from the ICT industry", *Technological Forecasting and Social Change*.

Hagedoorn, J., Roijakkers, N., Kranenburg, H., 2006: "Inter-Firm R&D Networks: The importance of strategic network capabilities for high-tech partnership formation", *British Journal of Management*.

Hagedoorn, J., Wang, N., 2012: "Is there complementarity or substitutability between internal and external R&D strategies?", *Research Policy*.

Hallin, C., Holm, U., Sharma, D. D., 2011: "Embeddedness of innovation receivers in the multinational corporation: Effects on business performance", *International Business Review*.

Henisz, W. J., 2016: "The Dynamic Capability of Corporate Diplomacy", *Global Strategy Journal*.

Henkel, J., 2006: "Selective revealing in open innovation processes: The case of embedded Linux", *Research Policy*.

Henschel, T., 2008: *Risk Management Practices of SMEs, Evaluating and Implementing Effective Risk Management Systems*, Berlin, Erich Schmidt.

Hertog, P., Bilderbeek, R., 1999: *Conceptualising Service Innovation and Service Innovation PatternsResearch Programme on Innovation in Services (SIID) for the Ministry of Economics Affairs*, Utrecht, Dialogic.

Hitt, M. A., Keats, B. W., DeMarie, S. M., 1998: "Navigating in the new competitive landscape: Building strategic flexibility and competitive advantage in the 21st century", *Academy of Management Perspectives*.

Hoegl, M., Lichtenthaler, U., Muethel, M., 2011: "Is your company ready for open innovation?", *MIT Sloan Management Review*.

Hofstede, G., Neuijen, B., Ohayv, D. D., et al., 1990: "Measuring organizational cultures: A qualitative and quantitative study across twenty cases", *Administrative Science Quarterly*.

Homburg, C., Fassnacht, M., Guenther, C., 2003: "The role of soft factors in implementing a service-oriented strategy in industrial marketing companies", *Journal of Business to Business Marketing*.

Hsieh, J. K., Chiu, H. C., Wei, C. P., et al., 2013: "A practical perspective on the classification of service innovations", *Journal of Services Marketing*.

Hsu, L. C., Wang, C. H., 2012: "Clarifying the effect of intellectual capital on performance: The mediating role of dynamic capability", *British Journal of Management*.

Huizingh, E. K. R. E, 2011: "Open innovation: State of the art and future perspectives", *Technovation*.

Hulle, J., Kaspar, R., Moller, K., 2013: "Analytic network process-an overview of applications in research and practice", *Journal of Operation Research*.

Hult, G. T. M., Ketchen, D. J., Nichols, E. L., 2003: "Organizational learning as a strategic resource in supply management", *Journal of Operations Management*.

Hung, K. P., Chou, C., 2013: "The impact of open innovation on firm performance: The moderating effects of internal R&D and environmental turbulence", *Technovation*.

Hurmelinna, P., Kyläheiko, K., Jauhiainen, T., 2007: "The Janus face of the appropriability regime in the protection of innovations, Theoretical re-appraisal and empirical analysis", *Technovation*.

Huston, L., Sakkab, N., 2007: "Implementing open innovation", *Research-Technology Management*.

Hutchins, G., Gould, D., 2004: "The growth of risk management", *Quality Progress*.

Iansiti, M., Levien, R., 2004: "Strategy as Ecology", *Harvard Business Review*.

Iansiti, M., Levien, R., 2004: *The Keystone Advantage: What the New Dynamics of Business Ecosystems Mean for Strategy, Innovation, and Sustainability*, Boston, Harvard Business Press.

Ikeda, S., Ito, T., Sakamoto, M., 2010: "Discovering the efficient organization structure: Horizontal versus vertical", *Artificial Life and Robotics*.

Ili, S., Albers, A., Miller, S., 2010: "Open innovation in the automotive industry", *R&D Management*.

Inkpen, A. C., Tsang, E. W. K., 2005: "Social capital, networks, and knowledge transfer", *Academy of Management Review*.

Jahromi, A. T., Stakhovych, S., Ewing, M., 2014: "Managing B2B customer churn, retention and profitability", *Industrial Marketing Management*.

Jansen, J. J. P., van den Bosch F. A. J., Volberda, H. W., 2005: "Managing potential and realized absorptive capacity: How do organizational antecedents matter?", *Academy of Management Journal*.

Jansen, J. J. P., van den Bosch F. A. J., Volberda, H. W., 2006: "Exploratory innovation, exploitative innovation, and performance: Effects of organizational antecedents and environmental moderators", *Management Science*.

Jaworski, B. J., Kohli, A. K., 1993: "Market orientation: Antecedents and consequences", *Journal of Marketing*.

Jeong, I., Pae, J. H., Zhou, D., 2006: "Antecedents and consequences of the strategic orientations in new product development: The case of Chinese manufacturers", *Industrial Marketing Management*.

Jones, C., Hesterly, W. S., Borgatti, S. P., 1997: "A general theory of network governance: Exchange conditions and social mechanisms", *Academy of Management Review*.

Jonsson, K., Holmström, J., Lyytinen, K., 2009: "Turn to the material, Remote diagnostics systems and new forms of boundary-spanning", *Information and Organization*.

Katila, R., 2002: "New product search over time: Past ideas in their prime?", *Academy of Management Journal*.

Keizer, J., Halman, J., Song, M., 2002: "From Experience: Applying the risk diagnosing methodology", *Journal of Product Innovation Management*.

Keupp, M. M., Gassmann, O., 2009: "Determinants and archetype users of open innovation", *R&D Management*.

Kilubi, I., Rogers, H., 2018: "Bridging the gap between supply chain risk management and strategic technology partnering capabilities: Insights from social capital theory", *Supply Chain Management: An International Journal*.

Kim, B., C., Lee, J., Park, H., 2012: "Two-sided platform competition in the online daily deals promotion market", *Working Paper*.

Kim, D. J., Hwang, Y., 2012: "A study of mobile internet user's service quality perceptions from a user's utilitarian and hedonic value tendency perspectives", *Information Systems Frontiers*.

Kim, D., Kogut, B., 1996: "Technological platforms and diversification", *Organization Science*.

Kim, H., 2009: "Service science for service innovation", *Journal of Service Science*.

Kirschbaum, R., 2005: "Open innovation in practice", *Research-Technology Management*.

Klein, K. J., Dansereau, F., Hall, R. J., 1994: "Levels issues in theory development, data collection, and analysis", *Academy of Management Review*.

Kogut, B., 2000: "The network as knowledge: Generative rules and the emergence of structure", *Strategic Management Journal*.

Koka, R., Prescott E., 2008: "Designing alliance networks: The influence of network position, environment change, and strategy on firm performance", *Strategic Management Journal*.

Koka, R., Prescott, E., 2002: "Strategic alliances as social capital: A multidimensional view", *Strategic Management Journal*.

Kostopoulos, K., Papalexandris, A., Papachroni, M., et al., 2011: "Absorptive capacity, innovation, and financial performance", *Journal of Business Research*.

Kotabe, M., Martin, X., Domoto, H., 2003: "Gaining from vertical partnerships: Knowledge transfer, relationship duration, and supplier performance improvement in the US and Japanese automotive industries", *Strategic Management Journal*.

Kowalkowski, C., Kindström, D., Alejandro, T. B., et al., 2012: "Service infusion as agile incrementalism in action", *Journal of Business Research*.

Krishnan, T. N., Scullion, H., 2016: "Talent management and dynamic view of talent in small and medium enterprises", *Business Horizons*.

Krishnan, T. N., Scullion, H., 2017: "Talent management and dynamic view of talent in small and medium enterprises", *Human Resource Management Review*.

Kumar, N., Scheer, L. K., Steenkamp, J. B. E. M., 1995: "The effects of perceived interdependence on dealer attitudes", *Journal of Marketing Research*.

Lancker, J., Wauters, E., Huylenbroeck, G., 2016: "Managing innovation in the bioeconomy:An open innovation perspective", *Biomass and Bioenergy*.

Lane, P. J., Koka, B. R., Pathak, S., 2006: "The reification of absorptive capacity: A critical review and rejuvenation of the construct", *Academy of Management Review*.

Laperche, B., 2012: "How to coordinate the networked enterprise in a context of open innovation? A new function for intellectual property rights", *Journal of the Knowledge Economy*.

Larson, A., 1992: "Network dyads in entrepreneurial settings: A study of the governance of exchange relationships", *Administrative Science Quarterly*.

Laursen, K., Salter, A. J., 2013: "The paradox of openness:Appropriability, external search and collaboration", *Research Policy*.

Laursen, K., Salter, A., 2006: "Open for innovation: The role of openness in explaining innovation performance among UK manufacturing firms", *Strategic Management Journal*.

Lechner, C., Frankenberger, K., Floyd, S. W., 2010: "Task contingencies in the curvilinear relationships between intergroup networks and initiative performance", *Academy of Management Journal*.

Lewin, R., 1999: *Complexity: Life at the Edge of Chaos*, Chicago, University of Chicago Press.

Li, J. J., Poppo, L., Zhou, K. Z., 2010: "Relational mechanisms, formal contracts, and local knowledge acquisition by international subsidiaries", *Strategic Management Journal*.

Li, J., 2015: "Is online media a two-sided market?", *Computer Law and Security Review*.

Li, L. Y., 2006 : "Relationship learning at trade shows: Its antecedents and consequences", *Industrial Marketing Management*.

Lichtenthaler, U., Ernst, H., 2006: "Attitudes to externally organising knowledge management tasks: A review, reconsideration and extension of the NIH syndrome", *R&D Management*.

Lichtenthaler, U., Lichtenthaler, E., 2009: "A capability-based framework for open innovation: Complementing absorptive capacity", *Journal of Management Studies*.

Lin, H. M., Lin, C. P., Huang, H. C., 2011: "Embedding strategic alliances in networks to govern transaction hazards: Evidence from an emerging economy", *Asian Business and Management*.

Loosemore, M., Mccarthy, C. S., 2008: "Perceptions of contractual risk allocation in construction supply chains", *Journal of Professional Issues in Enginessring Education and Practice*.

Love, J. H., Roper, S., Bryson, J. R., 2011: "Openness, knowledge, innovation and growth in UK business services", *Research Policy*.

Lu, X. B., 2007: "Study on technological innocation risk of China's E-Services", *International Conference on Integration&Innovation Orient to E-Society*.

Lundqvist, S. A., 2014: "An exploratory study of enterprise risk management:pillars of ERM", *Journal of Accounting Auditing and Finance*.

Martínez-Sánchez, A., Vela-Jiménez, M. J., Pérez-Pérez, M., et al., 2009: "Inter-organizational cooperation and environmental change: moderating effects between flexibility and innovation performance", *British Journal of Management*.

Martins, E. C., Terblanche F., 2003: "Building organisational culture that stimulates creativity and innovation", *European Journal of Innovation Management*.

Mcafee, R. P., Mcmillan J., 1986: "Bidding for Contracts: A principal-agent analysis", *Rand Journal of Economics*.

Mina, A., Bascavusoglu-Moreau, E., Hughes, A., 2014: "Open service innovation and the firm's search for external knowledge", *Research Policy*.

Mladenow, A., Bauer, C., Strauss, C., 2014: "Social crowd integration in new product development: Crowdsourcing communities nourish the open innovation paradigm", *Global Journal of Flexible Systems Management*.

Moore, J. F., 1993: "Predators and prey: A new ecology of competition", *Harvard business Review*.

Moroni, I., Arruda, A., Araujo, K., 2015: "The Design and technological innovation:How to understand the growth of startups companies in competitive business environment", *Procedia Manufacturing*.

Myhren, P., Witell, L., Gustafsson, A., et al., 2018: "Incremental and radical open service innovation", *Journal of Services Marketing*.

Nahapiet, J., Ghoshal, S., 1998: "Social capital, intellectual capital, and the organizational advantage", *Academy of Management Review*.

Nambisan, S., Siegel, D., Kenney, M., 2018: "On open innovation, platforms, and entrepreneurship", *Strategic Entrepreneurship Journal*.

Nordenflycht, A. V., 2010: "What is a professional service firm? Toward a theory and taxonomy of knowledge-intensive firms", *Academy of Management Review*.

O'Reilly, C. A., Tushman, M. L., 2008: "Ambidexterity as a dynamic capability: Resolving the innovator's dilemma", *Research in Organizational Behavior*.

Oreg, S., Nov, O., 2008: "Exploring motivations for contributing to open source initiatives: The roles of contribution context and personal values", *Computers in Human Behavior*.

Paluch, S., Wünderlich, N. V., 2016: "Contrasting risk perceptions of technology-based service innovations in inter-organizational settings", *Journal of Business Research*.

Parker, G., van Alstyne, M., 2012: *A Digital Postal Platform: Definitions and A Roadmap*, America, The MIT Center of Digital Business.

Pechlivanidis, P., Katsimpra, A., 2004: "Supervisory leadership and implementation phase", *Leadership and Organization Development Journal*.

Pereira, L., Tenera, A., Bispo, J., et al., 2015: *A Risk Diagnosing Methodology Web-based Platform for Micro, Small and Medium Bussinesses:Remarks and Enhancements*, Heidelberg, Springer.

Pereira, L., Tenera, A., Wemans, J., 2013: "Insights on individual's risk perception for risk assessment in web-based risk management tool", *Procedia Technology*.

Petroni, G., Venturini, K, Verbano, C., 2012: "Open innovation and new issues in R&D

organization and personnel management", *The International Journal of Human Resource Management*.

Phene, A., Fladmoelindquist, K., Marsh, L., 2006: "Breakthrough innovations in the U.S. biotechnology industry:The effects of technological space and geographic origin", *Strategic Management Journal*.

Pisano, G. P., Teece, D. J., 2007: "How to capture value from innovation: Shaping intellectual property and industry architecture", *California Management Review*.

Pisano, G., 2006: "Profiting from innovation and the intellectual property revolution", *Research Policy*.

Polanyi, K., 2001: *The Great Transformation: The Political and Economic Origins of Our Time*, Dengta, Beacon Press.

Power, T., Jerjian, G., 2001: *Ecosystem: Living the 12 Principles of Networked Business*, London, Pearson Education Ltd.

Prahalad, C. K., Ramaswamy, V., 2004: "Co-creation experiences: The next practice in value creation", *Journal of Interactive Marketing*.

Prajogo, D. I., 2016: "The strategic fit between innovation strategies and business environment in delivering business performance", *International Journal of Production Economics*.

Protogerou, A., Caloghirou, Y., Lioukas, S., 2011: "Dynamic capabilities and their indirect impact on firm performance", *Industrial and Corporate Change*.

Raymond, L., Croteau, A. M., Bergeron, F., 2009: "The integrative role of IT in product and process innovation: Growth and productivity outcomes for manufacturing", *International Conference on Enterprise Information Systems*.

Rijnsoever, F. J. V., Berg, J. V. D., Koch, J., 2015: "Smart innovation policy:How network position and project composition affect the diversity of an emerging technology", *Research Policy*.

Ritter, T., Gemünden, H. G., 2004: "The impact of a company's business strategy on its technological competence, network competence and innovation success", *Journal of Business Research*.

Rochet, J. C., Tirole, J., 2006: "Two-sided markets: a progress report", *The RAND Journal of Economics*.

Rosas, J., Macedo, P., Tenera, A., et al., 2015: "Risk assessment in open innovation network", *Springer International Publishing*.

Rosenkopf, L., Nerkar, A., 2001: "Beyond local search: Boundary-spanning, exploration, and impact in the optical disk industry", *Strategic Management Journal*.

Rothwell, R., 1992: "Successful industrial innovation: Critical factors for the 1990s", *R&D Management*.

Salter, A., Tether, B. S., 2006: *Innovation in Services: Through the Looking Glass of Innovation Studies. Background Paper for AIM Grand Challenge on Services*, Oxford,

Oxford University.

Sammarra, A., Biggiero, L., 2008: "Heterogeneity and specificity of inter-firm knowledge flows in innovation networks", *Journal of Management Studies*.

Sanchez, R., 1995: "Strategic flexibility in product competition", *Strategic Management Journal*.

Sanchez, R., 1997: "Preparing for an uncertain future: Managing organizations for strategic flexibility", *International Studies of Management and Organization*.

Scholten, S., Scholten, U., 2012: "Platform-based innovation management: Directing external innovational efforts in platform ecosystems", *Journal of the Knowledge Economy*.

Shi, S., 2013: *Strateic Selection Based on Industry Environment Analysis:Case Study on Ningbo FOTILE Kitchenware Co., Ltd.*, Berlin, Heidelberg, Springer-Verlag.

Sidhu, J. S., Commandeur, H. R., Volberda, H. W., 2007: "The multifaceted nature of exploration and exploitation: Value of supply, demand, and spatial search for innovation", *Organization Science*.

Sidhu, J. S., Volberda, H. W., Commandeur, H. R., 2004: "Exploring exploration orientation and its determinants: Some empirical evidence", *Journal of Management Studies*.

Sisodiya, S. R., Johnson, J. L., Grégoire, Y., 2013: "Inbound open innovation for enhanced performance: Enablers and opportunities", *Industrial Marketing Management*.

Smith, H. A., McKeen, J. D., 2005: "Developments in practice XVIII-customer knowledge management: Adding value for our customers", *Communications of the Association for Information Systems*.

Snyder, K., Ingelsson, P., Bäckström, I., 2018: "Using design thinking to support value-based leadership for sustainable quality development", *Business Process Management Journal*.

Sofka, W., Grimpe, C., 2010: "Specialized search and innovation performance–evidence across Europe", *R&D Management*.

Søilen, K. S., Kovacevic, M. A., Jallouli, R., 2012: "Key success factors for Ericsson mobile platforms using the value grid model", *Journal of Business Research*.

Spithoven A., Clarysse B., Knockaert M., 2011: "Building absorptive capacity to organise inbound open innovation in traditional industries", *Technovation*.

Storey, C., Kelly, D., 2001: "Measuring the performance of new service development activities", *The Service Industries Journal*, .

Strauss, A. L., 1987:*Qualitative Analysis for Social Scientists*, New York, Cambridge University Press.

Strauss, A. L., Corbin, J., 1990: *Basics of Qualitative Research*, Newbury Park, CA, Sage Publication.

Su, Z., Xie E., Li, Y., 2009: "Organizational slack and firm performance during institutional transitions", *Asia Pacific Journal of Management*.

Teece, D. J., 1998: "Capturing value from knowledge assets: The new economy, markets for know-how, and intangible assets", *California Management Review*.

Teece, D. J., 2007: "Explicating dynamic capabilities: The nature and microfoundations of (sustainable) enterprise performance", *Strategic Management Journal*.

Teece, D. J., 2010: "Business models, business strategy and innovation", *Long Range Planning*.

Teece, D. J., Pisano, G., Shuen, A., 1997: "Dynamic capabilities and strategic management", *Strategic Management Journal*.

Tiwana, A., Konsynski, B., Bush, A. A., 2010: "Research commentary-platform evolution: Coevolution of platform architecture, governance, and environmental dynamics", *Information Systems Research*.

Turner, J. R., Simister, S. J., 2001: "Project contract management and a theory of organization", *International Journal of Project Management*.

Tveteras, R., Eide, G. E., 2000: "Survival of new plant in different industry environments in norwegian manufacturing: As semi-proportional cox model approach", *Small Business Economics*.

Užienė, L., 2015: "Open innovation, knowledge flows and intellectual capital", *Procedia-Social and Behavioral Sciences*.

van de Vrande, V., de Jong J. P. J., Vanhaverbeke W., et al., 2009: "Open innovation in SMEs: Trends, motives and management challenges", *Technovation*.

van Rijnsoever, F. J., van den Berg, J., Koch, J., et al., 2015: "Smart innovation policy: How network position and project composition affect the diversity of an emerging technology", *Research Policy*.

Vargas-hernandez J. G., Garcia-santillan A., 2011: "Management in the innovation project", *Journal of Knowledge Management, Economics and Information Technology*.

Vargo, S. L., Lusch, R. F., 2004: " Evolving to a new dominant logic for marketing", *Journal of Marketing*.

Vargo, S. L., Lusch, R. F., 2008: "Service-dominant logic: Continuing the evolution", *Journal of the Academy of Marketing Science*.

Vargo, S. L., Lusch, R. F., 2010: "From repeat patronage to value co-creation in service ecosystems: A transcending conceptualization of relationship", *Journal of Business Market Management*.

Vargo, S. L., Maglio, P. P., Akaka, M. A., 2008: "On value and value co-creation: A service systems and service logic perspective", *European Management Journal*.

Vogelsang, M., 2010: "Dynamics of two-sided internet markets", *International Economics and Economic Policy*.

Voss, G. B., Sirdeshmukh, D., Voss, Z. G., 2008: "The effects of slack resources and environmental threat on product exploration and exploitation", *Academy of Management Journal*.

Walker, D., Hampson, K., 2003: *Enterprise Networks, Partnering and Alliancing, Procurement*

Strategies: A Relationship-Based Approach, Oxford, Blackwell Science Ltd.

Walsworth, S., Verma, A., 2007: "Globalization, human resource practices and innovation: Recent evidence from the Canadian workplace and employee survey", *Industrial Relations, A Journal of Economy and Society*.

Wang, C. L., Ahmed, P. K., 2007: "Dynamic capabilities: A review and research agenda", *International Journal of Management Reviews*.

Wang, R. X., 2018: "Financing management of SMEs under internet", *DEStech Transactions on Economics, Business and Management*.

Wasko, M. M. L., Faraj, S., 2000: "It is what one does': Why people participate and help others in electronic communities of practice", *The Journal of Strategic Information Systems*.

West, J., 2003: "How open is open enough?Melding proprietary and open source platform strategies", *Research Policy*.

West, J., Gallagher, S., 2006: "Challenges of open innovation: The paradox of firm investment in open-source software", *R&D Management*.

Williams, C., Lee, S. H., 2009: "Exploring the internal and external venturing of large R&D-intensive firms", *R&D Management*.

Williamson, O. E., 1993: "Calculativeness, trust, and economic organization", *Journal of Law and Economics*.

Wu, J., Wu, Z., 2014: "Integrated risk management and product innovation in China: The moderating role of board of directors", *Technovation*.

Wu, L. Y., 2010: "Applicability of the resource-based and dynamic-capability views under environmental volatility", *Journal of Business Research*.

Wuyts, S., Dutta, S., 2014: "Benefiting from alliance portfolio diversity the role of past internal knowledge creation strategy", *Journal of Management*.

Xie, K., Wu, Y., Xiao, J., et al., 2016: "Value co-creation between firms and customers: The role of big data-based cooperative assets", *Information and Management*.

Yang, Q., Mudambi, R., Meyer, K. E., 2008: "Conventional and reverse knowledge flows in multinational corporations", *Journal of Management*.

Yang, Z., Zhou, C., Jiang, L., 2011: "When do formal control and trust matter? A context-based analysis of the effects on marketing channel relationships in China", *Industrial Marketing Management*.

Yen, H. J. R., Wang, W. K., Wei, C. P., et al., 2012: "Service innovation readiness: Dimensions and performance outcome", *Decision Support Systems*.

Yin, R., 2002: *Case Study Research: Design and Methods (3rd Edition)*, Thousand Oaks, Sage Publication.

Yu, B., Hao, S., Ahlstrom, D., et al., 2014: "Entrepreneurial firms' network competence, technological capability, and new product development performance", *Asia Pacific Journal of Management*.

Zaheer, A., Venkatraman N., 1995: "Relational governance as an interorganizational strategy: An empirical test of the role of trust in economic exchange", *Strategic Management Journal*.

Zhang, C., Viswanathan, S., Henke, J. W., 2011: "The boundary spanning capabilities of purchasing agents in buyer-supplier trust development", *Journal of Operations Management*.

Zhang, Y. Y., Luan, H., Shao, W., et al., 2016: "Managerial risk preference and its influencing factors:Analysis of large state-owned enterprises management personnel in China", *Risk Management*.

Zhang, Y., Li, H., 2010: "Innovation search of new ventures in a technology cluster: The role of ties with service intermediaries", *Strategic Management Journal*.

Zhang, Y., Luan, H., Shao, W., et al., 2016: "Managerial risk preference and its influencing factors: analysis of large state-owned enterprises management personnel in China", *Risk Management*.

Zhou, K. Z., Poppo, L., 2005: "Relational contracts in China: Relational governance and contractual assurance", *Institutional Mechanisms for Industry Self-Regulation Program*.

Zhou, K. Z., Wu, F., 2010: "Technological capability, strategic flexibility, and product innovation", *Strategic Management Journal*.

Zhou, K.Z., Yim, C. K., Tse, D. K., 2005: "The effects of strategic orientations on technology-and market-based breakthrough innovations", *Journal of Marketing*.

Zingal, F., Becker, F., 2013: "Drivers of optimal prices in two-sided markets, the state of the art", *Journal für Betriebswirtschaft*.

Zott, C., Amit, R., 2013: "The business model: A theoretically anchored robust construct for strategic analysis", *Strategic Organization*.

Zott, C., Amit, R., Massa L., 2011: "The business model, recent developments and future research", *Journal of Management*.

后　　记

　　随着服务经济和互联网技术的发展，网络平台企业数量不断增多，服务方式不断创新，网络平台企业的开放式服务创新活动不断。革新企业创新方式，升级企业价值链，网络平台企业的开放式服务创新方式成为服务业飞速发展的强劲推动力。网络平台企业因其业务范围及科技实力位于产业链核心地位，是行业创新的领导者；同时网络平台企业为用户搭建双边或多边市场，为多方用户开放式互动提供条件。因此，研究网络平台企业的开放式服务创新有着充分的合理性。

　　本书以网络平台企业开放式服务创新为研究对象，结合国内外开放式服务创新研究现状和我国网络平台企业的开放式服务创新的实践而撰写。全书共分为15个章节，主要包括绪论、开放式服务创新理论、商业生态系统、生成机理、风险管控、绩效提升等方面的内容。本书具有较强的针对性和实践性，可以为我国网络平台企业开放式服务创新提供一些借鉴。但是，全球范围内越来越多的企业和行业正在进行着服务化转型和开放式创新的实践，而本书仅仅以网络平台企业为例进行开放式服务创新的研究，得出的结论缺乏普适性，因此还需要拓展到其他行业的开放式服务创新活动，从对比中概括出更一般性的经验共性和理论共性。此外，本书各章节都是从某一方面的某一点进行研究，难以全面地把某一方面的全部内容拓展至开放式服务创新，未来需要加深各章节的研究广度。

　　本书的出版，要感谢国家社科基金后期资助项目（18FGL007）及教育部人文社科项目（18YJA630084）资助，同时也要感谢南京信息工程大学滨江学院硕士培育点项目的支持。本书是集体智慧的结晶，武柏宇博士完成了本书第二篇的主要内容，鲁倩硕士完成了本书第三篇的部分内容。此外，硕士研究生屠羽、王园缘、黄倩倩、仲钊强、盛馨、江慧、王磊等付出了大量的劳动，在此一并表示感谢。